Paulus-Akademie (Hrsg.)

Opus Dei – Stosstrupp Gottes oder «Heilige Mafia»?

Paulus-Akademie (Hrsg.)

Opus Dei – Stosstrupp Gottes oder «Heilige Mafia»?

Macht und Einfluss des Opus Dei in der Schweiz und anderswo

Mit Beiträgen von

Peter Hertel
Kurt Koch
Matthias Mettner
Anton Rotzetter
Peter Schellenbaum
Alois Schuler
Sturmius-M. Wittschier

NZN Buchverlag

Die Deutsche Bibliothek – CIP-Einheitsaufnahme

Opus Dei: Stosstrupp Gottes oder «Heilige Mafia»? / Paulus-Akademie (Hrsg.). Mit Beitr. von Peter Hertel ... – Zürich : NZN-Buchverl., 1992
ISBN 3-85827-091-1
NE: Hertel, Peter; Paulus-Akademie ‹Zürich›

Grafische Gestaltung: Evi Juon
Satz: Filmsatz-Service Solothurn AG, Wiedlisbach
ISBN 3-85827-091-1

Inhalt

Vorwort

Mit der Ernennung von Wolfgang Haas zum Bischof von Chur ist das «Opus Dei» zu einem zentralen Thema kirchlicher und gesellschaftlicher Öffentlichkeit in der Schweiz geworden. Aufgrund des ausserordentlich grossen Informationsbedarfs bei Seelsorgern(-innen), Pfarreiräten, Kirchenpflegern(-innen), Pfarrern, Synodalen und anderen zum «Opus Dei» hat die Paulus-Akademie Zürich im November 1990 eine Tagung durchgeführt, die sich – unter Beteiligung von Vertretern des Opus – kritisch mit dem «Werk Gottes» auseinandersetzte. Die Tagung wurde in Rücksprache mit der Römisch-katholischen Zentralkommission veranstaltet, die von der Synode der katholischen Kirche im Kanton Zürich den Auftrag zur Information über das «Opus Dei» erhalten hatte.
Die vorliegende Publikation dokumentiert Vorträge der Tagung. Wesentlich erweitert wurde das Buch aber durch zusätzliche Originalbeiträge. Besondere Aufmerksamkeit kommt dem umfangreichen Buchteil des Journalisten und «Opus Dei»-Experten Peter Hertel zu. Sein «Wegweiser durch den Dschungel offizieller und geheimer Dokumente des Opus Dei» veröffentlicht bisher geheimgehaltene Dokumente des «Opus Dei».
Dieses Buch wäre nicht möglich geworden ohne das finanzielle Engagement der Römisch-katholischen Zentralkommission. Wir danken herzlich für diese Unterstützung.

Zürich, Januar 1992

Der Herausgeber

«Für Gott sind Sucher die wichtigsten Menschen»

Zur Einführung – ein Plädoyer gegen die fundamentalistische Versuchung

Matthias Mettner

Die fundamentalistische Versuchung

Fundamentalistische Strömungen und Mentalitäten[1] in Gesellschaft, Religion und Kirche sind derzeit ein weltweit auftretendes Phänomen. Offensichtlich epidemisch breitet sich die fundamentalistische Versuchung aus und ist «in Wellen, Schüben und wilden Metamorphosen zum beseelenden Geist und zur treibenden Kraft in den Hirnen und Herzen ungezählter Millionen geworden»[2]. Der Fundamentalismus in allen seinen Formen ist ein höchst gefährliches Phänomen. Die fundamentalistische Flucht ins Extremistische ist eine der entscheidenden Herausforderungen dieser Zeit. Prinzipiell einem ideologischen Absolutismus verpflichtet, gebiert der Fundamentalismus mit innerer Konsequenz Intoleranz, Inhumanität, Lebensverachtung, Verzerrungen und Verblendungen in der Wahrnehmung von Wirklichkeit, Kommunikationsunfähigkeit, Dialogverweigerung und Kompromissfeindschaft, totalitäre Praktiken und Strategien, psychische, soziale und häufig physische Aggressionen, Ethnozentrismus und Rassismus. Mit den in demokratischen Gesellschaften verfassungsrechtlich garantierten Menschenrechten stehen fundamentalistische Mentalitäten und Gruppierungen auf Kriegsfuss. Sie missachten letztlich all das, was Demokratie und Rechtsstaatlichkeit, was politische Kultur wesentlich kennzeichnet: die Gewissens-, Meinungs- und Religionsfreiheit, eine institutionalisierte Rechtskultur, Transparenz und Offenheit aller Entscheidungsprozesse, die Mündigkeit und Selbstbestimmung des einzelnen, die Vielfalt der Lebenskulturen und anderes mehr. Empirisch sozialwissenschaftliche Studien zeigen das explosionsartige Wachstum «religiöser Kulte und Sekten» während der letzten Jahre.[3] Psychotherapeuten und Sozialpsychologen wissen, dass religiöse Sekten und fundamentalistische Gruppierungen in jedem Fall eine persönliche Katastrophe für die Betroffenen sind. Die gesellschaftlichen Folgen des Fundamentalismus sind mittel- und langfristig nicht kalkulierbar.

Unübersehbar wächst der Einfluss fundamentalistischer Strömungen und Gruppierungen in den Kirchen; in der römisch-katholischen Kirche offensichtlich – mit viel Sympathie begleitet und gefördert – bis in die höchsten Spitzen der klerikalen Hierarchie. Mit ausgeklügelten

Strategien suchen die fundamentalistischen Gruppierungen ihren Einfluss und ihre innerkirchliche Macht zu mehren, indem sie sich – die hierarchische Struktur nutzend – auf die Führungselite der Kirche konzentrieren. Die quantitativ bedeutendste und kirchenpolitisch einflussreichste Bewegung ist das «Opus Dei». Die einschlägige Literatur[4] nennt ausserdem als fundamentalistische Gruppierungen innerhalb beziehungsweise im Umkreis der römisch-katholischen Kirche unter anderem die von Marcel Lefebvre gegründete «Priesterbruderschaft St. Pius X.», das «Opus Angelorum» («Engelswerk»). Die vorliegende Publikation setzt sich exklusiv mit dem «Opus Dei» auseinander.

Wieviel religiöse «Sicherheit» braucht der Mensch?

Heute entzündet und verschärft sich die Frage nach Religion an der Vertreibung von Sinn, Phantasie und Humanität aus unserem Lebensgelände, an der wachsenden Vereinzelung und Vereinsamung, an den psychosomatischen Krankheitsbildern, an einer einseitig an Technokratie, Konsum und kurzweiligem Amüsement fixierten Lebensauffassung, an der Sucht und dem Zwang zur Leistung und Mobilität, an der allseitigen Verzweckung des Lebens, an der Perspektivlosigkeit lebenszerstörender und -gefährdender Politik, an der Bunkermentalität und dem Sicherheitswahn der Grossinstitutionen, an den grassierenden Gefühlen der Resignation, Angst und Ohnmacht angesichts verschärfter gesellschaftlicher, ökologischer und kultureller Krisenprozesse und Konflikte.

Aber parallel zu den Ängsten vor den Gefahren der Risikogesellschaft (Ulrich Beck) wächst «der Wunsch, ganz zu sein und anders zu leben» (Dorothee Sölle). Die Sehnsucht nach und Hoffnung der Menschen auf Befreiung und Heilung ist hartnäckig, nicht ausrottbar. Das Bedürfnis nach einem tragfähigen Fundament menschlicher Existenz, die Suche nach Identität, Sinn, Motivation, Orientierung, Geborgenheit, Wahrheit, Gewissheit, Tiefe, Lebenswärme und «Heimat» in einer zunehmend entzauberten, rationalisierten, betonierten und kommerzialisierten Welt verführt aber offensichtlich mehr und mehr Menschen dazu, «Opium-Ersatz» für das Gesuchte und Erhoffte auf dem Markt religiöser Sinnangebote anzunehmen beziehungsweise zu kaufen.

Bereits 1912 diagnostizierte Walter Benjamin hellsichtig und menschenfreundlich das Dilemma und die Tragik des modernen Menschen: «Und die alte und oft geplagte Not ist, dass wir selber uns verlieren. Verlieren durch all die glorreichen Fortschritte (...) Religionen kommen aus der Not und nicht aus dem Glück.»[5]
Der amerikanische Sozialwissenschaftler Peter Berger bestätigt in seiner Studie «Das Unbehagen in der Modernität» im Kern die Diagnose Benjamins. In die moderne Kultur und Gesellschaft ist eine fortwährende Identitäts- und Orientierungskrise des einzelnen Menschen quasi programmiert.[6] Infolge der ständig sich verändernden Welt, der

«beschleunigten» Zeit und der zunehmenden Pluralisierung der Lebenswelten, der unterschiedlichen Lebensformen und Lebensentwürfe, der ethischen Orientierungsrahmen und Glaubenssysteme gelangt der Mensch heute zumeist nur noch zu einer brüchigen, nervösen Identität. Der hauptsächliche Lebenshalt des Individuums ist ein «subjektives Reich der Identität»[7]. Alle Gewissheit und Sicherheit, deren er im Leben, Denken und Handeln bedarf, muss er zuerst und zuletzt aus sich selber schöpfen. Der einzelne ist aber zu solch einer Leistung aus eigener Kraft kaum in der Lage. Deshalb ist er «in besonderem Masse offen und unabgeschlossen, differenziert und labil, verunsichert und reflexiv, das heisst in seiner Unsicherheit dauernd auf sich selbst zurückgezogen»[8]. Die Chance zu Selbstbestimmung, Selbstdenken und Selbsthandeln – jenseits von Vorurteilen, Tabus, Konventionen und strukturellen Autoritäten – war noch nie derart gross. Die Entfaltung aller Lebensmöglichkeiten setzt aber jene Ich-Stärke, Selbstgewissheit und Orientierungssicherheit voraus, die gerade von vielen Menschen «lebenslänglich» nicht oder nur ansatzweise hergestellt werden kann. Damit wächst die Gefahr der verzweifelten Regression in Pseudogewissheiten und tröstende Fiktionen. Das Individuum wird im höchsten Masse «bekehrungsanfällig».

Wieviel religiöse «Sicherheit» braucht der Mensch? Der Fundamentalismus in den Religionen, in den Kirchen, scheint dem Bedürfnis nach tragfähigem Lebensfundament, nach Sicherheit und Stabilität, nach einfachen Antworten auf immer komplexere Lebens- und Gesellschaftsfragen Rechnung zu tragen. Wesentliches Kennzeichen aller religiöser Sekten und fundamentalistischer Gruppen ist das Angebot eines «rettenden Prinzips», das sowohl für den einzelnen als auch für die Menschheit Heil birgt. Die Sekte oder Gruppe verfügt über ein nahezu hermetisch geschlossenes Weltdeutungs- und Erklärungsmuster. Die Deutung enthält immer auch ein Heilsversprechen, das Rettung und Erlösung verheisst. In den Genuss des Heils kommen selbstverständlich nur diejenigen, die Mitglied der Sekte sind und sich total der Verfügungsgewalt des Gruppenführers und dem Regelwerk der Gruppe unterwerfen. Die Komplexität und Widersprüchlichkeit, alle Spannungen, Konflikte und «Unebenheiten» gesellschaftlicher Wirklichkeit werden auf das stupide Muster Schwarz oder Weiss, Gut oder Böse, Heil oder Unheil, Freund oder Feind reduziert oder voll-

ständig ignoriert. «Das Gruppenmitglied tauscht mit alldem sozusagen seine Autonomie, Individualität und Kritikfähigkeit ein gegen ein künftigem Zweifel systematisch entzogenes Angebot von Sinn, Geborgenheit, Eindeutigkeit, Vertrautheit, Gewissheit und Heil und eine überlegene Bestätigung des eigenen Selbstwertes.»[9]
Fundamentalistische Weltdeutungsmuster und Mentalitäten sind, das offenbaren psychologische und sozialwissenschaftliche Analysen, ein Komplex zynischer Lebenslügen. Sie nehmen weder die Lebensfragen und Hoffnungen der Menschen noch die Hauptfragen des Evangeliums ernst; die Fragen der Gerechtigkeit, der Versöhnung, des «Lebens in Fülle» für alle Menschen. Sie behindern die Lebensentfaltung des einzelnen und die Vermenschlichung der Lebensverhältnisse. Die von fundamentalistischen Kreisen aggressiv propagierte Rückkehr zu den «alten» Werten und Strukturen, zum «rechten» und «unverkürzten» Glauben, zu einfachen Formeln und Riten einer religiösen Kultur, die es längst nicht mehr gibt, verhindert das gemeinsame Suchen nach wirklichen Antworten auf die (Über-)Lebensfragen – individuell, gesellschaftlich, international – dieser Zeit.

Die «gestohlenen» Kinder

«Es bereitet tiefe Sorge zu sehen, wie christliche Gemeinschaften heute für sich werben, oft schon bei Minderjährigen, die sich durch geschickte Lockmittel einfangen lassen. Ich besitze eine ganze (internationale) Sammlung von Klagebriefen übertölpelter Eltern, denen eine kirchliche Institution oder Bewegung die Kinder weggestohlen hat» – warnte 1988 der konservative Schweizer Theologe und Kardinal Hans Urs von Balthasar vor den Folgen des fundamentalistischen Integralismus in der katholischen Kirche.[10] Im Blick hatte er dabei vor allem das Opus Dei, das er wiederholt als «die stärkste integralistische Machtballung in der Kirche» kritisiert hatte.[11] Mit den Worten des christlichen Philosophen Maurice Blondel diagnostizierte Balthasar im integralistischen Fundamentalismus[12] die Deformation der christlichen Botschaft zu einem «Gesetz der Furcht und des Zwangs»[13]. Der dort geforderte Konformismus sei «die denkbar radikalste Perversion des Evangeliums»[14].

Die zitierten Sätze sind unmissverständlich. Sie markieren einen kirchlichen Skandal. Ehemalige Mitglieder des Opus Dei haben – gegen die offiziellen Erklärungen des Werkes und trotz befürchteter Sanktionen – wiederholt eindrücklich geschildert, was sie an Leib und Seele bei der «Begegnung» mit dem Opus erlebt haben.[15] Nach ihren Aussagen wird bei der Rekrutierung neuer Mitglieder starker psychischer Druck ausgeübt. Die Entfremdung der Jugendlichen von ihren Eltern und bisherigen sozialen Bindungen wird Schritt für Schritt durchgesetzt. Die Kontrollsucht des jeweiligen klerikalen Leiters ist masslos bis in die intimsten Lebensbereiche. Unterwürfigkeit und absoluter Gehorsam sind gefordert. Gegenseitige Bespitzelung und Denunziationen anderer junger Mitglieder wegen sogenannter «Fehltritte» und Verstösse gegen die Auflagen und Regeln des Werkes sind alltäglich. Die ständige und nahezu vollständige Kontrolle des einzelnen hat totalitären Charakter. Die durch dieses Bündel von Massnahmen bewirkte psychische Abhängigkeit zerstört tendenziell die Persönlichkeit der jungen Menschen. Das ehemals führende Mitglied John Roche bringt das Opus Dei mit den heute grassierenden «totalitären Kulten und Sekten» in Zusammenhang und spricht gar von einer katholischen Moon-Sekte.

Die Vorwürfe gegen das Opus Dei sind massiv. Gegen die zuerst eigene Skepsis sind dem Herausgeber dieser Publikation die genannten Vorwürfe in Gesprächen mit Ehemaligen und den Eltern junger Mitglieder bestätigt und ergänzt worden. Nach der Lektüre der in diesem Buch von Peter Hertel vorgelegten Dokumente des Opus Dei sind die offiziellen Erklärungen der Opus-Dei-Vertretungen, wonach jedes Mitglied völlig frei sei, nur noch als Ideologie zu qualifizieren. Es besteht der dringende Tatverdacht, dass bis heute Menschen- und Elternrechte verletzt werden. Der katholischen Hierarchie wird in den Diskussionen um das Opus Dei gelegentlich vorgeworfen, dass sie mit der offiziellen Anerkennung des «Werkes Gottes» faktisch eine Jugendsekte in ihrem Binnenbereich akzeptiert habe.[16] Als zusätzlich fatal ist festzuhalten, wie Eltern anfänglich nach der Kenntnisnahme der Mitgliedschaft oder des Kontaktes ihres Kindes mit dem Opus Dei positiv, zumindest billigend auf das offensichtlich neue religiöse und kirchliche Interesse reagierten. Viele dachten und denken, was Eltern exemplarisch formulierten: «Wir dachten, das sei sicher etwas Rechtes, solange es katholisch ist.» Erst als sie die starke Veränderung in Persönlichkeit und Verhalten ihres Kindes wahrnahmen, waren sie alarmiert und fühlten das Lebensglück und die psychische Entwicklung ihrer Tochter oder ihres Sohnes bedroht. Ein Eingreifen aber war zu diesem Zeitpunkt der Entfremdung bereits kaum mehr möglich.

Fundamentalismus «ex cathedra»?

Im Mai 1992 soll die Seligsprechung des Gründers des Opus Dei, Msgr. Josemaría Escrivá de Balaguer, erfolgen. Dies veröffentlicht die hohe Wertschätzung der Spitze der römisch-katholischen Hierarchie für das «Werk Gottes». Der ausserordentliche innerkirchliche Einfluss des Opus wurde bereits 1982 augenfällig, als Papst Johannes II. dem Werk den kirchenrechtlich neuen Status einer sogenannten Personalprälatur gab. Eine Personalprälatur ist quasi ein Bistum auf personeller, nicht auf territorialer Basis.

Der Beirat der Konferenz der deutschsprachigen Pastoraltheologen qualifiziert – in einer Stellungnahme vom 30. November 1991 – die unmittelbar bevorstehende Seligsprechung Escrivás als «gefährliche Entscheidung»: «Die Zukunft von Gesellschaft und Christentum hängt wesentlich davon ab, inwieweit es im Raum der Kirche gelingt, Menschenwürde, Toleranz- und Dialogfähigkeit, Gerechtigkeit und Versöhnungsfähigkeit als christliche Werte anzuerkennen und als christliche Tugenden zu verwirklichen. Wir halten es für eine beunruhigende und kirchenpolitisch sowie seelsorglich gefährliche Entscheidung, eine derart polarisierende und ausgrenzende Denk- und Handlungsrichtung durch die Seligsprechung ihres Initiators gutzuheissen und zu sakralisieren. (...) Unserem Eindruck nach wird durch die Seligsprechung des Gründers von Opus Dei eine dubiose und undurchsichtige Macht in der Kirche gefördert und die Hirtensorge für die Einheit in Vielfalt vernachlässigt.»[17]

Angesichts der genannten Vorgänge befürchten viele Theologen und Priester, kirchliche Mitarbeiter(innen) und Gläubige eine neue Phase des «offiziellen Fundamentalismus», eines Fundamentalismus «ex cathedra»; vergleichbar der sogenannten «Modernismusbekämpfung» durch die römische Kurie in Kirche, Medien und theologischer Wissenschaft. Nach dem heute einschlägigen Begriffsinhalt von Fundamentalismus war dies eine Kirchen-Zeit, in der fundamentalistische Weltdeutung und Mentalität eher allgegenwärtig denn die Ausnahme waren.[18] Dazu stellt der Kirchenrechtler Knut Walf fest: Seit Beginn des Pontifikats Johannes Paul II. «erübrigen sich [...] für viele katholische Fundamentalisten eigene Aktionen»;[19] «Es existieren Übereinstimmungen von Herz und Seele zwischen der heutigen Leitung der katholischen Kirche und fundamentalistischen Strömungen.»[20] Der Amts- und Verwaltungszentralismus der römisch-katholischen Kirche, der «religiöse Apparat», der bei der klerikalen Hierarchie spätestens seit dem Ersten Vatikanischen Konzil 1870 als letztes Fundament und letzter Garant für die «Sicherung» (!) des Glaubens gelte, potenziere diese «Übereinstimmungen von Herz und Seele» um ein Vielfaches. Derart deutlich warnen in jüngster Zeit Theologen vor der Gefahr sektiererisch-fundamentalistischer Mentalitäten und Strukturen, weil insgesamt die Gefahr bestehe, die katholische Kirche verkomme langfristig zur kirchlichen Grosssekte.[21] Deutlichste Belege für die Gefahr des Fundamentalismus «ex cathedra» seien zum Beispiel die päpstliche Personalpolitik bei der Bestellung von Bischöfen, die Disziplinierung kritischer und «abweichender» Theologinnen und Theologen, der verstärkte Zentralismus, die Atmosphäre der Angst und Resignation in der Kirche, die innerkirchliche Missachtung von entscheidenden Elementen einer Rechtskultur bei Konflikten, das allzu häufig bei Würdenträgern feststellbare Verständnis von Glauben als Autoritätshörigkeit. Das Kirchen- und Menschenverständnis des Opus Dei als Spitze eines autoritären Religionskomplexes sei überall gesamtkirchlich auf dem Vormarsch, dem Siegeszug. Dadurch verliere die Kirche ihre Kompetenz und Autorität zur Einflussnahme und Gestaltung individuellen und gesellschaftlichen Lebens.

Hans Urs von Balthasar beschreibt eindrücklich die Gefahr des fundamentalistischen Integralismus für die katholische Kirche: «‹Die Logik des Integralismus ist unerbittlich.› [...] die Kirche im ganzen liegt im ‹Belagerungszustand›, und da der ideale Untertan der blind gehorchende ist, wird die Tendenz dahin gehen, alle nicht restlos Gefügigen aus der Kirche herauszutreiben: ‹[...] der Herr liess damals die 99 getreuen Schafe auf ihrer Weide, um dem einen verlorenen nachzueilen, manche möchten heute bei dem einzigen getreuen verharren, um es noch besser anzubinden.›»[22]

«Für Gott sind Sucher die wichtigsten Menschen» oder: Auf die Tradition kommt es an!

Die zitierten grimmigen Sätze Hans Urs von Balthasars verdeutlichen, wie dringlich und unerlässlich die kritische Auseinandersetzung mit fundamentalistischen Strömungen und «Werken» in der katholischen Kirche ist. «Mit brennender Sorge» wollen die Autoren und der Herausgeber der vorliegenden Publikation über das Opus Dei informieren. Es steht gesamtkirchlich dabei zu viel auf dem Spiel, als dass wir es dabei an Klarheit der Sprache und Leidenschaft der Auseinandersetzung fehlen lassen könnten. Auf dem Spiel steht die Zukunfts-, Lebens- und Verkündigungsfähigkeit der Kirche; darin zugleich der tiefe Sinn katholischer Tradition. Dazu erneut Balthasar: «Kennzeichen [der mächtigen traditionalistischen Bewegungen, MM] ist ihre Starre und Selbstgerechtigkeit. Das Bewusstsein ihrer integralen Katholizität gibt ihnen das Recht, alles von ihrem Standpunkt Abweichende souverän zu verurteilen. Sie haben recht, und nur sie. Weshalb? Weil die ‹Tradition› für sie ist. Und was ist für sie Tradition? Das, was war. Was bisher immer gegolten hat. Zur Gegenwart hin wird ein abschliessender Strich gezogen. [...] man sieht nicht, dass der geistlose Buchstabe tötet. Dass Tradition zuerst etwas Lebendiges, Weiterdrängendes ist, ein suchendes Sich-hinein-Beten und -Betrachten in das lebendige Wort. [...] Man muss sich den Ewig-Gestrigen gegenüber auf den echten Sinn katholischer Tradition besinnen. Nicht ein Weiterreichen des Immergleichen [...], sondern etwas unerhört Lebendiges, das seinen letzten Ursprung in der Übergabe des Sohnes durch den Vater an die Menschen, in der Selbstübergabe Christi an die Kirche hat [...] Immer mit dem Herzblut des Tradierenden zusammen, immer mit der Mahnung, keine Sache, keine fertige Formel, sondern Göttlich-Lebendiges anvertraut zu erhalten.»[23]

Genau dies war das Traditions- und Kirchenverständnis des Zweiten Vatikanischen Konzils. Das Konzil qualifizierte die Kirche als «das pilgernde Gottesvolk» in Gesellschaft und Geschichte; eine Kirche, die sich durch Weggemeinschaft, durch gemeinsames Fragen, offenes Suchen und lebensverändernde Hoffnungen zu mehr Gerechtigkeit und Humanität qualifizieren wollte; eine Kirche, welche die Verheissungen des alt- und neutestamentlichen Evangeliums mit den Hoffnungen und Freuden, der Trauer und Angst der Menschen heute angesichts von sozialer Not, Gewalt und Unterdrückung heilend und befreiend konfrontieren wollte. Das Zweite Vatikanische Konzil artikuliert ein Kirchenverständnis, das heute in «offensiver Treue zum Konzil» (Karl Rahner) zu offenem Widerspruch und Widerstand gegen eine zunehmend stärker aufkeimende Sektenmentalität, gegen fundamentalistische Tendenzen in der Kirche herausfordert. Oder mit den Worten des Nichttheologen, aber Menschen- und Gottesfreundes Hanns Dieter Hüsch gesagt: «Für Gott sind Sucher die wichtigsten Menschen.»[24]

Die Herren geben sich geheimnisvoll und geistlich oder: Die Masken der Macht

In seinen offiziellen Erklärungen und Selbstdarstellungen zeichnet das Opus Dei das strahlende Aussenbild einer exklusiv religiösen Vereinigung, die zuerst und zuletzt geistliche, übernatürliche und apostolische Ziele verfolgt. Das Opus Dei strebe allein die «Heiligung des Lebensalltags» gläubiger Katholikinnen und Katholiken an. Das Werk habe keine «weltlichen» Ambitionen. Selbstverständlich sei das einzelne Mitglied – wie jedes andere Kirchenmitglied auch – gesellschaftlich tätig. Dies sei aber dessen Privatsache und entziehe sich der Entscheidungskompetenz der Opus-Dei-Prälatur; dies die offizielle Opus-Ideologie.[25]

Alois Schuler ermöglicht mit seiner in dieser Publikation vorgelegten Darstellung «Ein unsichtbares Netz. Das Opus Dei in Zürich und anderswo» – aufgrund eigener Recherchen und unterstützt durch die jahrzehntelange Aufklärungsarbeit *Peter Hertels* – Transparenz im spinnenartigen Netz finanzieller und ideeller Hilfs- und Tarnorganisationen des Opus Dei in der Schweiz. Deutlich wird dabei auch die internationale Bedeutung der Schweiz, insbesondere Zürichs. Die nüchterne Darstellung Schulers zeigt einmal mehr, dass die Mitgliedschaft im Opus Dei zwei Ebenen hat: die formal-rechtliche (vgl. die Selbstdarstellung des Werkes) und die praktische. Er entlarvt damit die offizielle Selbstdarstellung des Opus Dei.

Hans Urs von Balthasar, der hartnäckig die Machtballung des Opus Dei kritisierte (vgl. das ausführliche Zitat im Beitrag von Anton Rotzetter S. 156), formulierte: «Macht [...] beginnt erst dort, wo eine Gruppe sich zum Programm setzt, auf dem Umweg über weltliche Machtpositionen angeblich christliche Wirkungen hervorzubringen. Weltlich ein normales Kalkül (beherrscht es nicht alle Politik und Wirtschaft?), christlich aber ein Schlag ins Gesicht der Seligpreisungen der Bergpredigt. Macht als Weg, das Kreuz aufzurichten, war weithin der Weg der Kolonisatoren.»[26] Spätestens an dieser Stelle ist für die Fragen nach Struktur, Intentionen und Ideologie des Opus Dei auf das Standardwerk von Peter Hertel «‹Ich verspreche euch den Himmel.› Geistlicher Anspruch, gesellschaftliche Ziele und kirchliche Bedeutung des Opus Dei» hinzuweisen, das in mehreren aktualisierten und erweiterten Neuauflagen vorliegt.[27]

Nicht zufällig ist ein ausserordentlich grosser Informationsbedarf zum Opus Dei bei Seelsorgern(-innen), Pfarrern, Dekanen, Generalvikaren und Bischöfen, Pfarreiräten, Synodalen und Kirchenpflegern(-innen) festzustellen. Journalistische Bemühungen um Informationen, Aufklärung und Transparenz gründeten bisher fast ausschliesslich auf die Schilderungen ehemaliger Mitglieder oder Selbstdarstellungen des Opus Dei. In dieser Publikation legt *Peter Hertel* erstmals ein umfangreiches Dokumentations-Handbuch zum Opus Dei vor. Sein «Wegweiser durch den Dschungel offizieller und geheimer Dokumente des Opus Dei» unter dem Titel «Intelligent gehorchen, aber blind» ist der Hauptteil dieser Publikation. Die meiner Kenntnis nach weltweit erstmals veröffentlichten Geheimdokumente des Opus Dei sind in ihrer Brisanz und kirchenpolitischen Bedeutung von grösstem Informationswert. Nach einem Wörterbuch des Opus Dei konfrontiert Peter Hertel konsequent die offiziellen Dokumente und Erklärungen des Opus Dei mit den Schilderungen Ehemaliger und längeren Textauszügen verschiedener bisher geheimgehaltener Dokumente des «Werkes Gottes» – und dies, durch einen Kommentar ergänzt, zu allen entscheidenden Konfliktpunkten öffentlicher Diskussion: zur Frage der Geheimhaltung, des Gehorsams, der Zensur der Medien und Wissenschaften usw. Autor und Herausgeber hoffen, mit diesem «Wegweiser» dem öffentlichen Informationsbedarf Rechnung zu tragen. Kennzeichen aller fundamentalistischer Gruppierungen, insbesondere auch des Opus Dei, ist ja der durchgängige Versuch der Geheimhaltung. Nur wer zu den Auserwählten der jeweiligen Sekte oder Gruppe gehört, erhält Einsicht in Struktur, Regelwerk und Ideologie. Offensichtlich sind die hier vorgelegten geheimen Dokumente des Opus Dei aber ohnehin nur der engsten Führungselite im Wortlaut bekannt. Eine derartig ridiküle Geheimnistuerei ist ebenso wie die merkwürdigen «cover agent»-Techniken[28] des «Werkes Gottes», das sich eine derartige Selbstbezeichnung anmasst, weder kirchlich noch gesellschaftlich akzeptierbar.

Die Gottesvergiftung oder: Im totalitären Würgegriff organisierter Lebensangst

Zur «Unterscheidung der Geister» ist eine theologische Auseinandersetzung mit fundamentalistischen Gruppierungen und Mentalitäten kirchenpolitisch unverzichtbar. Primär aber ist die fundamentalistische Versuchung ein psychologisches Problem und dementsprechend psychotherapeutisch aufzuarbeiten.[29]
Zu den Motivationen und Kennzeichen fundamentalistischer Einstellungen, die nach Werner Huth[30] zugleich signifikante Merkmale der pathologischen Zustände von Ideologie und Wahn sind, gehören: eine grosse Ich-Schwäche als Grund einer allgegenwärtigen Lebensangst und Verunsicherung; die Ignoranz gegenüber real existierenden Konflikten in Gesellschaft und Kirche (eine verordnete «Harmonie»); ein extremer Autoritarismus und die Forderung unbedingten Gehorsams; die ständige Wiederholung tradierten Wissens und Glaubens in (Leer-)Formeln ohne inhaltliche Füllung, Neuformulierung, Änderung und «Abweichung» (eine Pervertierung des kirchlichen Traditionsverständnisses!); die aggressive Abwehr anderer, fremder Lebensformen, Religionen und Kulturen (Emmanuel Lévinas bezeichnete dies als die «Krankheit der Identität»); die Exkommunikation Andersdenkender «nach innen» («Bibelverse als Schlagstöcke»); eine veräusserlichte Frömmigkeitspraxis; Kommunikationsunfähigkeit, Dialogunwilligkeit und Kompromissfeindschaft infolge eigener Ich-Schwäche; ein alles und jede (jeden) kontrollierender Zentralismus; ein verschärfter Integralismus, der andere Kultur- und Wissensbereiche unter die eigene Position und Weltdeutung unterwerfen will.
Kein Zweifel, fundamentalistische Gruppierungen und Sekten nützen tiefsitzende Ängste und Unsicherheiten, mangelnde Selbstgewissheit und die «Nervosität» unzähliger Menschen aus, indem sie autoritäre Strukturen und zumeist religiös überhöhte Ideologien als Sicherheitssurrogate anbieten.

«Im Namen der christlichen Liebesbotschaft und der Menschenwürde dürfen wir uns mit dieser heilig gesprochenen Unverschämtheit, mit dieser dummdreisten Menschenverachtung nicht arrangieren» – formulierte der Zürcher Psychologe und Psychotherapeut *Peter Schellen-*

baum abschliessend in seinem Beitrag «Urmisstrauen in den Menschen», nachdem er sich konzentriert mit der Opus-Ideologie aus psychologischer Perspektive auseinandergesetzt hat. Die sich in dieser fundamentalistischen Ideologie zeigende Menschenverachtung ist zugleich eine «Gottesvergiftung»[31]. Sie propagiert einen autoritären, patriarchalen, jenseitigen Herrschergott, der nicht – wie die Verheissungen des alt- und neutestamentlichen Evangeliums erzählen – ein «Leben in Fülle und Gerechtigkeit» ermöglicht. Im Fundamentalismus verdichtet sich ein autoritäres Religionsverständnis und Gottesbild, das Menschen einschüchtert und erdrückt, mundtot und «klein» macht sowie jeden Versuch einer Lebensentfaltung im Keim zu ersticken sucht. Dieses Gottesbild ist totalitär und hat gar nichts mit dem biblischen Gott der Liebe, Gerechtigkeit, Heilung und Befreiung zu tun. Dem Gott des Evangeliums ist das Leben kostbar.

Der Aufsatz des Theologen und Psychologen *Sturmius-Maria Wittschier* «‹Opus Dei› in uns. Psychogramm einer kollektiven Zwangsstruktur» (die Sprache des freien Vortrags ist hier beibehalten) verdeutlicht, dass eine öffentliche Auseinandersetzung nicht auf eine «Forschungsreise» in die Seele und damit die eigene religiöse Biographie verzichten darf. Verständnis und Information über die psychischen Mechanismen und Wirkungen autoritärer Religion sind ebenso unverzichtbar wie das kritische Hinterfragen der gesellschaftlichen, kulturellen und kirchlichen Umstände, die Menschen, insbesondere junge Erwachsene, in fundamentalistische Gruppen fliehen lassen. Für ihn ist die Opus-Dei-Mentalität die sichtbare Spitze des «Eisbergs» autoritärer Religion, die neurotisierende und lebensbehindernde Wirkungen in der Biographie unzähliger Menschen hatte. Sein Vortrag führt in die zentrale Frage: Wie kann ein Gottesbild und Glaubensverständnis wachsen, das lebenspraktisch Menschen heilt und befreit? Welche Bedingungen und Orientierungshilfen ermöglichen eine religiöse Erziehung und Verkündigung, die «kinder- und jugendverträglich» ist und – evangeliumsgemäss – Menschen zu Selbstbestimmung, zur Gerechtigkeit, zur Liebe und zu einem «Leben in Fülle» befreit?

Brot statt Steine und Beton

Die genannten Charakteristika fundamentalistischer Mentalität entlarven nicht nur die Kleingläubigkeit fundamentalistischer Kreise gegenüber der lebensstiftenden und befreienden Kraft jüdisch-christlichen Glaubens, sondern pervertieren das Evangelium zur Sicherheitsideologie für eigene Ängste und Machtansprüche.
«Oder ist einer unter Euch, der seinen Kindern einen Stein gibt, wenn sie um Brot bitten?» – heisst es im Evangelium des Matthäus (Mt 7,9). Statt Lebens-Brot, das nährt und kräftigt, bieten fundamentalistische Gruppen und Sekten ein «Denken in Beton», Steine und Bunkermentalitäten an. Sollten die kirchliche Sektenmentalität und die fundamentalistische Versuchung in der Kirche zunehmen, wären die Folgen für die Verkündigungs- und Zukunftsfähigkeit katastrophal. In der Tat würde dann die Opus-Dei-Ideologie zur Totengräberin der Kirche. Bereits heute sind Theologie und Kirche heftiger denn je durch verbitterte Vorwürfe herausgefordert: Die kirchlichen Strukturen und klerikalen Mentalitäten seien lebensfeindlich, menschen- und liebesignorant. Die Kirchen seien wortüberladen und erfahrungsarm, ereignis- und phantasielos. Man habe keine Lust mehr, an der «ewigen Wahrheit» der Kirchen seelisch und körperlich zu verhungern.
Angesichts dieser Vorwürfe, die zumeist die innere und/oder äussere Distanz zur real existierenden Kirche artikulieren, häufig den Endpunkt einer religiösen Biographie und eines kirchlichen Engagements darstellen, ist es leicht vorstellbar, welche fatale Wirkung eine stärkere Gewichtung und ein wachsender Einfluss des Opus Dei und anderer fundamentalistischer Kreise in der Kirche hätten.
Die Voraussetzungen und Perspektiven einer zukunftsfähigen Kirche skizziert *Kurt Koch* in seinem Beitrag «Die geheime Sehnsucht nach Rückkehr ins Ghetto oder Glaubensverrat». Vor dem Hintergrund des akuten innerkirchlichen Streits um das Kirchenverständnis des Zweiten Vatikanischen Konzils plädiert er – gegen die Gefahr eines Kirchennarzissmus – für das Evangelium von der Menschenfreundlichkeit Gottes.
Aus dogmatischer Sicht kann auf die Herausforderung fundamentalistischer Weltdeutung und Anmassung nur eine Antwort gegeben werden: «Es ist nicht zu sehen, wie sich Fundamentalismus in jedweder

Form und Katholizität miteinander vereinbaren lassen. Der Fundamentalismus ist objektiv betrachtet eine strukturelle Häresie.»[32] Der Theologe und «Sucher christlicher Spiritualität» *Anton Rotzetter* kommt – nach gründlicher theologischer Auseinandersetzung mit dem grundlegenden Werk «Der Weg» des Gründers des Opus Dei – ebenfalls zu einem solch eindeutigen Ergebnis. Das «Werk Gottes» weist zwar eine klar erkennbare Mentalität und Ideologie aus, hat aber keine Spiritualität, die sich aus dem Christusereignis und den biblischen Quellen herleitet. Aus der Kenntnis des Reichtums, der Geschichte und der Erfahrungen christlicher Spiritualität ist die Reklamation einer besonderen Spiritualität durch die Opus-Dei-Ideologie für Rotzetter eine unerhörte Anmassung, ein Ärgernis im biblischen Sinn. Es ist hier ausdrücklich zu betonen, was insgesamt für die Beiträge aller Autoren dieser Publikation gilt: Die Analysen und Bewertungen sind immer Urteile über Denkstrukturen, Lebenshaltungen und Ideologie des Opus Dei und fundamentalistischer Mentalitäten, nicht aber über irgendwelche Personen. Es geht den Autoren um Information und Transparenz in der dringend notwendigen Auseinandersetzung mit dem Opus Dei und dem Fundamentalismus. Ihre Motivation ist dabei das Engagement für eine Kirche, der die Menschenfreundlichkeit und Lebendigkeit Gottes anzumerken ist. Es geht ihnen zuerst und zuletzt um die Zukunfts- und Verkündigungsfähigkeit der Kirche; gegen das fundamentalistisch verkürzte und für die eigenen Machtansprüche zurechtfrisierte Evangelium, um das Evangelium der Befreiung und Heilung, der Gerechtigkeit und Liebe. Es geht ihnen um eine Kirche der Hoffnung und nicht der Angst sowie um die Wirklichkeit Gottes, wie sie Dietrich Bonhoeffer in dem 1944 verfassten Gedicht und Gebet «Christen und Heiden»[33] artikuliert hat:

Menschen gehen zu Gott in ihrer Not,
flehen um Hilfe, bitten um Glück und Brot,
um Errettung aus Krankheit, Schuld und Tod.
So tun sie alle, Christen und Heiden.

Menschen gehen zu Gott in seiner Not,
finden ihn arm, geschmäht, ohne Obdach und Brot,
sehn ihn verschlungen von Sünde, Schwachheit und Tod.
Christen stehen bei Gott in seinen Leiden.

Gott geht zu allen Menschen in ihrer Not,
sättigt den Leib und die Seele mit seinem Brot,
stirbt für Christen und Heiden den Kreuzestod
und vergibt ihnen beiden.

Anmerkungen

[1] Vgl. zum Phänomen des Fundamentalismus in Gesellschaft und Religion insgesamt: Thomas Meyer (Hrsg).: Fundamentalismus in der modernen Welt. Die Internationale der Unvernunft, Frankfurt a.M. 1989; Józef Niewiadomski (Hrsg.): Eindeutige Antworten? Fundamentalistische Versuchung in Religion und Gesellschaft, Thaur (A) 1988; Stephan H. Pfürtner: Fundamentalismus. Die Flucht ins Radikale, Freiburg i.Br. 1991; dort jeweils auch weiterführende Literaturhinweise.

[2] Thomas Meyer: Fundamentalismus. Aufstand gegen die Moderne, Reinbek 1989, 8.

[3] Vgl. z.B.: Europäisches Parlament: Religiöse Kulte und Sekten. Sitzungsdokumente 1984–1985. Dokument I–47/48.

[4] Die Liste der fundamentalistischen Splittergruppen in bzw. im Umkreis der römisch-katholischen Kirche ist lang. Vgl. weitere Angaben: Wolfgang Beinert (Hrsg.): «Katholischer» Fundamentalismus. Häretische Gruppen in der Kirche? Regensburg 1991; Knut Walf: Fundamentalistische Strömungen in der katholischen Kirche: Thomas Meyer (Hrsg.): Fundamentalismus in der modernen Welt, a.a.O., 248–262.

[5] Walter Benjamin: Dialog über die Religiosität der Gegenwart; Ders.: Gesammelte Schriften Bd. II.1, Frankfurt a.M. 1980, 16–35, 25.

[6] L. Berger/B. Berger/H. Kellner: Das Unbehagen in der Modernität, Frankfurt, New York 1975, 86.

[7] Thomas Meyer: Der unverhoffte Fundamentalismus. Beobachtungen in der Bundesrepublik: Ders. (Hrsg.): Fundamentalismus in der modernen Welt, a.a.O., 263–286, 264.

[8] Ebd.

[9] A.a.O., 267.

[10] Hans Urs von Balthasar: Integralismus heute: Diakonia 19 (1988), 121–129, 125.

[11] Vgl. Hans Urs von Balthasar: Integralismus 1. Grundsätzliches: Wort und Wahrheit 18 (1963) 737–740; Integralismus 2. Beispiele: Wort und Wahrheit 18 (1963), 740–744.

[12] Trotz der im deutschen Begriffsgebrauch vorhandenen Unterschiede werden die Begriffe «Integralismus» und «Fundamentalismus» fast synonym verwendet. Balthasar benutzt durchgehend den Begriff «Integralismus» für die Diskussion im Zusammenhang der katholischen Kirche.

[13] Hans Urs von Balthasar: a.a.O. 1988, 125.

[14] Ebd.

[15] Vgl. z. B. Klaus Steigleder: Das Opus Dei – eine Innenansicht, Zürich (Neuauflage) 1991; die Textauszüge ‹Ehemaliger› im «Wegweiser...» von Peter Hertel in diesem Buch.

[16] Vgl. Knut Walf: a. a. O., 261.

[17] Orientierung 56 (1992), Nr. 1, 12.

[18] Vgl. Knut Walf: a. a. O., 248.

[19] A. a. O., 256.

[20] A. a. O., 258.

[21] Vgl. z. B. Johann Baptist Metz: Den Glauben lernen und lehren. Dank an Karl Rahner, München 1984.

[22] Hans Urs von Balthasar: a. a. O., 1988, 125.

[23] A. a. O., 127.

[24] Kabarettist Hanns Dieter Hüsch im Gespräch mit Körperbehinderten: Sämann 1991, Nr. 9.

[25] Vgl. Peter Hertel: Opus Dei; Wolfgang Beinert: a. a. O., 148–165, 156f.

[26] Hans Urs von Balthasar: a. a. O., 1988, 126.

[27] Düsseldorf 1991, 4. erweiterte und aktualisierte Neuauflage.

[28] Vgl. Knut Walf: a. a. O., 261.

[29] Vgl. Wolfgang Beinert: Der «katholische» Fundamentalismus und die Freiheitsbotschaft der Kirche; ders.: a. a. O., 52–89, 72.

[30] Werner Huth: Glaube, Ideologie und Wahn. Das Ich zwischen Realität und Illusion, München 1987.

[31] Vgl. Tilmann Moser: Gottesvergiftung, Frankfurt a.M. 1976.

[32] Wolfgang Beinert: Der «katholische» Fundamentalismus, a. a. O., 81.

[33] Dietrich Bonhoeffer: Widerstand und Ergebung. Briefe und Aufzeichnungen aus der Haft; hrsg. von E. Bethge, München 1951, 246f.

Intelligent gehorchen, aber blind

Ein Wegweiser durch den Dschungel offizieller und geheimer Dokumente des Opus Dei

Peter Hertel

Vorbemerkungen

Wer dem Opus Dei nicht angehört und nicht zu seinen Freunden zählt, hat es sehr schwer, sich über das Werk kundig zu machen. Möchte er sich beim Opus Dei informieren, dann wird er keinen Einblick in Texte und Mitgliederstatistiken erhalten, wohl aber auf das Grundanliegen des Werkes hingewiesen: Die Christen sollen wie Jesus in Nazareth in ganz gewöhnlichen Berufen ihre Arbeit und ihren Alltag heiligen.

Im ersten Moment ist dieser religiöse Ansatz begrüssenswert. Schon immer haben sich Laien um die Alltagsheiligung bemüht. Gerade in den Jahrzehnten, bevor der spanische Priester Josemaría Escrivá de Balaguer y Albás das Opus Dei gründete, war der Gedanke an Nazareth, das verborgene und alltägliche Leben Jesu, neu belebt worden. Insofern war der spirituelle Ansatz des Opus-Dei-Gründers Escrivá in eine breite Strömung zeitgemässer Weltfrömmigkeit eingebettet. Es ist anzuerkennen, dass das Opus Dei akzentuierte, was auch das Zweite Vatikanum herausgestellt hat: die Berufung des Laien.

Deshalb ist es unberechtigt, das Opus Dei einfach als einen Skandal abzutun. Für alle, die an einem lebendigen Glauben in einer lebendigen Kirche interessiert sind, ist das Werk Escrivás eine Herausforderung. Vor allem die kritische Auseinandersetzung mit dem Werk ermöglicht es, die Ziele und Merkmale zu erkennen, die für eine zukunftsfähige Kirche wichtig sind.

Die Opus-Mitglieder wollen ihre religiöse Überzeugung im verborgenen leben. Ohne Zweifel haben sie das Recht dazu. Aber was für das einzelne Mitglied gilt, kann nicht für die gesamte Organisation gelten. Denn das Opus Dei ist insgesamt – wie sein Leiter Alvaro del Portillo dem Vatikan in einem Geheimschreiben mitteilte – «ein mobiles Corps», eine kirchenpolitisch und gesellschaftlich ambitionierte Institution, die deshalb auf Strukturen, auf Einfluss und Ziele zu befragen ist. Die Personalprälatur dagegen behauptet, sie habe keine weltlichen, erst recht keine finanziellen, ökonomischen und politischen Ambitionen. Ihre Mittel und Ziele seien gänzlich und ausschliesslich übernatürlich, geistlich und apostolisch.

Dieser Auskunft hat selbst Radio Vatikan widersprochen: Es sei «zwecklos zu leugnen, dass das Opus Dei in manchen Ländern grossen Einfluss im politischen, wirtschaftlichen und kulturellen Bereich besitzt». Das Opus Dei entgegnet: Nicht die Organisation, sondern nur das einzelne Mitglied sei gesellschaftlich tätig. Sein Beruf jedoch sei seine Privatsache, in die sie sich nicht einmische. Als geistliche Einrichtung diene sie dem übernatürlichen Wohl des Mitglieds. Deshalb bleiben vor allem wirtschaftliche und finanzielle Aktivitäten im dunkeln.

Selbst die gewöhnlichen Mitglieder des Opus Dei wissen über die finanziellen und wirtschaftlichen Netze kaum etwas. Im gesellschaftlichen Bereich gleicht das Werk einem geheimen Organismus: Das rechte Auge weiss nicht, was das linke sieht, und erst recht wissen die Füsse nicht, was die Hände tun. Nur das Gehirn kennt alles.

Fragen helfen hier dem Aussenstehenden nicht weiter. Der übernatürliche Charakter des Opus Dei und der soziologische Raster, so argumentieren seine Wortführer, liessen sich nicht zusammenfügen. Man werde diesem soziologischen Reduktionismus keinen Vorschub leisten.

An diesem Punkt endet das Gespräch. Entweder akzeptiert man das strahlende Bild von der rein religiösen Vereinigung: dann erübrigen sich empirische Fragen. Oder man bleibt bei der Fragestellung: dann ist man als Gesprächspartner unerwünscht.

Über das Innenleben des Opus Dei kann man dagegen gewisse Informationen bekommen: offzielle Erklärungen des Opus Dei und Mitteilungen ehemaliger Mitglieder, die weltweit und unabhängig voneinander Berichte und Bücher verfasst haben, in denen das Innenleben der Prälatur übereinstimmend als repressiv erscheint – mit zwielichtigen Werbepraktiken, indoktrinierenden Zwängen und scharfer Zensur. Das Opus Dei weist diese Aussagen zurück: seine Mitglieder lebten in Freiwilligkeit und Eigenverantwortlichkeit.

Weshalb diese Widersprüchlichkeit? Diejenigen, die Druck ausüben, und diejenigen, die unter Druck stehen, empfinden es nicht so, solange sie die Spielregeln bejahen und den «heiligen Zwang» internalisieren. Dass sie ihre Entscheidungen unter – möglicherweise massivem – Druck getroffen haben, wird ihnen wohl erst bewusst, wenn sie sich vom Opus Dei zu lösen beginnen.

Dem Aussenstehenden, der aus Berichten und Büchern ehemaliger Mitglieder zitiert, wird vom Opus Dei vorgeworfen, dass er sich bei denen kundig gemacht habe, die das Werk im Zorn, Ungehorsam und Widerspruch verlassen hätten. Deshalb seien seine Berichte nicht objektiv. Andererseits wird ihm ein Blick in interne Texte, durch den er seine Recherchen überprüfen könnte, nicht gewährt. Wenn er dann, ohne das strahlende Selbstbild des Opus Dei zu akzeptieren, trotzdem berichtet, lautet der Vorwurf, er sei einseitig. Auch mir hat der Regionalvikar des deutschen Opus Dei, César Ortiz, 1991 in einer Mitteilung an deutsche Bischöfe und Generalvikare Einseitigkeit unterstellt, weil ich mich ausschliesslich auf ehemalige Mitglieder stützen würde, was schon deshalb nicht stimmt, weil ich mehrere Gespräche mit offiziellen Vertretern des Opus Dei geführt habe – bis zum oben genannten Punkt, an dem sich das Gespräch nicht weiterführen lässt. Doch damit gebe ich mich nicht zufrieden. Weil die Vertreter des Opus Dei bei den Gesprächen meine Nachfragen zurückwiesen, blieb mir nichts anderes übrig, als mich der Geheimhaltung zum Trotz auf anderen Wegen über diese mächtige restaurative Organisation in der katholischen Kirche zu informieren. Denn ich halte es für wahrheitsverletzend, wenn ich, weil ich keine entsprechenden Informationen des Opus Dei bekomme, nur sein Selbstbild darstellen würde. Ich hatte übrigens auch über andere kirchliche Gemeinschaften (zum Beispiel Benediktiner und Kleine Brüder Jesu) berichtet; dort war mir bereitwillig Einblick in interne Dokumente gewährt worden, so dass ich die Informationen, die ich erhalten hatte, auf ihren Wahrheitsgehalt hin überprüfen konnte. Beim Opus Dei war das nicht möglich. Deshalb musste ich mir die Dokumente gegen seinen Willen verschaffen, was mir aus dem Opus Dei den Vorwurf einbrachte, ich würde mit «gestohlenen» Texten arbeiten.

Auch wenn ich sie nicht gestohlen habe: mit diesen Texten kann ich vieles belegen. So war es auch bei der Tagung der Paulus-Akademie. In diesem Buch möchte ich jedoch nicht einfach wiedergeben, was ich dort gesagt habe. Vielmehr möchte ich noch elementarer ansetzen: ich lege aus den breiten Textzeugnissen, über die ich inzwischen verfüge und auf die ich meine Berichte und Analysen unter anderem stütze, einige wichtige Ausschnitte vor. Dabei bringe ich vor allem Texte zu jenen Punkten, an denen sich weltweit der Streit des Opus Dei mit ehemaligen Mitgliedern entzündet hat.

Im Säkularinstitut Opus Dei (1950–1982) galten die lateinischen Konstitutionen. Zum grösseren Teil wurden aus ihnen die päpstlich erlassenen lateinischen Statuten (seit 1982) der Personalprälatur, die öffentlich sind. Aus zwei sehr wichtigen Abschnitten der Konstitutionen unter dem Titel «Geist und Fromme Gewohnheiten» (De Spiritu et de piis servandis Consuetudinibus), die Anweisungen zum Innenleben enthalten, wurde 1990 ein eigenes, gleichnamiges lateinisches Dokument. Einige Aspekte der Konstitutionen finden sich in der Neufassung der lateinischen «Regulae internae pro Administrationibus», dem Reglement für die Verwaltung (Frauenabteilung), das von Escrivá entwickelt wurde und 1985 in der sechsten Auflage vorgelegt worden ist. Die restlichen Abschnitte der Konstitutionen sind in die Bestimmungen des siebenbändigen «Vademecum» (Januar bis Dezember 1987) eingeflossen, das auf spanisch verfasst ist. Auch wenn einige Texte für die Personalprälatur redaktionell entschärft worden sind: die Praxis im Opus Dei hat sich nicht geändert.

Um interne Dokumente des Opus Dei verstehen zu können, ist es zunächst notwendig, sich in seinen speziellen Wortschatz zu vertiefen.

Aus dem Wortschatz des Opus Dei

Abtötungen

1 Pflichtabtötungen: z. B. Geissel und Bussgürtel; Schlafen auf dem blanken Brett (nur für Numerarierinnen); heroische Minute; kein Mittagsschlaf.
2 Freiwillige Abtötungen: z. B. freundlich sein; morgens kalte Dusche; kein Wannenbad; auf dem Stuhl sitzen, ohne sich anzulehnen; kein Brotaufstrich.

Academia-Residencia

Formular mit den hauptsächlichen Angaben über die Person und die Familie, das der Kandidat vor der Admissio ausfüllt und abgibt; gilt als Grundlage für die Personalkartei, die in der jeweiligen Region geführt und ständig mit eigenen und von anderen gemeldeten Daten angereichert wird; persönliche Daten werden mit Passfoto auch in die römische Zentrale weitergeleitet.

Admissio

Einfache Zulassung als Mitglied (frühestens ab 17 Jahren). Dabei gehen Kandidat und Prälatur einen Vertrag ein. Das Neumitglied verpflichtet sich u. a., nach dem Geist und der Praxis des Opus Dei zu leben und apostolisch tätig zu sein; die Prälatur verpflichtet sich u. a., dem Mitglied eine unablässige theologische, geistliche aszetische Bildung sowie die spezifische pastorale Betreuung durch die Priester der Prälatur zu gewährleisten.

Anfängliche Formung

Formación inicial; eine Art Grundausbildung für Aspiranten und Neumitglieder.

Apostolische Werke

s. Korporative Werke

Aspirant
Jugendliche(r) ab 14½ Jahren, der (die) als ehelose(r) Numerarier(in) oder ehelose(r) Assoziierte(r) ausersehen ist, ins Opus Dei aufgenommen werden will, dies in einem Brief an den Regionalvikar zum Ausdruck bringt und dann durch das «Programm der anfänglichen Formung» ins Opus-Innenleben integriert wird, ohne dem Werk juristisch anzugehören (s. auch Priestergesellschaft vom Hl. Kreuz).

Assoziierte(r)
Zölibatäres Mitglied, das in der Regel bei seiner Familie wohnt und in der Regel keine höhere wissenschaftliche Ausbildung hat.

Assoziierter Priester
Diözesanpriester, der zur Priesterlichen Gesellschaft vom Hl. Kreuz gehört und mit einer totalen und gewollten Verfügbarkeit im Geiste des Opus Dei lebt.

Aussprache
s. Charla Fraterna und Charla Periodica

Beisammensein
(«Tertulia») Tägliche Zusammenkunft – in der Regel zweimal – der Opus-Mitglieder eines Zentrums, bei dem über interne Belange gesprochen wird; manchmal auch Zusammenkunft von Mitgliedern in grösserem Rahmen.

Besinnungstage
Fünftägige Exerzitien pro Jahr mit Betrachtungen und Vorträgen.

Bodenkuss
Religiöse Übung, die unmittelbar dem Geist des Opus Dei entspringt und sofort nach dem Aufstehen am Morgen und bei weiteren Gelegenheiten (z. B. den täglichen «Preces» und im wöchentlichen «Kreis») zu verrichten ist – mit dem Gebetswort «Serviam» (ich will dienen).

Brief
1 Aufnahmegesuch, das der (die) Pfeifkandidat(in) per Einschreiben frühestens mit 16½ Jahren an den zuständigen Ordinarius der Präla-

tur richtet. Wer Numerarier(in) oder Assoziierte(r) werden will, schreibt den Brief an den Prälaten; künftige Supernumerarier(innen) an den zuständigen Regionalvikar.
2 Brief des Prälaten: Schreiben an Laien-Numerarier mit der «Bitte», Priester zu werden (eine «Bitte» des Prälaten ist von den Numerariern zu erfüllen, weil sie im Geiste des Opus Dei total verfügbar leben).

Briefe des Vaters
Sammlung von Rundschreiben des Opus-Dei-Prälaten, Bischof Alvaro del Portillo.

Brüderliche Zurechtweisung
s. Correctio Fraterna

Brüderliches Gespräch
s. Charla Fraterna

Bussgürtel
Metallband mit nach innen gerichteten Dornen, das Numerarier(innen) und Assoziierte täglich mindestens zwei Stunden am Oberschenkel tragen sollen.

Caeremoniale
Schrift, die den Ablauf bestimmter Handlungen festlegt (z. B. «Preces», Ablauf eines «Kreises», Aufstellen der «Josefsliste»).

Camino
Der Weg – Hauptwerk des Opus-Dei-Gründers Escrivá.

Catecismo
Katechismus des Opus Dei; Schulungsinstrument mit Fragen und Antworten, das gelegentlich verändert und strengstens unter Verschluss gehalten wird; aus dem Katechismus dürfen keine Notizen gemacht werden.

Charla Fraterna
Wöchentliche Aussprache des Mitglieds mit seinem(-r) geistlichen Leiter(in).

Charla Periodica
Gelegentliche Aussprache des Mitglieds mit einem Opus-Priester.

Circulo
(deutsch: Kreis) Formungssitzung für Mitglieder. Gelegentlich werden auch Nichtmitglieder in einen speziellen Kreis eingeladen.

Circulo Breve
Wöchentliche geschlossene Formungssitzung für die Ehelosen, getrennt für Numerarier(innen) und Assoziierte, mit festgelegtem Ablauf, die bis zu 40 Minuten dauern soll, aber meist 60 Minuten überschreitet (s. Kap. VI, S. 96).

Circulo de Estudios
Geschlossene Bildungssitzung.

Clubkinder
Mitglieder des Jugendclubs, die dem Werk zugeführt werden sollen.

Codex
s. Statuten

Confidencia
Bekenntnis des Mitglieds bei der Charla Fraterna.

Congressista
Mitglied in einem der beiden Generalkongresse (und des Wahlkongresses); wird vom Prälaten nach ratgebendem Votum des Generalrates und nach Anhörung der Regionalkommission sowie der Kongressmitglieder der betreffenden Region auf Lebenszeit ernannt.

Consiliarius
Selten für Regionalvikar.

Consultor
Mitglied der männlichen Beratungsgremien.

Convivencia
Tagung für neuberufene Numerarier(innen) und Assoziierte.

Convivencia especial
Kurse, getrennt für Numerarier(innen) und für Assoziierte, die für die Numerarier(innen) 20 und für die Assoziierten 15 Tage dauern.

Correctio Fraterna
Zurechtweisung eines Mitglieds durch ein anderes Mitglied, dem ein Verstoss des (der) Zurechtgewiesenen gegen den Geist des Werkes, eine schlechte Gewohnheit u. ä. aufgefallen ist, wobei der Zurechtweisung meist eine Rücksprache mit einem (einer) Vorgesetzten vorausgeht.

CRIS
Centro Romano di Incontri Sacerdotale; römisches Zentrum der Priestergesellschaft vom Hl. Kreuz.

Crónica
Interne Führungszeitschrift, die unmittelbar nur den Numerariern zur Verfügung steht und in den Zentren vom Direktor unter Verschluss gehalten werden soll.

Cuadernos
Neunbändiges Werk mit Anweisungen zum Innenleben, das unter Verschluss zu halten ist.

Curso annual
Jährlicher, dreiwöchiger Ferienersatz zur Ausbildung in Philosophie, Theologie und Psychologie.

Defensor
Mitglied der Regionalkommission, dessen Aufgabe es ist, über die Einhaltung der Lehre und der Normen des Opus Dei zu wachen.

Direktor(in)
Leiter(in) eines Zentrums.

Eingeschriebene
s. Inscrito/Inscrita

Einkehrtag
s. Retiro mensual

Einteilung
Zuteilung der Zielpersonen, die angeworben werden sollen, an eine(n) Numerarier(in), s. Josefsliste.

El Padre
(deutsch: der Vater) Josemaría Escrivá de Balaguer y Albás, Gründer des Opus Dei.

Eröffnen
Anfängliche Aussprache eines anzuwerbenden Clubkindes oder sonstigen Kandidaten für das Opus Dei durch eine(n) Numerarier(in); Vorstufe zur Confidencia.

Familie
1 Selbstdefinition des Opus Dei: «arme und kinderreiche Familie».
2 Lebensform der Numerarier(innen) des Opus Dei in der Art einer Kommune beziehungsweise einer «vita communis», in der die Bande der «übernatürlichen» Familie wesentlich höher bewertet werden als die einer «Blutsfamilie»; die Laien-Numerarier(innen), auch Assoziierte, tragen in der Regel wie Eheleute einen Ring, auf dessen Innenseite das Datum der Fidelitas eingetragen ist.

Ferienreisen
Ausbildungsveranstaltungen für Clubkinder; morgens Unterricht, nachmittags Unterhaltung, Schwimmen usw.

Fidelitas
Versprechen, dem Opus Dei auf Lebenszeit anzugehören, und juristisch endgültige Aufnahme, frühestens mit 23 Jahren möglich; wird von Numerarier(innen) und Assoziierten abgelegt, Supernumerarier(innen) werden selten zugelassen. Neben der Ausdehnung des allgemeinen Vertrages (vgl. Admissio und Oblatio) auf Lebenszeit legen

die Kandidaten der Fidelitas noch ein besonderes Versprechen ab, in dem sie sich verpflichten: erstens alles zu vermeiden, was dem Werk Schaden zufügen könnte; zweitens die Brüderliche Zurechtweisung zu üben; drittens gegenüber der Lehre der Kirche und dem Geist des Opus Dei noch treuer zu sein.

Formación inicial
Anfängliche Formung; eine Art Grundausbildung für Aspiranten (ab 14½ Jahren) und Neuberufene (ab 16½ Jahren), s. «Formung».

Formung
(vom span. Formación = Bildung, wird im deutschsprachigen Opus Dei mit «Formung» übersetzt) Ausbildung und Formierung des (der) einzelnen, insbesondere der Aspiranten (-innen) und Neuberufenen, auf die geistliche und gesellschaftliche Linie des Opus Dei.

Fünftausend Kilometer
Die «Entfernung», die laut Escrivá zwischen seinen «Söhnen und Töchtern» (der männlichen und der weiblichen Abteilung bzw. einer Residenz und Verwaltung) in der einen Opus-Familie liegen soll.

Geist und Fromme Gewohnheiten
Lateinische Schrift (De spiritu et de piis servandis Consuetudinibus) mit kurzen Paragraphen zum Innenleben des Opus Dei; aus den Konstitutionen hervorgegangen und strengstens unter Verschluss zu halten.

Geissel
Fünfschwänzige Lederpeitsche mit Knoten (in der Regel für Männer) oder Perlonschnüren, an denen dicke, beschwerte, stachelige Kugeln hängen (in der Regel für Frauen); soll von Numerarier(innen) und Assoziierten samstags in der zeitlichen Länge eines «Salve Regina» oder «Regina coeli» benutzt werden.

Generalkongress
Zwei Gremien, eines in der Männerabteilung, eines in der Frauenabteilung; im Gegensatz zur Männerabteilung kann der Generalkongress der Frauenabteilung nicht als Wahlkongress einberufen werden.

Generalrat
Beratungsgremium des Prälaten bei der Leitung der Prälatur und der speziellen Leitung der Männerabteilung; die Mitglieder, die männliche Numerarier sein müssen, werden vom Wahlkongress auf Vorschlag des Prälaten für acht Jahre gewählt.

Generalvikar
Zweithöchster Numerarier-Priester; Vertreter des Prälaten.

Gewohnheiten
Geistliche Übungen im Tagesablauf; von den Normen zu unterscheiden (s. «Geist und Fromme Gewohnheiten»).

Glosas
Fünfbändige Instruktionen in unterschiedlicher farbiger Ausstattung für die Ausbildung von Kandidaten, die aufgenommen werden sollen: in die Priestergesellschaft vom Hl. Kreuz (hellbraun); als ehelose Laien in St. Michael, (Numerarier/rot, Assoziierte/blau), als Verheiratete in St. Gabriel (dunkelblau), als Jugendliche in St. Raphael (braun); streng unter Verschluss zu halten.

Grünes Licht
Erlaubnis der Regionalkommission, eine(n) Pfeifkandidaten(-in) anzuwerben.

Heroische Minute
Sofortiges Aufstehen am Morgen unmittelbar nach dem Klingeln (des Weckers).

Hilfs-Numerarierinnen
Hausmädchen in der «Verwaltung»; Mehrheit der weiblichen Numerarier, kaum mit höherer Ausbildung; verrichten Hausarbeit auch für die Männer des Opus Dei.

IMAK
Internationaler Mariologischer Arbeitskreis Kevelaer e. V. – eine Gründung deutschsprachiger Priester des Opus Dei.

Informationsblatt
Veröffentlichung des Opus Dei, um die Seligsprechung des Gründers zu fördern; zwölf Folgen.

Inscrito/Inscrita
(span.; wörtlich: Eingeschriebene/r) Gruppe der Numerarier(innen), die sich, neben dem normalen, durch einen weiteren Vertrag an die Prälatur bindet und für Führungsaufgaben qualifiziert ist; sie wird nicht in den Statuten, wohl aber in internen Schriften (z. B. Vademecum) erwähnt; die Namen der Inscritos(-as) sind den meisten Opus-Dei-Mitgliedern unbekannt.

Internationaler Kreis für Priesterbegegnung
Deutschsprachige Einrichtung der Priestergesellschaft vom Hl. Kreuz.

Jahreskurs
s. Curso annual

Josefsliste
Liste möglicher Pfeifkandidaten(-innen), die jeweils am 18. März (Vorabend des Festes des hl. Josef und des Namenstages des Gründers Escrivá) in einem Zentrum aufgestellt und dann verschlossen wird; ein Jahr lang wird versucht, die Kandidaten(-innen) für das Opus Dei anzuwerben; am 18. März des folgendes Jahres wird der Umschlag mit der Josefsliste geöffnet; die erfolgreichen Werber werden belobigt. Oft gibt es – entsprechend den drei Mitgliedergruppen – drei verschiedene Listen.

Jugendclub
Korporative Einrichtungen von Mitgliedern (und Nichtmitgliedern) des Opus Dei unter Leitung eines Opus-Numerariers als «Clubleiter», in denen das Opus Dei die «geistliche Betreuung» übernimmt; Reservoir für den Nachwuchs des Opus Dei.

Katechismus
s. Catecismo

Konstitutionen
Constitutiones Sacerdotalis Sanctae Crucis et Operis Dei; geheimes Gesetz für das Säkularinstitut Opus Dei (1950–1982); 1970 durch eine Indiskretion auf spanisch, 1984 im lateinischen Wortlaut bekannt geworden.

Korporative Werke
Bildungseinrichtungen usw., die Mitglieder – meist mit Nichtmitgliedern – gründen und in denen das Opus Dei die geistliche Betreuung übernimmt; davon zu unterscheiden: Stiftungen (s. dort). Dachverbände: Kulturgemeinschaft Arbor (Schweiz); Studentische Kulturgemeinschaft (Deutschland, männlich); Deutsch-Internationaler Kulturverein (Deutschland, weiblich); Österreichische Kulturgemeinschaft (Österreich).

Kreis
Deutschsprachige Kurzform für Circulo Breve.

Kreis-Führer
Technische und religiöse Anweisungen über die Formung von einzelnen und Gruppen.

Lebensplan
Tagesablauf des Mitglieds, wobei das pünktliche Verrichten der Normen und Gewohnheiten zu festgelegten Tageszeiten entscheidend ist.

Leiter(in)
1 Organisatorische(r) Leiter(in) bzw. Direktor(in) eines Zentrums (s. auch «örtliche Leitung»).
2 Geistliche(r) Leiter(in), häufig Laie, eines Opus-Mitgliedes.
Laut Escrivá weiss er (sie), was Gott will. Ihm (ihr) ist unbedingt zu gehorchen. Kritik und Widerspruch sind nicht erlaubt.
Zur «geistlichen Leitung» gehört auch der Beichtvater eines Zentrums, der stets Numerarier-Priester ist.

Meditaciones
Betrachtungsbände mit detaillierten Meditationen für jeden Tag des Jahres.

Meditación semanal
Wöchentliche Meditationsübung für Numerarier und Assoziierte.

Mitarbeiter(innen)
Mitglieder der Mitarbeiter-Assoziation des Opus Dei; sie werden vom Regionalvikar auf Vorschlag eines Mitglieds ernannt, sind aber keine Mitglieder; sofern sie katholisch sind, unterstützen sie das Opus Dei durch Gebet, Mitarbeit und Spenden; sofern sie nicht katholisch sind, durch Mitarbeit und Spenden. Mitarbeiter kann auch jemand werden, der (die) sich als Supernumerarier(in) nicht eignet.

Normen
Geistliche Übungen während des Tages (s. Dokumentation).

Noticias
Interne Zeitschrift der Frauenabteilung des Opus Dei, die unter Verschluss zu halten ist.

Numerarier(in)
(vom spanischen Begriff «miembro numerario») Ordentliches Mitglied, das ehelos lebt und zur obersten Gruppe gehört, in der die Männer zu den höchsten Führungsaufgaben qualifiziert sind; sie sollen ein Theologiestudium und ein säkulares Studium absolvieren und den Doktortitel führen; leben «wie eine Familie» in den Zentren und Häusern des Werkes (Auffächerungen: s. Inscrito/Inscrita, Hilfs-Numerarierin, Numerarier-Priester).

Numerarier-Priester
Kleriker des Opus Dei; oberste Mitgliedsgruppe der Priesterlichen Gesellschaft vom Hl. Kreuz (s. auch «Brief»).

Oblatio
Jährliche Erneuerung der vertraglichen Bindung an das Opus Dei; in der Regel fünfmal bis zur Fidelitas. Dabei wird das bei der Eingliederung (Admissio) abgelegte Versprechen erneuert.

Obra
Spanischer Name des Opus Dei.

Obras
Interne Zeitschrift des Opus Dei; unter Verschluss zu halten.

Örtliche Leitung
Leitung eines Zentrums (auch «Örtlicher Rat»); Mitglieder sind der (die) Direktor(in), sein (ihre) Stellvertreter(in) und der (die) Sekretär(in). Die Ämter werden nach Anhörung der Regionalkommission vom Regionalvikar auf drei Jahre verliehen.

Partikularexamen
Derjenige Punkt, den der (die) geistliche Leiter(in) bei der «Charla Fraterna» festlegt und in dem sich der (die) Betroffene in der folgenden Woche besonders anstrengen soll.

Pax – in aeternum
(= Frieden – in Ewigkeit) Gruss der Opus-Dei-Mitglieder untereinander, in Anwesenheit Aussenstehender nicht üblich.

Periodische Aussprache
s. Charla Periodica

Personalprälatur
Kirchliche Rechtsform des Opus Dei.

Pfeifen
Ins Opus Dei eintreten.

Pfeifkandidat(in)
Name auf der Josefsliste.

Pfeiftagungen
Spezielle Tagungen für Nichtmitglieder, die vor dem Eintritt ins Opus Dei stehen.

Prälat
Numerarier-Priester; Leiter des Opus Dei, der vom männlichen Wahlkongress gewählt und vom Papst auf Lebenszeit ernannt wird.

Preces
Familiengebet des Opus Dei, das unter Ausschluss von Nichtmitgliedern verrichtet wird und Bitten enthält; u. a. an Maria, Joseph, die Engel, für den Papst, den Bischof, für die Wohltäter des Opus Dei und den Gründer. Die Preces (und einige andere Gebete) dürfen nur «auf lateinisch und in römischer Aussprache» verrichtet werden.

Priesterliche Gesellschaft vom Hl. Kreuz
Assoziation des Opus Dei mit den Klerikern der Prälatur (Numerarier-Priester, Diakone und niedere Seminaristen) an der Spitze sowie Diözesanklerikern (Assoziierte Priester und Supernumerarier-Priester) und diözesanen Seminaristen als Aspiranten.

Priestersekretär
Dritthöchster Numerarier-Priester und zuständig für die Frauenabteilung; Mindestalter: 40 Jahre.

Proselytismus
Auftrag, Taktik und Strategie der Mitgliederwerbung sowie der Christianisierung der Gesellschaft; von Escrivá begründet.

Regionalbeirat
Regionales Gremium; leitet mit dem Regionalvikar und dem Regionalsekretär (dem Numerarier-Priester für die Frauen) die Regionalabteilung der Frauen; die weiblichen Mitglieder müssen Numerarierinnen sein; sie werden vom Prälaten auf unbestimmte Zeit ernannt.

Regionalkommission
Regionales Gremium; die Mitglieder, die Numerarier sein müssen, beraten den Regionalvikar bei der Leitung der Region und in speziellen Aufgaben der Männerabteilung; sie werden vom Prälaten auf unbestimmte Zeit ernannt.

Regionalvikar
Numerarier-Priester; Leiter einer Region oder eines Landes; wird vom Prälaten nach Anhörung des Generalrates auf unbestimmte Zeit ernannt.

Regulae internae pro Administrationibus
Interne Anweisungen für die Verwaltung (vornehmlich über die Geschlechtertrennung); unter strengstem Verschluss zu halten.

Residenz
Opus-Haus beziehungsweise der Teil des Hauses, in dem die Verwaltung die Hauspflege vornimmt, dessen Bereiche aber, selbst wenn Residenz und Verwaltung praktisch im selben Gebäude sind, vollständig voneinander getrennt sind. Die Residenzen sind in der Regel die Zonen der männlichen Abteilung; seltener Häuser mit Numerarierinnen.

Retiro mensual
Monatlicher Einkehrtag der Numerarier(innen) und Assoziierten, bei dem Betrachtungen und gottesdienstliche Handlungen stattfinden sowie Vorträge gehört werden.

Römische Hochschule vom Heiligen Kreuz
Philosophische und theologische Fakultät des Opus Dei in Rom, die mit der kirchenrechtlichen Fakultät der Opus-Universität von Navarra in Pamplona (Spanien) zusammenarbeitet und an der Priesteramtskandidaten vor allem aus der Dritten Welt ausgebildet werden, u. a. mit dem Ziel, sie als Diözesanpriester für die Priestergesellschaft vom Heiligen Kreuz zu gewinnen.

Romana
Halbjährliches, ausgewählten Journalisten zugängliches Bulletin des Opus Dei.

Schweigen
1 Gross; Stille in den Zentren des Opus Dei vom Abend bis zum Morgen.
2 Klein; dreistündige Mittagsstille in den Zentren des Opus Dei, in der gewöhnlich der Bussgürtel getragen wird; Berufstätige sollen in dieser Zeit wenigstens eine Stunde lang schweigen beziehungsweise so wenig wie möglich sprechen.

Serviam
s. Bodenkuss; Wahlspruch des Feldkircher Opus-Dei-Bischofs Küng.

Sich aus dem Fenster werfen
Aus dem Opus Dei austreten.

Sleeping
Nachtruhe auf dem Fussboden, mindestens einmal pro Woche; die Numerarierinnen, die auf einem Brett schlafen, verzichten einmal pro Woche auf das Kopfkissen oder ersetzen es durch ein Buch.

Spendensuche
Beschaffung von Geldmitteln z.B. für Bau und Ausbau von Einrichtungen des Opus Dei, wozu jugendliche Mitglieder in St. Raphael, auch deren Freunde, angehalten werden.

St. Gabriel
Institution des Opus Dei für Verheiratete, die aufgenommen werden wollen.

St. Michael
Institution des Opus Dei für Ehelose, die aufgenommen werden wollen.

St. Raphael
Institution des Opus Dei für Kinder und Jugendliche, die aufgenommen werden sollen.

Statuten
Vom Papst in Kraft gesetzter Codex Iuris Particularis Operis Dei; gilt für die Personalprälatur Opus Dei seit 1982; aus den Konstitutionen hervorgegangen.

Ständige Kommission des Generalrates
Vierköpfiges männliches Gremium in der römischen Zentrale, das entscheidende Beschlüsse für das Opus Dei fasst. Mitglieder: Prälat, Generalvikar, Priestersekretär und ein weiteres Mitglied des Generalrates.

Stiftungen
Einrichtungen, meist steuerbegünstigt arbeitend, die von Opus-Mitgliedern (mit Sympathisanten) – entsprechend dem «Vademecum» – gegründet werden; zum Teil international zu einem Netz (auch mit Opus-nahen Banken) personell beziehungsweise institutionell verbunden; Ziel: Geldbeschaffung für die Apostolatsarbeit; Beziehung zur Prälatur von aussen praktisch nicht erkennbar (Schweiz und Österreich: Limmat-Stiftung, Zürich; Deutschland: Rhein-Donau-Stiftung, Starnberg).

Studienpräfekt
Mitglied des Generalrates, das über die Formung der Opus-Mitglieder sowie über die Einhaltung der Lehre wacht; wird gelegentlich als «Inquisitor» des Opus Dei bezeichnet.

Studienzentren
Bildungseinrichtungen, getrennt nach Männern und Frauen, nach Numerarier(innen), Assoziierten und Supernumerarier(innen). Auch die Diözesanpriester und Aspiranten der Priestergesellschaft vom Hl. Kreuz haben spezifische Einrichtungen.

Supernumerarier(in)
(vom spanischen Begriff «miembro supernumerario») Ausserplanmässiges, beigezähltes Mitglied des Opus Dei, das verheiratet ist oder heiraten darf; auch wer den «Brief» zur Aufnahme als ehelose(r) Numerarier(in) bzw. Assoziierte(r) geschrieben hat, gilt (bereits ab 16½ Jahren) bis zur Annahme der Bitte als Supernumerarier(in). Wer sich als Numerarier(in) oder Assoziierte(r) nicht eignet, kann eventuell Supernumerarier(in) werden.

Supernumerarier-Priester
Diözesanpriester, der zur Priesterlichen Gesellschaft vom Hl. Kreuz gehört, sich aber wegen persönlicher und sonstiger Verhältnisse nicht total und nicht unmittelbar der apostolischen Opus-Tätigkeit zuwendet.

Tertulia
s. Beisammensein

Unser Vater
Gründer Escrivá; seit seinem Tod (1975) auch «Unser Vater, der im Himmel ist».

Vademecum
Siebenbändige Schrift in unterschiedlichen Farben mit präzisen, praktischen Anweisungen für den Alltag im Opus Dei. Diese Ausführungsbestimmungen zu den «Statuten» und «Geist und Fromme Gewohnheiten», die streng unter Verschluss gehalten werden sollen, gehen auf Escrivá zurück, wurden aber für die Personalprälatur überarbeitet. (De Publicaciones Internas, rot; De los Consejos Locales, dunkelblau; Del Apostolado de la Opinion Publica, orange; De liturgia, bordeaux; De Sacerdotes, violett; De las Sedes de los Centros, grün; De Ceremonias Liturgicas, grau.)

Verwaltung
1 Die Gesamtheit der häuslichen Arbeiten der Sitze der Zentren und konkret die jeweilige Betreuung des Oratoriums, der Pforten- und Telefondienst, die Raumpflege, die Verpflegung und das Besorgen der Wäsche.
2 Die Personengruppe, die in einem Zentrum diese Arbeiten ausführt:
> ***a*** Ausserordentliche Verwaltung: zölibatäre Frauen des Opus Dei, die den häuslichen Pflegedienst in den männlichen Zentren versehen, aber dort nicht wohnen.
> ***b*** Ordentliche Verwaltung: zölibatäre Frauen des Opus Dei, die den häuslichen Pflegedienst in den männlichen Zentren versehen, dort wohnen, aber an einem streng abgesonderten Ort.

Von unserem Vater
Auch «Worte unseres Vaters»; Sammlung von Leitgedanken und Leitartikeln Escrivás, die er vor allem in «Crónica» zur Spiritualität des Opus Dei veröffentlichte.

Wachetag
Ein bestimmter Tag pro Woche, an dem jedes Opus-Dei-Mitglied besonderes Augenmerk auf sein Gebet wie auf die Erfüllung des Geistes,

der Normen und Gewohnheiten richtet – bei sich selbst und den anderen (s. Correctio Fraterna); leitet das «Sleeping» ein.

Wahlkongress
Mit dem Generalkongress der Männerabteilung identisch.

Wann wirst du pfeifen?
Lied des Opus Dei, das die Clubkinder lernen.

Wochenmeditation
s. Meditación semanal

Wochenplan
Ein Aspekt aus den Normen, Gewohnheiten oder dem Geist des Opus Dei, der im «Circulo Breve» von dem Leiter (der Leiterin) festgelegt wird und besonders zu beachten ist.

Zelator
(lat. Inspektor, Studienaufsicht) Assoziierte und Supernumerarier(innen) mit Fidelitas, die einem Zentrum oder mehreren Zentren zugeordnet sind und in ihren Gruppen nach Abwesenden forschen, Kranke besuchen und Informationen zwischen den Mitgliedern der Gruppe vermitteln.

Zentraler Beirat
Leitungsgremium der Frauenabteilung; die Mitglieder, die Numerarierinnen sein müssen, werden auf Vorschlag des Prälaten vom Kongress der Frauen gewählt; der Beirat leitet mit dem Prälaten, dem Generalvikar und dem Priestersekretär die Abteilung der Frauen.

Zentrum
Haus des Opus Dei in einer Stadt; den einzelnen Zentren sind jeweils einzelne Mitglieder oder Mitgliedergruppen zugewiesen. Es gibt autonome und von anderen abhängige Zentren – sowie (im Rang darunter) «Brennpunkte».

Dokumentation der verwendeten Literatur

1. Schriften Escrivás (Opus-Gründer)

EC Josemaría Escrivá de Balaguer, Camino, Madrid 1939; 41. Aufl., Madrid 1984. (Die deutschsprachige Ausgabe «Der Weg», erschienen im Opus-nahen Kölner Adamas Verlag, ist teilweise bis zur Unkenntlichkeit abgemildert).

ECr Leitartikel Escrivás in Crónica (s. Wortschatz).

2. Öffentliche Schriften und Verlautbarungen des Opus Dei

ST Codex des Sonderrechts des Opus Dei, Rom 1982; wird «Statuten» genannt. Das lateinische Original trägt den Titel «Codex Iuris Particularis Operis Dei».

ODR Opus Dei Rom. Alvaro del Portillo (Opus-Prälat), Erklärung gegenüber der Deutschen Bischofskonferenz in: Dokumente, Nr. 185, Presseamt des Erzbistums Köln (PEK), 3. September 1984.

ODD Opus Dei Deutschland. Radio Vatikan, Deutsche Abteilung. Interview mit Dr. Ruthard von Frankenberg (Opus-Numerarier), Leiter des deutschen Opus-Informationsbüros, 1. Juni 1984.

ODS Opus Dei Schweiz. «Die Kirche wird niemals zum Opus Dei werden». Interview mit Beat Müller (Opus-Priester), Sprecher des Opus Dei in der Schweiz, in: «Aufbruch extra» über das Opus Dei, 1990 (November), Nr. 14, S. 4 und S. 7. Die Zeitung «Aufbruch – Forum für eine offene Kirche» erscheint in Freiburg im Üechtland.

ODÖ Opus Dei Österreich. Erklärung, Informationsbüro der Prälatur Opus Dei in Österreich, Wien, 2. November 1986.

PB Peter Berglar (Opus-Supernumerarier, verstorben), Opus Dei, Leben und Werk des Gründers Josemaría Escrivá, Salzburg 1983.

DT Dominique le Tourneau (Opus-Priester), Das Opus Dei, Stein am Rhein 1987.

RM José María Ruiz Mateos (Opus-Supernumerarier), La Cassaforte dell'Opus Dei, in: L'Espresso, 4 Maggio 1986, S. 34ff. (Interviewer: Pietro Calderoni).

3. Interne Schriften des Opus Dei

Gg De Spiritu et de piis servandis Consuetudinibus (Geist und fromme Gewohnheiten), Romae 9-IV-1990 (Geist: Nr. 1–70 und Fussnoten 1–31; Fromme Gewohnheiten: Nr. 71–125 und Fussnoten 32–64).

Ra Regulae internae pro Administrationibus (Interne Regeln für die Verwaltung), editio sexta, Romae MCMLXXXV.

Cae Caeremoniale, Romae (ohne Datumsangabe).

Vc Vademecum de los Consejos Locales, Roma, 19-III-87.

Vs Vademecum de las Sedes de los Centros, Roma, 6-XII-87.

Cu Cuadernos 3, Vivir en Cristo (ohne Datumsangabe).

4. Veröffentlichungen und Interviews ehemaliger Mitglieder

AM Alberto Moncada (ehemaliger Opus-Numerarier), Opus Dei, Universidad Complutense, Madrid, Julio de 1990 (Referat vom 1. Juli 1990 vor dem religionssoziologischen Forschungskomitee auf dem 12. Weltkongress der Soziologie).

FH Vladimir Felzmann (ehemaliger Opus-Priester), in: Peter Hertel, «Ich verspreche euch den Himmel» – Geistlicher Anspruch, gesellschaftliche Ziele und kirchliche Bedeutung des Opus Dei, Düsseldorf, 4. Auflage 1991.

KS Klaus Steigleder (ehemaliger Opus-Numerarier), Das Opus Dei – eine Innenansicht, Einsiedeln/Zürich/Köln (Neuauflage) 1991.

MT Maria del Carmen Tapia (ehemalige Opus-Numerarierin), Good housekeepers for Opus Dei ... sowie ein Interview mit ihr unter dem Titel «What Opus Dei has done for church ...», in: National Catholic Reporter, Kansas City, May 1983, S. 10–13.

WP Widmar Puhl (ehemaliger Opus-Numerarier), Die zwei Gesichter des Opus Dei, Deutschlandfunk, 27. Juni 1984.

I. Geheimhaltung

Die Geheimhaltung war in Nr. 191 der geheimen Konstitutionen (1950–1982) klar vorgeschrieben: «Deshalb wissen die Numerarier oder Supernumerarier sehr wohl, dass sie immer kluges Stillschweigen bezüglich der Namen von anderen Mitgliedern zu wahren haben; und niemandem gegenüber enthüllen sie, dass sie selbst zum Opus Dei gehören, nicht einmal bei einem eventuellen Verlassen des Instituts [des Opus Dei], ohne dass der örtliche Direktor dies ausdrücklich genehmigt.»

Das Opus Dei erklärt, die Konstitutionen seien nicht mehr in Kraft. Vielmehr würden heute die Statuten von 1982 gelten. Dort aber stehe nichts von Geheimhaltung. Doch der entscheidende Artikel 89, § 2 sagt lediglich, dass Namen ohnehin bekannter Mitglieder veröffentlicht werden können: die Namen der Priester der Prälatur, einiger Mitglieder der Zentralleitung und der örtlichen Direktoren.

Ausserdem legen die Statuten in den Schlussbestimmungen fest, dass die Normen der Konstitutionen nur dann ausser Kraft gesetzt sind, wenn sie vom Recht der Statuten abgeschafft sind. Doch das ist bei der zitierten Bestimmung Nr. 191 offensichtlich nicht der Fall. Ja, im Vademecum wird zum Beispiel die Geheimhaltung der geheimen Texte ausdrücklich vorgeschrieben.

Auch im Opus Dei selbst gibt es verschiedene Informationsebenen. Am wenigsten wissen die Supernumerarier(innen), am meisten die Numerarier, und unter ihnen die Inscritos, vor allem Priester und römische Generalleitung.

I.1 Anweisungen Escrivás

Ich habe dir die Bedeutung der Diskretion ans Herz gelegt. Vielleicht ist sie nicht die Spitze deiner Waffe, aber zumindest der Griff. (EC, 655)

Eure Lebensweise soll verborgen bleiben wie die Lebensweise Jesu in den dreissig Jahren. (EC, 840)

I.2 Öffentliche Texte des Opus Dei

Das Opus Dei kann sein Ziel um so wirksamer verfolgen, wenn es in aller Bescheidenheit sein Leben zu führen beschliesst. Deshalb sollte sich das Opus Dei aller kollektiven Aktivitäten enthalten. Auch sollte es keinen gemeinsamen Namen oder keine gemeinsame Bezeichnung geben, mit denen die Gläubigen der Prälatur benannt werden. Auch sollen sie nicht an irgendwelchen öffentlichen Kultveranstaltungen wie Prozessionen im Kollektiv teilnehmen, ohne dass sie damit verheimlichen wollen, zur Prälatur zu gehören, weil der Geist des Opus Dei – während er die Gläubigen zu einer nachdrücklich anzustrebenden und kollektiven Bescheidenheit leitet, damit sie eine noch nachhaltigere und erfolgreichere apostolische Wirkung erzielen – gleichzeitig jede Geheimniskrämerei und Heimlichkeit vermeiden will. Deshalb sind auch in den Rundschreiben für alle die Namen der Vertreter des Prälaten sowie die Namen derer, die ihre Beiräte bilden, bekanntzugeben. Den Bischöfen, die darum ersuchen, sind nicht nur die Namen der Priester der Prälatur mitzuteilen, die in den betreffenden Diözesen ihren Dienst verrichten, sondern auch die Namen der Direktoren der Zentren, die in der Diözese errichtet wurden. (ST 89, § 2)

Diese [alle dem Opus Dei bereits eingegliederten Gläubigen, sowohl Priester wie Laien, sowie die Assoziierten- und Supernumerarier-Priester der Priesterlichen Gesellschaft vom Heiligen Kreuz] haben sich an dieselben Verpflichtungen zu halten und geniessen dieselben Rechte, die sie unter der vorhergehenden juristischen Leitung besessen haben, soweit nichts anderes in den Vorschriften dieses Codex [der Statuten] festgelegt ist oder es sich um solche Rechte handelt, die sich aus den Normen ableiten, die vom neuen Recht abgeschafft sind. (ST, Dispositiones Finales, § 2)

Die Behauptung, das Opus Dei pflege Geheimhaltung, weil es keine Mitgliederlisten offenlege, entbehrt jeder Grundlage. Richtig ist, dass die Gläubigen der Prälatur Normalbürger sind mit dem Recht auf religiöse Selbstbestimmung und persönlichen Datenschutz. Dieses Recht hat die Prälatur zu respektieren. Jedes Mitglied teilt seine persönlichen Daten, also auch seine Mitgliedschaft, mit, wem es will, ja es ist sogar angehalten, jede Art von Geheimhaltung zu vermeiden (vgl. «Codex Iuris Particularis» des Opus Dei, Art. 89, § 2). (ODÖ)

Ihre Tätigkeiten führt die Prälatur Opus Dei stets im Licht der Öffentlichkeit und im Einklang mit den im Lande geltenden Gesetzen durch. Die Sitze ihrer Zentren sind bekannt, ebenso die Personen, die sie leiten. In sämtlichen Prospekten, die über die Tätigkeit informieren, wird klar auf die von der Prälatur Opus Dei wahrgenommene geistliche Betreuung hingewiesen. (ODR)

Informationen über das Opus Dei sind im Grunde unsensationell, denn Heiligung der gewöhnlichen Art anzustreben ist für Schlagzeilen einfach nicht geeignet. Und wenn wir dann die erwarteten Sensationen wahrheitsgemäss nicht liefern können, dann heisst es vielleicht: «Sie halten hinter dem Berg damit, sie verschweigen uns die Wahrheit, sie zeigen nur die fromme Fassade. Wir wollen Fakten!» Diese Schwierigkeit ist nicht zu unterschätzen, nur ein Beispiel: Einem Journalisten etwa, der keine besondere Antenne für den Glauben hat, wird man nicht ohne weiteres verkaufen können, dass wir dies und jenes wirklich nur aus Liebe zu Gott tun wollen. Andererseits gibt es doch eine ganze Menge von Informationen über die Prälatur. Die Presseberichte über die Tätigkeiten von Bildungseinrichtungen hier bei uns in der Bundesrepublik, deren geistliche Leitung das Opus Dei inne hat, gehen in die Hunderte. Das Informationsbüro hat verschiedene Broschüren herausgebracht über das Werk im allgemeinen, eine Dokumentation über die Errichtung als Personalprälatur 1982 und so weiter. Oder: 1983 erschien ein Buch des Kölner Historikers Berglar, das bis da unbekannte Quellen erschlossen hat. Aber eben: das alles ist wenig sensationell. (OPD)

Das Werk liebt nicht, Aufsehen zu erregen... Aus dieser Haltung Escrivás heraus ist es verständlich, dass er – es wurde schon erwähnt – Scheinwerfer, Mikrofone, Interviews nicht liebte, dass er Reportagen über seine Person ablehnte. Niemals hat er sich einer Pressekonferenz gestellt, nie ist er im Fernsehen aufgetreten. Andererseits: Das «Haus von Nazareth», in dem das Opus Dei «ein Winkel» sein will und auch ist – es hat seinen Geist, seine Wärme, sein Fluidum nicht verändert, wohl aber seine Einrichtung. Nun gibt es in ihm Rundfunk und Fernsehen und Zeitungen, das ganze riesige Feld der Medien, der Massenkommunikationsmittel. Sie «mögen» oder «nicht mögen»: das ist Geschmacksache und fällt in den Privatbereich. Sie sind da, sie wirken, sie beeinflussen die Menschen, und dieser Einfluss ist nicht nur gross, sondern auch unvermeidlich. Da man sich ihm nicht entziehen kann, muss man ihn mitformen, mitgestalten. In diesem Punkt hat Escrivá nie den geringsten Zweifel gelassen. Es war ihm bewusst, Apostel in einem technisierten und industrialisierten Zeitalter zu sein. In ihm hatte er Gottes Auftrag zu erfüllen – weltweit und eben im zwanzigsten Jahrhundert; und darauf kam es ja gerade an: den Menschen klarzumachen, dass Christus auch durch die Welt der Fabrikhallen, Rotationsmaschinen, Medienomnipotenz, Überschallflugzeuge, Kernreaktoren und Mikroprozessoren geht, wie einst über die staubigen Strassen Palästinas, und dass er sich in Gestalt seines Stellvertreters auf Erden, des Papstes, beim Gebet filmen lassen muss. (PB, 231)

I.3 Aus internen Schriften

Vademecum *Auch wenn die Direktoren unter sich allein sind, sprechen sie beim gemütlichen Zusammensein im Speisesaal usw. nie von Leitungsangelegenheiten. Sie meiden so die Gefahr, dass eine Nachricht oder eine Bemerkung nicht gut aufgefasst wird oder für eine Person Unannehmlichkeiten verursacht. Würde man solche Angelegenheiten ausserhalb der Arbeitsräume behandeln, so würde das zudem dazu verpflichten, in Form der Geheimnistuerei zu sprechen, die dem Geist des Werkes so fernsteht, oder dunkelsinnige Sätze zu verwenden, die wenig natürlich, wenig schicklich und deshalb unzulässig sind...*

Die Direktoren, die aus dem Amt scheiden, sollen vollständig die Leitungsangelegenheiten vergessen, die sie gekannt haben und in die sie während ihrer Amtszeit eingreifen mussten. Sie sprechen von diesen Fragen nur dann, wenn die Direktoren sie ausdrücklich danach fragen...

Die Instruktionen und Briefe unseres Gründers, die Glosas, das Vademecum usw. müssen in dem Zentrum verbleiben, dem sie zugewiesen sind. Sie sind im Büro des Direktors unter Verschluss zu halten und dürfen das Zentrum nicht verlassen. Falls dies aber durch einen ganz aussergewöhnlichen Umstand – beispielsweise durch einen Umzug – doch einmal nötig sein sollte, müssen sie mit äusserster Umsicht transportiert werden: in einer Aktentasche, Handtasche oder einem Köfferchen, die ausschliesslich für diesen Zweck vorgesehen sind und die immer ein Direktor trägt. Ähnlich dürfen Schriftstücke auf Reisen nicht in Koffern mitgeführt werden, weil man diese vertauschen oder verlieren kann. Auf Bahnhöfen oder Flugplätzen dürfen sie nicht in der Gepäckaufbewahrung o. ä. verbleiben. Reist man mit dem Auto, so dürfen sie beim Verlassen des Wagens nicht darin zurückgelassen werden – auch wenn das Fahrzeug verschlossen wird. Aus Gründen der Klugheit und der Ordnung ist es auch sehr ratsam, Papiere nicht in Handtaschen bei sich zu tragen oder sie auf dem Schreibtisch liegenzulassen, wenn man das Zimmer verlässt. Wenn aber einmal alle oder ein Teil der Dokumente abhanden kommen, dann ist umgehend die Regionalkommission über alle Einzelheiten zu informieren, ohne dass man freilich zu meinen braucht, dieses Missgeschick sei eine Katastrophe. Wenn sie verlorengehen, macht das nichts: Alles, was darin steht, ist nach Wesen und Form nicht nur gut und nobel, sondern heilig. Wenn deshalb jemand, der nicht zum Werk gehört, es läse, würden ihn Freude und Zuneigung erfüllen beim Anblick der Geradlinigkeit der Überzeugung, der Reinheit der menschlichen und übernatürlichen Mittel, die zum Einsatz kommen, und der Liebe und Opferbereitschaft, die aufgebracht werden, um ohne Unterschied und ohne Angst der ganzen Menschheit zu dienen und Gutes zu tun…

Das Programm der anfänglichen Formung ist zum Gebrauch durch den Örtlichen Rat und diejenigen bestimmt, die den Auftrag haben, bei der Ausbildung der Neuberufenen mitzuhelfen. Von diesem Programm macht man keine wortwörtlichen Notizen. Man kopiert auch keine Punkte daraus und macht auch nicht auf Zetteln Auszüge aus dem Katechismus…

Ausser den genannten Dokumenten gibt es noch andere – Briefe des Vaters, Crónica, Obras, Meditaciones, Cuadernos usw. –, die die Mitglieder des Werkes direkt benützen, um ihre Formung und ihre apostolische Aktivität zu verbessern. Man muss Lösungen finden, die den Supernumerariern die Lektüre dieser Publikationen ermögli-

chen, wobei gesichert sein muss, dass sie nicht abhanden kommen. In den Zentren der Numerarier, in denen keine apostolische Arbeit geleistet wird, braucht man diese Dokumente nicht unter Verschluss zu halten und auch nicht im Büro des Direktors zu verwahren. (Vc, 135ff.)

Geist des Opus Dei *Unser Gründer schrieb 1945, dass die göttliche Berufung zum Werk «bloss das Gewissen eines jeden angeht – ohne öffentliche oder offizielle Resonanzen, denn die Berufung nimmt uns nicht von unserem Platz, von der gesellschaftlichen Stellung weg, die wir in der Welt haben...». Dieses Wesensmerkmal der Berufung zum Opus Dei führt zu vielen, auch kleinen, Besonderheiten im Leben seiner Mitglieder: So vermerken die Laienmitglieder in ihrem «Curriculum vitae» nie ihre Zugehörigkeit zum Opus Dei, wie ja die anderen Gläubigen auch nicht angeben, welchem Bistum sie angehören. Auch verwenden sie nicht Briefpapier mit dem Briefkopf der Prälatur oder des Postens, den sie im Werk innehaben, mit Ausnahme des Regionalvikars. Wer solches benötigt, verfügt über Briefpapier mit seinem Namen und den persönlichen beruflichen Angaben, wie sie am betreffenden Ort Brauch sind. (Gg, Fussnote 12)*

I.4 Aussagen ehemaliger Mitglieder

Den Mitgliedern wird erklärt, dass die Dinge des Werkes, die guten wie die schlechten, nicht aus dem Familienkreis heraustreten dürfen, sie brauchen dafür Slogans wie: «die schmutzige Wäsche wird zu Hause gewaschen» und «man darf die Perlen nicht den Schweinen vorwerfen» usw. Die Mitglieder, die sich an diese Diskretion halten, erklären das Wesen ihrer Bindungen nicht öffentlich, auch nicht die Daten über ihr persönliches und gemeinschaftliches Apostolat, und wenn es sich vermeiden lässt, sogar nicht einmal, dass sie Mitglieder des Opus Dei sind. (AM)

Nein, ich habe sie nie gesehen. Ich war zweiundzwanzig Jahre im Opus Dei, aber wir haben die Konstitutionen nie gesehen. Das war an sich etwas seltsam: Ich ging nach Rom, ich erhielt den Doktortitel und wurde Priester, aber ich habe die Konstitutionen nie gesehen. Aber sehen Sie, das war so: Im Opus Dei vertraute man dem Gründer. Wenn der Gründer sagte, das ist so in Ordnung, dann machte man sich keine Gedanken. (FH, 207)

Die Dokumente und Aufzeichnungen der Leitung, die von den verschiedenen Machtebenen des Opus Dei untereinander ausgetauscht werden, werden eifrig verwahrt, und wenige Personen, die verschiedene Eide der Verschwiegenheit ablegen, haben Zugang zu ihnen. (AM)

Diese Art von Diskretion hat vielleicht einmal als Taktgefühl begonnen. Heute ist sie nichts weiter als der Ausdruck der Angst vor Kritik. Warum sonst sind die Satzungen des Opus Dei interne Verschlusssache? Warum darf kein Nichtmitglied den Text der Preces in die Hände bekommen, jenes sogenannten Familiengebetes, das kniend gebetet wird, nachdem man den Fussboden geküsst hat? (WP)

In einem gewissen Sinn ist das Geheimnis ihrer Mitgliedschaft für einfache Leute ein Anziehungspunkt mehr: der Genuss, zu etwas Geheimnisvollem, Auserwähltem zu gehören. Jedoch sind die Befürworter des Geheimnisses des Opus Dei allzuoft auch die des Bankgeheimnisses, und die Geheimnistuerei wird wie in andern Organisationen zu einem Mittel, Machenschaften und Machtbündnisse vor öffentlichen Nachforschungen und sogar vor den Beteiligten und Adressaten zu verbergen. (AM)

Wenn Escrivá Mikrofone und Kameras nach Möglichkeit mied, konnte man ihm glauben, dass es aus persönlicher Bescheidenheit geschah und nicht aus Heimlichtuerei. Aber schon während seiner letzten Lebensjahre wurde er von seiner Umgebung zunehmend unter Druck gesetzt, die Zurückhaltung aufzugeben. Es kam in Rom und während zahlreicher Auslandsreisen zu Massenauftritten, die alle Anzeichen des Persönlichkeitskultes trugen. Dabei stellten Opus-Dei-interne Kamerateams Hunderte von Filmen her, die in allen Zentren des Werkes als Propagandamaterial verwendet werden. Schon als Kardinal Wojtyla hat der jetzige Papst diese Filme gesehen. Den Organisationsstil seiner häufigen Reisen hat Johannes Paul II. nachweislich aus dieser Quelle. (WP)

II. Eintritt Jugendlicher in das Opus Dei

Dem Opus Dei wird vorgeworfen, es integriere Kinder beziehungsweise Jugendliche im Alter von vierzehn Jahren. Das widerspreche dem Kirchenrecht. Die offiziellen Stellen des Opus Dei weisen dagegen einhellig darauf hin, dass niemand dem Werk beitreten könne, bevor er siebzehn Jahre alt sei; um auf Lebenszeit eintreten zu können, müsse man dreiundzwanzig Jahre alt sein.

II.1 Anweisung Escrivás

Berufe müssen aus jedem sozialen Milieu kommen, aus allen Bereichen. Und es ist leichter, sie aus jungen Leuten zu bekommen. Ich bestehe darauf, dass Menschen aller Altersgruppen zum Werk kommen; sie werden mit vierzig, fünfzig und sogar noch älter kommen, aber wir haben freudig dafür zu sorgen und hart dafür zu kämpfen, dass junge Leute kommen, die ihr Leben und ihren Kampf mit diesem Ideal beginnen. (ECr, 1963/1)

II.2 Öffentliche Texte des Opus Dei

Die Einschreibung vollzieht sich in drei Stufen: die Admissio, die der Regionalvikar nach Anhörung seiner Kommission ausspricht; die vorläufige Eingliederung, die Oblatio genannt wird, frühestens nach einem Jahr ab der Admissio. Die endgültige Eingliederung oder Fidelitas, frühestens nach Ablauf von fünf Jahren seit der vorläufigen Eingliederung. (ST, Nr. 17)

Der Bewerber ist verpflichtet, seine Admissio mittels eingeschriebenem Brief an den zuständigen Ordinarius der Prälatur zu beantragen. Darin hat er sein Begehren auszudrücken, dem Opus Dei als Numerarier, Assoziierter oder Supernumerarier anzugehören. (ST, Nr. 19)

Für die Admissio zur Prälatur ist erforderlich:
1. Der Bewerber muss mindestens das siebzehnte Lebensjahr vollendet haben.
2. Er muss sich der persönlichen Heiligung durch eifrige Pflege der

christlichen Tugenden entsprechend dem Geiste und der aszetischen Praxis, wie sie dem Opus Dei eigen ist, widmen wollen.
3. Er muss für sein geistliches Leben durch häufigen Empfang der Sakramente der allerheiligsten Eucharistie und der Busse sowie durch tägliche Verrichtung des geistigen Gebetes und anderer Vorschriften der Frömmigkeit des Opus Dei Sorge tragen.
4. Er muss sich zuvor im speziellen Apostolat des Opus Dei unter Leitung einer kompetenten Persönlichkeit mindestens ein halbes Jahr hindurch bewährt haben. Dabei steht nichts dagegen, dass der Bewerber schon vorher eine gewisse Zeit lang als Aspirant betrachtet wird, ohne jedoch bis dahin der Prälatur anzugehören.
5. Er muss mit den übrigen persönlichen Eigenschaften versehen sein, die den Schluss rechtfertigen, dass er die Berufung für das Opus Dei empfangen hat. (ST, Nr. 20, § 1)

Ein Bewerber, der schriftlich seine Admissio als Numerarier oder Assoziierter zum Opus Dei beantragt hat und dem gewöhnlich durch den zuständigen Direktor eröffnet wird, dass sein Antrag nach Überprüfung für erfolgversprechend gehalten wurde, ist dadurch ohne weiteres als Supernumerarier so lange zugelassen, bis ihm die beantragte Admissio gewährt wird. (ST, Nr. 14, § 1)

Wenn jemand vor Eingliederung als Numerarier oder Assoziierter sich für diesen Stand als ungeeignet erweisen sollte, so kann er als Supernumerarier im Opus Dei verbleiben, sofern er die erforderlichen Voraussetzungen erfüllt. (ST, Nr. 14, § 2)

Supernumerarier können als Numerarier oder Assoziierte übernommen werden, sofern sie nur über die dafür erforderlichen Eigenschaften verfügen. (ST, Nr. 15)

Alle der Prälatur angehörenden Mitglieder sind volljährig. Unter ihnen sind sämtliche sozialen Bereiche und Stände – Ehelose, Verheiratete, Witwer und Priester – vertreten. Gemäss den durch die Apostolische Konstitution «Ut sit» vom 28. November 1982 approbierten und am 19. März 1983 rechtskräftig gewordenen Statuten der Prälatur kann niemand vor Vollendung des dreiundzwanzigsten Lebensjahres der Prälatur endgültig, das heisst auf Lebenszeit, beitreten. (ODR)

In unserer Gesellschaft traut man den Sechzehnjährigen zu, über ihre Religion und ihr Sexualleben zu entscheiden; ich sehe nicht, weshalb dann ein(e) mindestens Achtzehnjährige(r) nicht in der Lage sein sollte, sich für die Dauer eines Jahres zu einem Leben nach dem Geist des Opus Dei zu entscheiden. (ODS)

Kinder können selbstverständlich nicht Mitglieder des Opus Dei sein. Das Mindestalter, um eine Bindung einzugehen, ist achtzehn Jahre und dann zeitlich begrenzt auf ein Jahr... Das ist seit 1982 so festgelegt. Es ist auch so, dass man frühestens mit dreiundzwanzig Jahren (und das war früher einundzwanzig) sich für das ganze Leben binden kann. (ODD)

Die Behauptung, Minderjährigen werde erlaubt, Verpflichtungen einzugehen, die sie nicht überblicken können (zum Beispiel die Verpflichtung zu einem Leben der Ehelosigkeit), ist unzutreffend. Zutreffend ist vielmehr, dass
a) frühestens mit Vollendung des 18. Lebensjahres eine zeitlich befristete Bindung im Opus Dei möglich ist, eine Verpflichtung für das ganze Leben frühestens mit Vollendung des 23. Lebensjahres (gemäss früherem Kirchenrecht galt 16 bzw. 21 Jahre);
b) demnach Minderjährige eine Verpflichtung wie die zu einem Leben der Ehelosigkeit im Opus Dei nicht eingehen können (und dies auch früher nicht konnten).
Die Behauptung, solche Bindungen würden jedoch de facto, entgegen den rechtlichen Bestimmungen, in früheren Jahren herbeigeführt, ist falsch. Richtig ist, dass der Weg apostolischer Ehelosigkeit im Evangelium grundgelegt ist und – wie die Ehe – Teil christlicher Berufung sein kann. Das eine oder andere Ideal entdecken und den Wunsch danach pflegen zu helfen ist demnach ein Ziel katholischer Glaubensunterweisung, die stets auch Anleitung zu entsprechender Lebensführung sein soll. Nach katholischer Sittenlehre dürfte die Tugend der Reinheit Minderjährigen kaum unterschiedliches Verhalten nahelegen, ob sie nun später heiraten wollen oder den Wunsch hegen, ehelos zu leben. (ODÖ)

Wenn einer zu mir kommt und meint, dass er diese Berufung spürt, dann sage ich ihm zuerst, dass die Mitgliedschaft im Opus Dei den

Willen zur Ganzhingabe an Gott mitten in der Welt bedeutet, und das bringt auch Kreuz mit sich, persönliches Opfer. Jedenfalls mit Sympathie oder gar Begeisterung ist es nicht getan. Im übrigen ist das ja bei jeder christlichen Berufung so. Weiter rate ich ihm dann, sich regelmässig mit einem Priester der Prälatur zu unterhalten und auf diesem Wege der geistlichen Leitung nach und nach sein Gebetsleben zu festigen, das Bewusstsein der Gegenwart Gottes vor allen Dingen am Arbeitsplatz zu suchen und so weiter. Und wenn er dann bei seinem Entschluss bleiben will, so könnte er nach geraumer Zeit mit einem formlosen Brief um die Aufnahme bitten. Dann vergehen mindestens noch anderthalb Jahre des weiteren Kennenlernens, bis er durch eine vertragliche Bindung aufgenommen wird, und zwar zunächst befristet jeweils auf ein Jahr. Wie gesagt ist eine Bindung für das Leben frühestens mit 23 Jahren möglich, in der Regel ist das aber später. (ODD)

Die Bitte um Aufnahme in das Opus Dei erfolgt schriftlich. Vor allem auch bei jungen Menschen haben die Leiter dafür zu sorgen, dass dieser Schritt erst nach reiflicher Überlegung erfolgt und nachdem der Interessent den Geist des Werkes und die Eigenart der Berufung zum Opus Dei genügend kennengelernt hat. Es wird darauf geachtet, dass ein solcher Entschluss aus übernatürlichen Motiven erfolgt. Das Mindestalter für ein Aufnahmegesuch beträgt sechzehneinhalb. Nach einem halben Jahr und nachdem der Kandidat erneut ausdrücklich darum gebeten hat, entscheidet sich, ob dem Gesuch um Aufnahme stattgegeben wird. Nach einer neuen, einjährigen Bildungsperiode kann er dann um die Eingliederung in die Prälatur bitten. (DT, 136f.)

Es ist eine grosse Gnade, wenn schon Kinder oder Jugendliche zur Christusnachfolge berufen werden und dem Ruf folgen; sie sollte die Eltern zu tiefer Dankbarkeit veranlassen. Kein Zweifel, dass junge Menschen, die zum Leben der Sünde, zur Hurerei, zu Betrügereien und Gewalttätigkeiten Impuls und «Fähigkeiten» besitzen, auch zum Gegenteil befähigt sind, zu Gottesliebe, zu Hingabebereitschaft und Reinheit. Ich kann nicht einsehen, wieso Kinder zwar das Recht haben sollen, sich mit vierzehn – Elternwille hin oder her – vom Religionsunterricht abzumelden, nicht aber, sich zum Dienst für Christus und Kirche zu entscheiden. Diese Zahl «vierzehn» ist nicht Willkür: Aus jahrtausendlanger Erfahrung weiss die Kirche, dass von diesem Alter ab im allgemeinen ein Christ in der Lage ist, Art und Wesen einer göttlichen Berufung zu erkennen und ihr zu folgen. (PB, 185)

II.3 Aus internen Schriften

Den offiziellen Aussagen des Opus Dei widersprechen interne Bestimmungen.
Nach den öffentlichen Statuten kann der Aufnahmebewerber mit sechzehneinhalb Jahren den sogenannten «Brief» schreiben, in dem er den zuständigen Ordinarius des Opus Dei um Aufnahme bittet.
Das kann der Prälat in Rom oder der Regionalvikar in einem Land sein.
Laut Vademecum schreiben die zukünftigen Numerarier(innen) und Assoziierten an den Prälaten, die zukünftigen Supernumerarier(innen) an den Regionalvikar. Dieser Brief wurde im Säkularinstitut Opus Dei mit vierzehneinhalb Jahren geschrieben, aber in der Personalprälatur (seit 1982) wurde das Alter – entsprechend dem Kirchenrecht – auf sechzehneinhalb Jahre hinaufgesetzt.
Nach den Statuten (Nr. 20.1) «steht nichts dagegen, dass der Bewerber schon vorher eine gewisse Zeit lang als Aspirant betrachtet wird, ohne jedoch zur Prälatur zu gehören». Diese Bestimmung der Statuten dient dem Opus Dei, die alte Praxis fortzusetzen: Vierzehneinhalbjährige können weiterhin einen «Brief» schreiben, worin sie um die Admissio, also die juristische Zulassung, als Numerarier(innen) oder Assoziierte bitten. Sie schreiben ihn aber nicht an den Prälaten, sondern – wie mit sechzehneinhalb diejenigen, die Supernumerarier(innen) werden wollen – an den Regionalvikar.
Zwar können sie die juristische Zulassung erst mit siebzehn Jahren erhalten. Aber praktisch beginnt die Integration in das Innenleben des Opus Dei bereits, wenn der Regionalvikar das Gesuch des beziehungsweise der Vierzehneinhalbjährigen akzeptiert hat. Weitgehend erfüllen sie die religiösen Übungen des Opus Dei und erhalten Kurse und Lehrunterweisungen, wobei bereits unterschieden wird zwischen den Aspiranten, die Numerarier, und denen, die Assoziierte werden wollen. Praktisch ist damit der Status des ehelosen Aufnahme-Aspiranten für die Numerarier(innen) und Assoziierten ab vierzehneinhalb Jahren geschaffen. Mit sechzehneinhalb Jahren schreiben sie dann einen zweiten «Brief», und zwar an den Prälaten, um die juristische Ein-

gliederung zu erhalten. So werden die päpstlich approbierten Statuten formal erfüllt, nachdem sie durch den ersten «Brief» und die dann beginnende Einführung in das Opus-Innenleben bereits praktisch unterlaufen worden sind.
Die Regel ist: Der (die) dreiundzwanzigjährige Ehelose, der (die) sich dem Opus Dei auf Lebenszeit verpflichtet, hat bereits mit vierzehneinhalb Jahren den ersten Brief geschrieben und dann die entsprechenden Stationen der Eingliederung durchlaufen. Die Werbung neuer Mitglieder erlernt das Mitglied mit siebzehn Jahren. In der Spendensuche muss sich das künftige Mitglied bereits mit vierzehneinhalb Jahren erproben.

Aus dem Vademecum *Das Mindestalter, um sich durch die Oblatio in die Prälatur einzugliedern, ist achtzehn Jahre. Deswegen darf niemand zugelassen werden, bevor er siebzehn ist, und deswegen zieht man die Bitte um die Admissio solcher, die noch nicht sechzehneinhalb Jahre sind, nicht in Erwägung. Wer ab einem Alter von vierzehneinhalb Jahren die Admissio beantragt, kann sie nur als Aspirant anstreben und indem er sich brieflich an den Regionalvikar wendet. Die Aspiranten müssen die Bedingungen und Voraussetzungen erfüllen, die für die Kandidaten vorgesehen sind. Wenn sie sechzehneinhalb Jahre alt sind, an ihrem Vorsatz festhalten und der entsprechende Örtliche Rat es genehmigt, schreiben sie erneut einen Brief und beantragen die Admissio für das Werk.*
Rechtlich gehören die Aspiranten nicht zum Werk; deshalb haben sie nicht die Rechte und Pflichten seiner Mitglieder.
Selbstverständlich können sie nicht mit der Familie [des Opus Dei] zusammenleben, und sie unterstehen nicht der Jurisdiktion der Prälatur. Dennoch kümmert man sich höchst sorgfältig um ihre Heranbildung, damit sie im inneren Leben und apostolischen Eifer wachsen und damit sich ihre Berufung kräftigt und reifer wird. Und sie sprechen nach Kräften darauf an, um sich den Geist des Werkes gut anzueignen und in ihren Seelen die Bereitschaft zur Ganzhingabe an Gott zu festigen; denn de facto besteht diese gegenseitige Übereinkunft.
Servatis servandis wendet man auf die Aspiranten die Hinweise an, die im Programm der anfänglichen Formung gegeben sind. In diesem Programm, das unser Vater so liebevoll ausgearbeitet hat, werden die zentralen Aspekte der Glaubensbildung, der aszetischen und aposto-

lischen Bildung zusammengefasst, welche die Neuberufenen benötigen, um dem Ruf zu entsprechen und auf dem Weg auszuharren. Durch diese Unterweisungen – in einem familiären, ermutigenden und sich anpassenden Ton – lernen sie von Anfang an, dass unser Leben in Entsagung, in intensiver Arbeit besteht und dass unsere Fröhlichkeit aus dem Bewusstsein hervorgeht, Kind Gottes zu sein, und aus der bedingungslosen Hingabe an den Dienst der Kirche und der Seelen.
Um diejenigen zu bezeichnen, die man beauftragt hat, sich um die Charla Periodica zu kümmern oder die dem Programm der anfänglichen Formung entsprechenden Unterweisungen zu halten, berücksichtige man die Ratschläge, die in bezug auf die Neuberufenen gelten. Denen, die Aspiranten sind, gibt man wenigstens einmal in der Woche Unterricht über den Teil II des Programms. Beispielsweise kann man jedem der drei Abschnitte, in welche die Themen eingeteilt sind, je eine Unterweisung widmen oder eine dem Abschnitt I und eine weitere den Abschnitten II und III zusammen. Zwei bis drei Wochen nachdem sie die Admissio beantragt haben, können sie am Circulo Breve teilnehmen. Dort werden die im Programm der anfänglichen Formung I, Nr. 18, angegebenen Themen erläutert.
Für gewöhnlich werden ausschliesslich für sie Exerzitienkurse veranstaltet, die drei ganze Tage dauern, mit Beginn am Abend vor dem ersten Tag und mit dem Schluss am Morgen nach dem dritten Tag. Auch in diesem Fall werden die Exerzitienkurse für Numerarieraspiranten und für Assoziiertenaspiranten verschieden sein.
In dieser Zeit wird dafür Sorge getragen, dass sie mindestens an einer Convivencia especial teilnehmen, die zwanzig beziehungsweise fünfzehn Tage dauert, je nachdem, ob sie Aspiranten für die Numerarier oder Assoziierten sind. Darin erhalten sie wenigstens die Häfte der von Abschnitt IV des Programms der anfänglichen Formung vorgesehenen Unterweisungen.
Der Unterricht im Programm der anfänglichen Formung wird ausschliesslich für die Aspiranten gehalten; hingegen ist nichts dagegen einzuwenden, dass diese gemeinsam mit den Neuberufenen am Circulo Breve, an der Meditación semanal und am Retiro mensual teilnehmen. Diese Richtlinie lässt sich auch in bezug auf die Exerzitienkurse und die Convivencias anwenden, falls es nicht möglich ist, sie einzig für die Aspiranten zu organisieren oder es nur wenige [Aspiranten] sind. Wenn diese an einer Tätigkeit mit Neuberufenen teilnehmen

und nicht so viele Tage bleiben, wie insgesamt vorgesehen sind, sollen die entsprechenden Themenkreise eine Einheit bilden und vollständig erklärt werden.
So wird ihnen die Lehre in ausreichendem Masse erteilt, und ihr Bewusstsein und Gewissen bildet sich durch die Charla Fraterna und die Charla Periodica und auch durch den Unterricht in der katholischen Lehre – Katechismus, Grundkurse der menschlichen und christlichen Formung usw. –, die für andere Jugendliche organisiert werden ...

Mit höchstem Eifer sei man darauf bedacht, das Programm der anfänglichen Formung auszuführen, zumal in ausserordentlichen Umständen – Ferien, Sommer usw. –, die auch ausserordentliche Mittel erfordern, um den häufigen periodischen Kontakt mit weiteren Mitgliedern des Werkes kontinuierlich weiterzuführen. Der Örtliche Rat hat wachsam zu sein und von Zeit zu Zeit zu kontrollieren, ob man mit den Aussprachen und Unterweisungen zur Heranbildung nicht im Rückstand ist. (Vc, 19ff.)

Geist des Opus Dei *Kein Mitglied des Werkes vergisst, dass die Verpflichtung zu werben zu seiner Berufung gehört; sie muss ein beständiges Anliegen und Thema der täglichen Gewissenserforschung sein ...*
Die Neuberufenen haben von Anfang ihres Eintrittes an die Werbung praktisch zu betreiben, so dass sie mit ihren Freunden verkehren, ihnen behilflich sind, ein inneres Leben zu führen, und – falls sie gemäss den Weisungen des Örtlichen Rates vorgehen – für gewöhnlich dazu gelangen, ihnen die Frage nach ihrer Berufung zu stellen. (Gg, Fussnote 15)

Das persönliche Apostolat der Freundschaft und des Vertrauens ist ein unerlässliches Element, das die gemeinschaftliche Formung, die durch die herkömmlichen Mittel erteilt wird, in die Wege zu leiten und beständig zu begleiten hat. Dieser direkte Umgang mit den Seelen gibt Gelegenheit, ihnen viel Gutes zu erweisen, und sichert die Fruchtbarkeit der ganzen apostolischen Arbeit. Ein jeder soll sich bemühen, mit wenigstens zwölf bis fünfzehn Personen zu verkehren, und mit nicht weniger als fünf davon besonders intensiv.

Die Verpflichtung, zu belehren und zu werben, bildet einen wesentlichen Bestandteil der Berufung; sie muss für alle ein beständiges Anliegen und ein tägliches Thema der Gewissenserforschung sein. Um diesen Eifer für die Seelen am Leben zu erhalten, wird ein jeder in der brüderlichen Aussprache stets über seine konkrete apostolische Aufgabe sprechen und insbesondere über die Arbeit bei den Personen, mit denen er verkehrt. (Gg, Fussnote 21)

Fromme Gewohnheit des Opus Dei *Für gewöhnlich trägt jedes Mitglied des Werks in die Liste des heiligen Josef die Namen von Personen – nicht mehr als drei – ein, mit denen es befreundet oder vertraut ist oder möglicherweise bald wird oder von denen es wenigstens schon gehört hat. In ein und demselben Zentrum sammelt man den Namen derselben Person nicht zweimal, auch wenn verschiedene sie kennen.*
Wenn die Opus-Dei-Mitglieder eines Zentrums oder einer Gruppe zusammenkommen, um die Liste des heiligen Josef zusammenzustellen, isst und trinkt man nichts: es ist Gebet. (Gg, Fussnote 49)

II.4 Aussagen ehemaliger Mitglieder

Es ist eine Gewohnheit im Opus Dei, am Vorabend des Festes des hl. Josef (19. März) eine sogenannte «Josefsliste» zu erstellen. Nach gemeinsamer Anrufung des Heiligen Geistes soll jedes der Mitglieder eines Zentrums «zwei Freunde» seines Apostolates benennen, von denen es überzeugt ist, dass sie im Lauf eines Jahres Mitglieder der Vereinigung werden können ... Die Liste wird am Ende in einem Umschlag verschlossen und von dem Leiter des Hauses aufbewahrt, um dann im folgenden Jahr unmittelbar vor Erstellung der neuen «Josefsliste» wieder geöffnet und verlesen zu werden. Grosser Jubel und Applaus für diejenigen, die tatsächlich Mitglieder geworden sind, «gepfiffen» haben; Nachfragen zu denen, die diesen Schritt nicht beziehungsweise noch nicht gegangen sind. Die Mehrzahl der Anwesenden beim Erstellen der «Liste vom hl. Josef» notieren sich die Namen, die «auf die Liste gesetzt» werden, auch in ihrem Notizbuch, so dass die betreffenden Personen auch während des Jahres Gegenstand der Beisammensein sind. Für die Mitglieder stellen eine solche «Josefsliste» und die anderen Listen von «Pfeifkandidaten», die im Lauf des Jahres sonst noch aufgestellt werden, einen gewaltigen Ansporn für ihre apostolischen Bemühungen dar. (KS, 184)

Apostolat, das ist beim Opus Dei Werbung mit allen psychologischen Mitteln. Erst für die Frömmigkeit im allgemeinen und für Dinge wie häufigen Messebesuch, wöchentliche Beichte, Rosenkranzgebet und Meditationen. Dann für aktives Mithelfen und schliesslich für die Mitgliedschaft. Man sagt den Leuten aber bei jeder weiteren Stufe erst, was man wirklich von ihnen will, wenn man sie nach menschlichem Ermessen schon fest im Griff hat. (WP)

Zum Beispiel wundern sich Hunderte von Vätern und Müttern, und nachher beklagen sie sich über die telefonische Verfolgung, der ihre Jungen und Mädchen durch ihre für sie gewöhnlichen Schulkameraden ausgesetzt sind. Sie wissen nicht, dass jene Mitglieder auf Probe, um im Opus Dei Punkte zu machen, vor ihren Vorgesetzten und Kollegen versprochen haben, ihre Mitschüler nicht in Frieden zu lassen, und dass sie jede Woche erklären müssen, wie sie diese Verfolgung ausführen. (AM)

Zunächst gilt es, mit den unterschiedlichen Methoden Kontakte herzustellen, dann diese Kontakte zu pflegen und auszubauen; alles Mögliche zu unternehmen, sich häufiger zu treffen und Vertrauen zu gewinnen. Jeder einzelne Schritt muss mit dem «geistlichen Leiter» abgesprochen werden: Apostolat ist im Opus Dei immer geleitetes «Apostolat», Freundschaft dementsprechend – wenngleich das in der Vereinigung nie so gesagt wird – geleitete «Freundschaft». (KS, 177)

III. Information der Eltern

Ehemalige Mitglieder in aller Welt behaupten, sie selbst seien als minderjährige Mitglieder davon abgehalten worden, ihren Eltern über den Beitritt zu berichten. Ausserdem hätten sie selber die Eltern von jungen Kandidaten unrichtig informiert. Im Gegensatz dazu stehen Erklärungen der Prälatur.

III.1 Hinweis Escrivás

Du beklagst dich innerlich, weil du hart angefasst wirst. Du spürst den Gegensatz zum Verhalten deiner Verwandten. Für dich schreibe ich aus dem Brief eines Militärarztes ab: «Gegenüber dem Kranken ist eine klare, nüchterne, sachlich richtige und für den Patienten nützliche Haltung des Arztes nötig; nicht aber das weinerliche Klagen der Familie. Was würde aus einem Verbandsplatz während der Schlacht, wenn sich der Strom der Verwundeten staut, weil der Abtransport nicht schnell genug vor sich geht und an jeder Tragbahre eine Familie steht? Es wäre zum Davonlaufen.» (EC, Nr. 361)

III.2 Öffentliche Texte des Opus Dei

Den Mitgliedern des Opus Dei steht es vollkommen frei, über ihre Bindung an die Prälatur nach persönlichem Ermessen zu sprechen, mit wem sie wollen, also auch mit ihren Eltern. Es ist der ausdrückliche Wunsch der Prälatur, dass ihre Gläubigen ständig in der Liebe zu ihren Eltern wachsen und diese an der geistlichen Bereicherung teilhaben lassen, die sie in ihrer Hingabe an Gott im Opus Dei erfahren. (ODR)

Die Behauptung, Mitglieder oder andere Personen, insbesondere Jugendliche, würden durch die geistliche Beratung des Opus Dei zu Handlungsweisen angehalten, die ihrer Persönlichkeitsentwicklung abträglich sind, und die Behauptung, Jugendliche würden ihren Eltern entfremdet oder dahingehend beeinflusst, Beziehungen und Kontakte zu ihrem natürlichen sozialen Umfeld abzubrechen oder einzuschränken, sind Verleumdungen. Richtig ist, dass... die Mitglieder des Opus Dei stets auf ihre Liebes- und Treuepflicht gegenüber den

Eltern hingewiesen und dazu angehalten werden, diesen Pflichten entsprechend ihren konkreten Lebensverhältnissen nachzukommen. Das gilt selbst dann, wenn Eltern öffentlich die religiöse Selbstbestimmung eines Sohnes oder einer Tochter ablehnen sollten, wie es in einigen Fällen bekannt geworden ist. (ODÖ)

Meine durchschnittliche Erfahrung ist, dass Eltern oder Ehepartner von Leuten im Werk zufrieden und froh über die Berufung einer Tochter, eines Sohnes oder ihres Mannes oder ihrer Frau sind und das auch kund tun. Es gibt hierzulande genug Eltern, die durch ihre Kinder mit dem Opus Dei in Kontakt sind und jetzt dazugehören. Genauso gibt es Jugendliche, die von den Eltern den Anstoss bekommen haben, etwa in einem Jugendclub mitzumachen… Was ein Jugendlicher seinen Eltern erzählt, ist ganz alleine seine eigene Sache, und dazu hat das Opus Dei nichts Weiteres zu sagen. (ODD)

III.3 Nichtöffentliche Texte: Fehlanzeige

III.4 Aussagen ehemaliger Mitglieder

Dagegen behaupten ehemalige Mitglieder, sie seien angehalten worden, ihren Eltern nichts über ihre neue Beziehung beziehungsweise ihren Beitritt zum Opus Dei zu sagen. Grund ist wohl die Furcht der Leiter, dass die Eltern den Weg ihrer Kinder nicht verstehen und versuchen könnten, sie wieder abspenstig zu machen. Der junge Vladimir Felzmann hat, wie er heute sagt, diese Grundregel gebrochen; er war sich dessen auch bewusst. Für die meisten anderen Mitglieder jedoch, so meint er, beginne die Mitgliedschaft «mit einer Lüge». Diese erste Lüge ziehe das andere nach sich: eine Atmosphäre von Geheimnissen, Argwohn und gewandtem Versteckspiel. Felzmanns Verstoss gegen die Gepflogenheiten hiess jedoch nicht, dass er ein couragierter Abweichler gewesen wäre. Offen und in Einzelheiten erzählte er mir, wie er während seiner Tätigkeit im Netherhall House gegenüber besorgten Eltern die Verbindungen der jungen Leute zum Opus Dei verschleiert habe – zum Beispiel gegenüber dem Vater Philip Sherringtons, des heutigen Opus-Regionalvikars in England. (FH, S. 27f.)

Man erwartete von mir, dass ich meine Eltern über meine Berufung oder über meinen Dienst in Opus-Häusern nicht informierte, auch nicht über Gespräche, Beichten und ähnliches. Nicht einmal meine engsten Freunde wussten Bescheid – das heisst: Freundinnen, denn meine Freundschaft mit jungen Männern hatte ich aufgegeben. Die einzigen, mit denen ich Freundschaft schliessen konnte, waren diejenigen, die ich für das Opus Dei gewann. (MT)

Von meiner Mitgliedschaft im Opus Dei durfte ich meine Eltern erst im Frühsommer 1977, also drei Jahre nach meinem Eintritt in die Vereinigung, unterrichten. Ich wurde von meinem damaligen «geistlichen Leiter» dazu angehalten, es ihnen so darzustellen, als habe ich mich erst während der unmittelbar zurückliegenden Romfahrt zur Mitgliedschaft im Opus Dei entschlossen. (KS, 231)

«Der Stress ist eine Konsequenz, neben anderen Ursachen, des ständigen Sichverstellens vor der Aussenwelt», bemerkt der gleiche ausgetretene Akademiker. «Mir zum Beispiel wurde in der ersten Zeit von meinen Vorgesetzten angeraten, meinen Eltern zu sagen, dass ich nachmittags zum Studium in die Bibliothek ginge, wenn ich in Wirklichkeit in den Jugendclub des Werkes ging. Um diese Lüge mit meinem Aufrichtigkeitsbegriff in Einklang zu bringen, ging ich jeden Nachmittag für fünf Minuten in die Bibliothek, bevor ich mich in den Club begab. Diese täglichen kleinen Torturen stressen dich, und erst als ich austrat und nachdem ich einen Psychiater konsultiert hatte, erlangte ich meine geistige Ruhe wieder.» (AM)

Sie versuchen also, keinen Druck auszuüben, doch in Wirklichkeit tun sie es... Wenn ich Ihnen jetzt sagen würde, ich möchte keinen Druck ausüben, aber ich wäre sehr dankbar, wenn Sie mir eine Abschrift dieses Interviews schicken würden – natürlich sind Sie frei, absolut frei, ich übe keinen Druck auf Sie aus. Oder: Sie können mit Ihren Eltern über diese Angelegenheit sprechen, aber es wäre sehr dumm, darüber mit Ihren Eltern zu sprechen, weil sie es nie verstehen werden, und Sie können zu Ihrem Priester gehen und ihn fragen, aber er würde es nie verstehen, deshalb wäre es sehr dumm, natürlich können Sie gehen ... Damit erledigt sich der Wunsch von selbst. (FH, 212f.)

IV. Der Gehorsam

Ehemalige Mitglieder sagen aus, im Opus Dei gelte blinder Gehorsam. Weil «totale Hingabe» gefordert und gelebt werde, dürfe man nicht «nein» sagen. Dagegen sagt die Prälatur, der Gehorsam im Opus Dei sei intelligent und vollziehe sich in Freiheit. Äusserungen Escrivás über «blinden Gehorsam» seien «geistlich» zu verstehen.

IV.1 Anweisungen Escrivás

Gehorchen ... sicherer Weg. Blind dem Vorgesetzten gehorchen ... (Obedecer ciegamente al superior...), Weg der Heiligkeit. In deinem Apostolat gehorchen ... der einzige Weg. Denn in einem Werk Gottes kann der Geist nur so sein: gehorchen oder weggehen. (EC, Nr. 941)

Gehorcht, wie ein Werkzeug in der Hand des Künstlers gehorcht, das nicht danach fragt, warum es dies oder jenes tut. Seid überzeugt, dass man euch nie etwas auftragen wird, das nicht gut ist und zur Ehre Gottes gereicht. (EC, Nr. 617)

Die Ebene der Heiligkeit, die der Herr von uns wünscht, ist durch diese drei Punkte bestimmt: heilige Unnachgiebigkeit, heiliger Zwang (coacción) und heilige Unverschämtheit. (EC, Nr. 387)

Was not tut, ist viel Gehorsam gegenüber dem Leiter und viel Fügsamkeit gegenüber der Gnade. – Denn wenn man die Gnade Gottes und den Rat des Leiters nicht in sich wirken lässt, kann das Profil nicht hervortreten, das Bild Jesu Christi, das der Mensch annimmt, der heilig wird. (EC, Nr. 56)

IV.2 Öffentliche Texte des Opus Dei

Die Karikatur des «blinden Gehorsams» unterstellt Unterwürfigkeit entgegen der eigenen Überzeugung und fusst auf der höchst unevangelischen Voraussetzung, Gehorsam sei mit Freiheit unvereinbar. Christus war vollkommen frei und vollkommen (nicht blind) gehorsam. (ODS)

Im Opus Dei verlangt ein intelligenter Gehorsam, sich stets gemäss der jeweiligen Verantwortungslage vor Gott zu entscheiden und zu verhalten. Ihrer Klärung dient geistliche Leitung oder Beratung anhand der überprüfbaren und nachprüfbaren katholischen Lehre. Dadurch wird die Urteilsfähigkeit geschärft und das Entscheidungsvermögen entwickelt. (ODÖ)

Wer etwa tiefsinnig sagt: «Ach, wie fühlt man sich doch unter dem Sternenhimmel so winzig!», der ist nicht demütig, sondern ein Phrasendrescher, und wer markig verkündet: «Ich hör nur auf meinen Herrgott!» oder (sehr beliebt): «Ich folge nur meinem Gewissen!», der bekennt sich nicht etwa zu Gehorsam, sondern weicht ihm aus. «Wie sehr», schrieb Escrivá in einem Brief aus dem Jahr 1954, «fühlen wir uns frei und verstanden, wenn es nach dem Geist des Werkes zu gehorchen gilt. Man trägt uns etwas auf und hat dabei im Auge, dass wir intelligent und erwachsen genug sind, um persönliche Verantwortung zu tragen; dass wir im Gehorsam aktiv unseren Verstand und unseren Willen einsetzen müssen; dass wir für jede Handlung des Gehorsams selbst *geradestehen.»... Josemaría Escrivá durfte sich gewiss als ein erwähltes Werkzeug Gottes erkennen, und er wurde oft und oft von Gott unmittelbar erleuchtet; aber niemals, zu keiner Stunde seines bewussten Lebens, entfernte er sich aus der geistlichen Leitung durch einen Priester, und von Anfang an unterwarf er sich und das Opus Dei der geistlichen Autorität, zunächst der örtlichen des Bischofs von Madrid, dann der des Papstes – eine Unterwerfung, die bis zum Äussersten ging, bis hin zur Bereitschaft, das Werk selbst zu verlassen, falls dies nach kirchlichem Ermessen der einzige Ausweg sein sollte, den Willen Gottes zu erfüllen. (PB, 83f.)*

Die christliche Tugend des Gehorsams, zu deren Ausübung sich ein Mitglied des Opus Dei verpflichtet, ist nichts anderes als eine Antwort auf die Gnade der Berufung und erstreckt sich somit, über den Glaubensgehorsam aller Christen hinaus, auf jene Bereiche, die durch die Verpflichtungen asketischer, bildungsmässiger und apostolischer Natur abgesteckt sind. Es handelt sich dabei um einen Gehorsam, den der Gründer als «freiwillig und verantwortlich» bezeichnete, das heisst, der geprägt ist vom Geist der Initiative von Kindern Gottes, die «weder Steine noch Kadaver» sind, «sondern freie und vernünftige Menschen». (DT, 193f.)

IV.3 Aus internen Schriften

Geist des Opus Dei *18. Die treue Erfüllung der Normen der Prälatur wird in allen Mitgliedern den genuinen Geist des Opus Dei keimen lassen und ihnen die unserer Familie eigenen Leitlinien tief einprägen. (Gg)*

22. Wir sind das Eigentum [mancipium = gekaufte Sklaven] der Kirche. Deshalb ist uns nichts erwünschter, nichts angenehmer, als ihr zu dienen. (Gg)

Vademecum *Der Stolz, oft in Demut verkleidet, ist das stärkste Hindernis, wenn er sich einstellt. Normalerweise pflegt er erst am Ende der Zeit [einer inneren Krise, die zum Austritt aus dem Opus Dei führen kann] aufzutreten. Er äussert sich in Empfindlichkeit, kritischem Geist, Mangel an Fügsamkeit usw. In diesen Fällen ist es notwendig, den Betreffenden klar einsehen zu lassen, dass diese Ideen und Reaktionen Vermummungen seines Stolzes sind. Um diesen zu besiegen, muss man mit sich selbst ehrlich sein, um mit Gott ehrlich zu sein, und sich gefügig führen lassen. Wenn notwendig, hat man ihm diese Dinge sehr klar und entschieden zu sagen, was ein Erweis der Liebe ist. (Vc, 51)*

IV.4 Aussagen ehemaliger Mitglieder

Der Gehorsam im Opus Dei ist gewissermassen total; ein Mitglied der Vereinigung hat seinen Leitern in allem schnell, genau, vorbehalt- und bedingungslos zu gehorchen. (KS, 115)

Die Wirklichkeit des Opus Dei kennt viele Fälle, wo alles schon mit Tränen begann, mit dem Sichfügen gegen die eigene persönliche Überzeugung. Ein falsch verstandener Gehorsam gegenüber einem sogenannten Willen Gottes steckt dahinter, der sich leider immer wieder als der Wunsch eines ehrgeizigen geistlichen Leiters entpuppt. Die eindringliche Sprache des Gründers ist zum Massstab für viele Möchtegern-Charismatiker geworden, denen das äussere Wachstum des Opus Dei längst wichtiger ist als das Glück der Seelen. (WP)

Im Opus Dei funktioniert die Loyalität nur in vertikaler Richtung, und die Gespräche unter «Brüdern» müssen die Vorherrschaft unangetastet lassen. Die kritischen Kommentare sind «des Teufels», und sogar seelische Übereinstimmungen, ob sie schon vorher bestanden oder gewachsen waren, müssen verdrängt, der Anschein von «Extra-Freundschaften» muss vermieden werden. (AM)

In den Ausbildungsvorträgen wird stets nachdrücklich betont, dass ein Mitglied des Opus Dei niemals sagen darf: «Mein Leiter hat mir gesagt ...» Die Anweisungen der Leiter sind soweit zu eigen zu machen, dass der Beauftragte bereit ist, die Konsequenzen, die sich aus dem Gehorsam in einer Angelegenheit ergeben, selbst zu tragen und für sie so wie für sein ureigenstes Handeln einzustehen. Das Verbot beispielsweise, seine Eltern am Wochenende zu besuchen, hat ein Mitglied vor seinen Eltern als seinen ganz persönlichen Entschluss zu vertreten. (KS, 116)

So wird jeder Verstoss gegen die Meinung eines selbsternannten Vorgesetzten zur Widersetzlichkeit gegen den Willen Gottes und bekommt schon fast einen Hauch von Sünde. Wer junge Leute erst einmal soweit hat, dass sie dieses Spiel mitmachen, kann ihnen leicht einreden, sie hätten eine Berufung. Damit wird nicht nur das Wort Berufung entwertet, sondern auch die Wirklichkeit, die dahintersteht. (WP)

Der Gründer repräsentierte die einzige, absolute Autorität. Er war der einzige Kanal der Kommunikation mit Gott. Als er noch lebte, hiess es: «Der Vater sagt das. Wir sollten immer durch den Geist und das Herz des Vaters gehen. Der Vater hat die Wahrheit und den Weg gegeben, und deshalb sollen wir danach leben.» Und als er gestorben war, [hiess es]: «Unser Vater, der das gesagt hat ... Unser Vater im Himmel sagt ...» Das ist ähnlich im Ton ... [dem Vaterunser]. Der Gründer hatte die Autorität, er entschied alles. Sicher, es gab ein Leitungsgremium im Opus Dei, doch wenn es wirklich um die entscheidenden Dinge ging, dann war er eben der Gründer. (FH, 199f.)

Kritik – an der Vereinigung, an dem, was die Leiter sagen und vorschreiben? Alles, was Escrivá de Balaguer bis in die Einzelheiten hin-

ein bezüglich des Opus Dei festgesetzt hat, hat er von Gott als dessen Willen empfangen. Alles geht auf göttliche Anordnung und den Willen Gottes zurück, dessen treues Werkzeug der Gründer war, heisst es. Kritik am Opus Dei ist daher gleichbedeutend mit Kritik an Gottes Willen und seiner Kirche, die alles als von Gott kommend gutgeheissen und approbiert habe. (KS, 156)

V. Die gehorsame Erfüllung des Lebensplans

Strikter Gehorsam wird vom Opus-Mitglied gegenüber den Leitern erwartet, durch die Gott spreche. Die unmittelbare Leitung besteht aus dem Beichtvater und dem persönlichen Leiter, der die Confidencia entgegennimmt. Dazu kommen die Direktoren, denen ebenfalls zu gehorchen ist. Gehorsam gilt auch gegenüber dem Lebensplan, durch den der Tag des Mitglieds geprägt ist. Die Normen und Gewohnheiten legen die Handlungen des Mitglieds bis in kleine Details fest. Von ihrer Erfüllung können die Leiter beziehungsweise Direktoren nur in Ausnahmefällen dispensieren. Die Mitglieder, so das Opus Dei, würden die Normen und Gewohnheiten in Freiheit erfüllen. Demgegenüber behaupten ehemalige Mitglieder, sie hätten aufgrund dieser Verpflichtungen unter Zwang und Kontrolle gestanden.

Nachstehend zunächst die *«Normen des Lebens»* – laut Caeremoniale:
Täglich: Aufopferung der Arbeit. Geistiges Gebet [eine halbe Stunde am Morgen, eine halbe Stunde am Nachmittag]. Besuch der Eucharistiefeier mit Kommunionempfang. Besuch des Heiligsten Sakramentes. Lesung des heiligen Evangeliums und eines geistlichen Buches. Gebet der «Preces» [= das interne Gebet des Opus Dei]. Heiliger Rosenkranz. Gewissenserforschung [dreimal täglich]. Engel des Herrn beziehungsweise Regina Coeli.
Wöchentlich: Sakramentale Beichte. Samstags körperliche Abtötung und dabei Rezitieren des «Salve Regina» beziehungsweise «Regina Coeli».
Monatlich: Einkehrtag.

Jährlich: Einkehrkurs.
Immer: Besinnung auf die Gegenwart Gottes. Betrachtung unserer Gotteskindschaft. Geistige Kommunion. Akte der Danksagung. Akt der Wiedergutmachung. Stossgebete. Abtötung. Studium. Arbeit. Ordnung. Freude. (Cae)

Fromme Gewohnheiten *87. Bevor die Gläubigen des Opus Dei zu Bett gehen, knien sie nieder und sprechen andächtig drei «Ave Maria» – die «Ave Puritatis» [der Reinheit] –, die Arme wenn möglich in Kreuzesform ausgebreitet.*

97. Am Vorabend des Festes des heiligen Josef, unseres Vaters und Herrn, ist gemäss dem Caeremoniale die Zeremonie der Bitte um Berufungen zu begehen [u.a. Aufstellung der «Josefsliste»].

117. Jeden Tag, am frühen Morgen, bieten alle, die Stirn in den Staub gebeugt, Gott ihre Arbeit und ihr Leben an, indem sie dabei sprechen: «Serviam» [ich will dienen].

124. Jeder Gläubige des Opus Dei macht wöchentlich an einem festgesetzten Tag den sogenannten «Wachetag»; den betreffenden kennt jeweils nur der Direktor. «Wachetag» heisst: An diesem Tag bemüht er sich mit grösster Seelenanstrengung, in besonderer Rechenschaft, den Geist, die Gewohnheiten und Normen zu leben; er übt einen häufigeren Umgang mit Gott, verwendet mehr Zeit auf das Gebet, fügt irgendeine einzelne Abtötung hinzu und bittet Gott eifrig für seine Brüder, damit ihnen stärkere Liebe zuteil wird und stärkeres Bemühen, den Geist des Opus Dei zu pflegen.[63]
Fussnote 63: Falls in einem Zentrum die Zahl der Mitglieder des Opus Dei weniger als sieben beträgt, wird ein jeder bestrebt sein, dieser Gewohnheit noch häufiger nachzuleben. In den Zentren von Assoziierten und Supernumerariern nimmt jede Gruppe die Verteilung unabhängig vor.

125. Um den Körper zu züchtigen und ihn dienstbar zu machen, sollen die Numerarier und Assoziierten des Opus Dei mit Zustimmung ihres geistlichen Leiters an der frommen Gewohnheit festhalten, täglich mindestens zwei Stunden lang einen kleinen Bussgürtel zu tragen;

ausserdem sollen sie einmal pro Woche die Geissel benutzen und auf dem Fussboden schlafen, sofern es ihrer Gesundheit nicht schadet.[64]
Fussnote 64: Diese körperlichen Abtötungen – das Tragen des Bussgürtels, die Geisselungen und das Schlafen auf dem Boden ohne Kopfkissen – sind bloss für die Numerarier und Assoziierten angezeigt; die Assoziierten bestimmen jedoch in der Seelenführung konkret diejenigen, die sie praktizieren – und die Art und Weise, wie sie zu vollziehen sind –; denn es wird manchmal nicht klug sein, dass sie alle praktizieren, und dann werden sie sie mit anderen vertauschen. Hingegen sind die Abtötungen im Lebensplan für die Supernumerarier nicht inbegriffen, auch nicht während der Convivencias. Jedoch sollen alle auch eine bestimmte, diskrete körperliche Abtötung praktizieren: zum Beispiel ein Geheimnis des Rosenkranzes kniend beten, sich eine Weile nicht an die Rückenlehne des Stuhles lehnen; falls sie Durst haben, einige Minuten warten, bevor sie Wasser trinken.
Die Gewohnheit, einmal in der Woche auf dem Boden zu schlafen, wird für gewöhnlich an einem bestimmten Wochentag ausgeübt. Es gehört zum guten Geist, diese Gewohnheit zu verschieben, wenn man aus irgendeinem Umstand – mehrtägige Reise, Feste – voraussieht, dass man sie in der betreffenden Woche nicht halten könnte, wenn man sie nicht an einem anderen Tag hielte. Falls es im Zimmer keinen Holz- oder Spannteppichboden gibt, vollzieht man diesen Brauch einfach dadurch, dass man an einem Tag pro Woche das Kopfkissen nicht benutzt oder es an diesem Tag gebraucht, falls man es für gewöhnlich nicht gebraucht.
Die Numerarierinnen – mit Ausnahme der Hilfsnumerarierinnen, die das tun, was oben [also für die Männer] angegeben ist – schlafen für gewöhnlich auf einem Brett; zudem benützen sie einmal wöchentlich das Kopfkissen nicht oder ersetzen es durch ein Buch.
Im Alter von fünfundvierzig Jahren muss man nicht mehr auf dem Boden oder auf einem Brett schlafen und nicht mehr darauf verzichten, das Kopfkissen zu benützen.
In den Residenzen halten sich nur die Mitglieder des Örtlichen Rates und die Priester, falls sie über ein Einzelzimmer verfügen, an die Gewohnheit, auf dem Boden oder ohne Kopfkissen zu schlafen. In den Studienzentren, anderen Numerarierzentren und während der Jahreskurse hingegen hält man sich an diese Gewohnheit, auch wenn mehrere im selben Zimmer logieren. Die Numerarierinnen schlafen in den

Residenzen und auch in den Exerzitienhäusern nicht auf Brettern; denn in diesen sind für gewöhnlich in den Schlafsälen keine Bretter installiert.
In den oben angegebenen Fällen, in denen keine dieser Abtötungen vollzogen wird – und wenn nach dem klugen Urteil eines Arztes des Werkes es nicht angebracht ist, dass jemand solche praktiziert –, rät man eine andere kleine körperliche Abtötung an, die man ohne Nachteil für die persönliche Situation vollziehen kann. An den Sonn- und Feiertagen gebraucht man weder Bussgürtel noch Geisseln und schläft auch nicht auf dem Boden oder ohne Kopfkissen. Falls jemand eine von diesen Abtötungen praktizieren will – gleich aus welchem Grund –, konsultiert er vorher den Direktor. (Gg)

Falls gemäss dem Essensplan, an den man sich in allen oder einigen Zentren der Region hält, für gewöhnlich keine Zwischenmahlzeit eingenommen wird, setzt die Regionalkommission eine analoge Abtötung fest wie zum Beispiel den Verzicht auf die Nachspeise beim Abendessen oder auf etwas beim Frühstück. Wenn man mit Personen zusammenlebt, die nicht dem Werk angehören – wie zum Beispiel in Studentenheimen –, kann, mit Einverständnis des Direktors, ein jeder wie von selbst und unauffällig eine besondere Abtötung auf sich nehmen.
Auch wenn die im betreffenden Territorium zuständige Autorität eine mildere Disziplin festgesetzt hat, enthält man sich in den Zentren, in denen nur Gläubige der Prälatur wohnen, an den Fastenfreitagen des Fleisches. Falls ein solcher auf einen gebotenen Feiertag oder ein Fest des Werks fällt, kann man die Abstinenz auf den Tag vorher oder nachher verlegen. (Gg, Fussnote 44)

Geist des Opus Dei *Ein konkretes Feld, auf dem das gute Beispiel der Christen sehr nötig ist, ist das gesellschaftliche Leben. So sollen die Gläubigen des Opus Dei, auch die Supernumerarier, nie Einladungen in allzu weltliche Lokale – Vergnügungsetablissements, Festsäle usw. – annehmen oder machen, sondern in Lokale, die ihre Würde als Christen nicht entehren. Falls einer in eines dieser Lokale geraten wäre, ohne zu wissen, um was für einen Betrieb es sich handelt – schon das wäre eine Unklugheit–, wird er das Lokal nie mehr betreten, sondern seine Begleiter anlächeln und zu ihnen entschieden sagen:*

«Dieses Milieu behagt mir nicht; gehen wir in ein anderes Lokal!» Dieser Geist verpflichtet auch dazu, im gesellschaftlichen Leben äusserst klug und massvoll zu sein. Unser Gründer pflegte in einem anschaulichen Satz anzuraten: Wenn sich die anderen drei Gläser Wein genehmigen, werden seine Söhne darauf bedacht sein, nur eines zu trinken; wenn die anderen eine Zigarre rauchen, werden sie es nicht tun und so weiter. Damit wollte er nicht sagen, sie dürften nie eine Zigarre rauchen, und auch nicht, dass, falls verschiedene Angehörige des Werkes beisammen seien, sich alle auf die gleiche Weise benehmen müssten; sondern nur, dass die Gläubigen der Prälatur ein lebendiges, natürliches Beispiel des rechten Betragens, der christlichen Abtötung, des Masshaltens geben sollen. (Gg, Fussnote 18)

V.1 Hinweise Escrivás

Wie soll ich «unsere Formung» erwerben, wie soll ich «unseren Geist» bewahren? – Erfülle die konkreten Normen, die dein Leiter dir gegeben hat und dir erklärte und dir ans Herz legte; erfülle sie – und du bist ein Apostel. (EC, 377)

Du sagtest mir, sich einem Lebensplan, einem festgesetzten Tagesablauf zu unterwerfen sei so eintönig! Ich antwortete: Ja, eintönig, weil die Liebe fehlt. (EC, Nr. 77)

Wie hart ist diese kleine Abtötung für dich! – Du kämpfst. – Sie scheinen dir zu sagen: Warum musst du dem Lebensplan, der Uhr so treu sein? – Hast du gesehen, wie leicht man die Kinder über etwas hinwegtäuschen kann? – Sie wollen die bittere Medizin nicht nehmen. Aber... man sagt ihnen: Komm, dieses Löffelchen für Papa, dieses für Oma... bis sie die ganze Dosis geschluckt haben. Genauso du: Noch eine Viertelstunde Bussgürtel für die Seelen im Fegfeuer; noch fünf Minuten für deine Eltern; weitere fünf Minuten für deine Apostolats-Brüder... bis die Zeit erfüllt ist, die dein Stundenplan angibt. Wenn du so deine Abtötung machst, wie wertvoll ist sie dann. (EC, Nr. 899)

Die treffende Bemerkung und der Witz, die du dir verkneifst; das freundliche Lächeln für einen, der dich stört; das Schweigen gegenüber ungerechten Vorwürfen; wohlwollendes Verhalten gegenüber zu-

dringlichen Menschen und solchen, die ungelegen kommen, Nachsicht mit den lästigen Angewohnheiten derjenigen, mit denen du täglich zu tun hast und die dir auf die Nerven fallen …, das alles, mit Beharrlichkeit geübt, ist innere Abtötung. (EC, Nr. 173)

Du überwindest dich nicht, du lebst die Abtötung nicht; denn du bist hochmütig. Wenn du sagst, dass du ein Leben der Busse führst, dann bedenke wohl, dass Hochmut und Busse nebeneinander leben können … – Weiter: Ist dein Schmerz, wenn du gefallen bist oder wenn du gegen die Grosszügigkeit gefehlt hast, echte Reue oder bloss Ärger, dich so kraftlos und klein zu sehen? – Du bist sehr weit von Jesus weg, wenn du nicht demütig bist …, mögen auch deine Bussgeisseln täglich frische Blüten treiben. (EC, Nr. 200)

V.2 Öffentliche Texte des Opus Dei

Den Numerariern und Assoziierten, etwa der Hälfte der Mitglieder, sind in den «Fommen Gewohnheiten» Geissel und Bussgürtel vorgeschrieben, sofern es ihrer Gesundheit nicht schadet (S. Nr. 125, S. 84 f.). Im Gegensatz dazu sagt das Opus Dei, diese Instrumente würden eine untergeordnete Rolle spielen und nur von manchen beziehungsweise einer Minderheit im Werk benutzt. Nach den Statuten haben – im Gegensatz zu «Geist und Frommen Gewohnheiten» – die männlichen Supernumerarier dieselben Gewohnheiten zu übernehmen wie Numerarier(innen) und Assoziierte. Demnach hätten also auch sie sich zu geisseln und das Bussband zu tragen.

Um sich als Weltchrist der Prälatur anzuschliessen, ist der Wunsch massgebend, ein Leben der Hingabe an Gott und den Nächsten mitten in der Welt führen zu wollen. Es ist selbstverständlich und entspricht der zeitlos gültigen Lehre der Kirche, mit der sich die Mitglieder des Opus Dei voll identifizieren, dass in einem solchen Leben Freude und Hoffnung, aber auch Busse und Sühne ihren konkreten Ausdruck finden müssen, und zwar vor allem in dem steten Bemühen, Gott und Mitmenschen in der Arbeit und im täglichen Leben zu dienen. Demgegenüber sind Bussband und Bussgürtel als bestimmte Mittel asketischer Praxis, die, bildwirksam dargeboten, öffentliche Neugier erregt haben, in Wirklichkeit von untergeordneter Bedeutung und werden von der Mehrzahl der Mitglieder nicht benutzt. Zugleich muss innerhalb der spirituellen Vielfalt der Kirche ihre grundsätzliche Bedeutung festgestellt werden. Christus sagt: «Wer mein Jünger sein will, verleugne sich selbst, nehme sein Kreuz auf sich und folge mir nach» (Mt 16,24). Nach den Worten Pauls VI. «... zielt auch die Kasteiung des Leibes darauf ab, dass der Mensch, der oft genug von den Sinnen gefesselt ist, die Freiheit erlange [...]» (Apostolische Konstitution Paenitemini, 15. 2. 1966). Es entspricht offensichtlich dem Stil gewisser Medien, solche Dinge herauszustellen, in der Meinung, die mit der Informationsflut unserer Zeit ständig steigende Reizschwelle nur so erreichen zu können. (ODÖ)

Was die christliche körperliche Busse betrifft, so hält sich die Prälatur an die Tradition der Kirche. Nur eine Minderheit unter den Mitgliedern benutzt Bussgürtel und Bussgeissel, im Geist der Sühne für die eigenen und die von anderen begangenen Sünden und Beleidigungen Gottes sowie in geistlicher Verbundenheit mit dem Erlösungsopfer unseres Herrn Jesus Christus. Darin, wie in allem, entscheidet jeder nach eigenem Gewissen und in voller Freiheit, nach Erwägung der in der geistlichen Führung erhaltenen Beratung. Zur Verantwortung der für die geistliche Führung zuständigen Personen gehört es, Gesundheitsschäden bei solchen Bussübungen auszuschliessen. (ODR)

Manche Mitglieder der Prälatur benutzen Bussgürtel und Bussgeissel, die Mehrheit nicht. Wie Sie wissen, sind das traditionelle Bussformen der Kirche, die im Leben sehr vieler Menschen eine Rolle gespielt haben und spielen: Ordensleute, Priester und Laien. Zum Beispiel benutzte Papst Paul VI. ein Busshemd, wie sein früherer Sekretär Msgr. Macchi berichtet. Das öffentliche Interesse, das das Thema körperliche Abtötung erregt, hat zu einer völlig übertriebenen und verzerrten Vorstellung davon geführt, worum es sich dabei eigentlich handelt. Für die Askese im Opus Dei sind solche Übungen zweitrangig. Viel wichtiger ist für ein Mitglied der Prälatur die Treue in den vielen Aufgaben und Pflichten des Lebens: etwa eine Arbeit richtig zu Ende zu führen oder grosszügig, beständig und freudig auf die verschiedenen kleinen Gelegenheiten zur Nächstenliebe im Alltag zu achten, etwa Geduld in einer ärgerlichen Situation aufzubringen oder den anderen das Leben angenehmer zu machen, Verständnis zu haben für diesen oder jenen Fehler eines Mitmenschen – was weiss ich. Mal lächeln, sich eine spitze Bemerkung verkneifen, all das. Das heisst: Es geht darum, in der Liebe zu Gott und zum Nächsten laufend etwas dazuzulegen. (ODD)

Die Supernumerarier leben aus demselben Geist [wie Numerarier und Assoziierte] und, soweit sie Männer sind, beachten sie dieselben Gewohnheiten wie Numerarier und Assoziierte (ST, Nr. 11, § 2)

V.3 Aus internen Schriften

Aus dem Vademecum *Die Mittel, um zu diesem inneren Leben zu gelangen, sind wohlbekannt: die Normen und Gewohnheiten des Werks – praktische Äusserungen der zeitlosen Frömmigkeit der Kirche –, die feinfühlige und beständige Erfüllung des geistlichen Lebensplans. Zudem erhalten die Werksmitglieder die geeignete geistliche kollektive Leitung (Jahreskurse, Exerzitien, Kreise, Meditationsübungen, monatliche Einkehrtage und spezifische Kurse = convivencias especiales usw.) und eine persönliche Seelenführung (Periodische Aussprache, Brüderliche Zurechtweisung, Sakramentale Beichte). Diese Bildungsmittel stellen für alle ein Recht und eine Pflicht dar. (Vc, 59f.)*

Wie unser Vater so gern sagte, ist das Band, das mit dem Werk vereint, ein Engagement aus Liebe. Es verpflichtet seine Mitglieder zu einer vollen und ganzen Hingabe an die Ziele der Prälatur. Die Mitglieder des Werks haben gründlich zu bedenken, dass sie, stets vor Gott, ein festes, beständiges Engagement mit einem sehr bestimmten theologischen, moralischen und aszetischen Inhalt eingehen, das die Rechtskraft und Verbindlichkeit einer Hingabe aus Berufung besitzt. Darin verpflichten sie sich mit der christlichen Treue und Redlichkeit, die man einem spezifischen, von Gott erhaltenen Ruf schuldet. Dieses Engagement treibt die Gläubigen der Prälatur zum Ringen darum an, dem Geist des Werks entsprechend sämtliche christlichen Tugenden voll und ganz zu üben und unter diesen – indem man sie zu etwas Übernatürlichem macht – auch die menschlichen Tugenden, und zwar dem ganzen Anspruch entsprechend, der sich aus der besonderen Berufung ergibt, die Heiligkeit anzustreben.

Zudem übernimmt man einige besondere Verpflichtungen, welche die Art und Weise, diese Tugenden und die Hingabe an Gott in die Tat umzusetzen, näher bestimmen, die sich aus dem Band mit der Prälatur ergeben ...
In Übereinstimmung mit den allgemeinen Prinzipien der Moraltheologie verpflichten diese Verpflichtungen, die man stets freiwillig auf sich nimmt, im Gewissen, und zwar so schwer, wie es der Materie entspricht, um die es sich in jedem Fall handelt. Eine dieser Pflichten in einer schwerwiegenden Materie zu verletzen – das heisst in etwas, was sich auf einen wesentlichen Aspekt der Verpflichtungen bezieht, so wie die Statuten ihn festlegen – wäre somit eine schwere Sünde gegen die Tugend der Treue und, falls es sich um die Verletzung von Rechten des Werks oder seiner Mitglieder handelt, auch gegen die strenge Gerechtigkeit, und in diesem Fall könnte man den anderen auch Ärgernis geben oder dem guten Ruf des Opus Dei schlimmen Schaden zufügen.
Indem sie sich an all das erinnern, werden die Mitglieder des Werkes bereit sein, ihrem Engagement aus Liebe jeden Tag treuer zu sein, und sie werden sich – ohne Skrupel – vor jedem Anzeichen eines Nachlassens im persönlichen Kampf hüten. Deswegen hat die Gewissenserforschung – die tägliche, die wöchentliche im Kreis, die an Einkehrtagen – streng zu sein; sie darf sich über keinen Punkt der Selbsthingabe hinwegsetzen. (Vc, 39ff.)
Die Berufung des Opus Dei setzt ein Leben des Opfers und grossmütiger, freudiger, intensiver Arbeit voraus und mit Hilfe der Gnade die Bereitschaft, im Dienste Gottes und der Seelen zum Heroismus zu gelangen. Zugleich hat man sehr menschlich zu sein – andernfalls könnte man nicht übernatürlich sein – und zu beachten, dass die Gnade die Natur voraussetzt. Gewiss ersetzt Gott die menschlichen Mittel, falls diese nicht angewandt werden können; für gewöhnlich rechnet er jedoch mit ihnen...
Die Direktoren haben psychischen Schwierigkeiten vorzubeugen – es geht keineswegs darum, Psychiatrie zu treiben –, die infolge Überarbeitung, wegen des Alters oder wegen Krankheit in einigen Fällen auftreten können. Wenn diese Schwierigkeiten vorliegen, sind sie im allgemeinen nicht Folge einer Geistesstörung oder Nervenkrankheit, sondern sie pflegen auf die Ermüdung, auf die innere Spannung zurückzugehen, die ein Leben intensiver Arbeit mit sich bringt. Sie

lassen sich gewöhnlich mit den üblichen menschlichen und übernatürlichen Mitteln überwinden …
In Fällen von Depressionen und Erschöpfungszuständen wird man sich an einen erfahrenen und klugen Arzt wenden – um so besser, wenn er ein Mitglied des Opus Dei ist –, der den Kranken angemessen zu unterrichten weiss, ohne irgend etwas zu verheimlichen, jedoch ohne stark auf seinen Ermüdungstendenzen zu insistieren; denn gelegentlich dient das dem Kranken unbewusst als Vorwand, sich nicht helfen zu lassen oder sich zum eigenen Arzt zu machen. Darum ist es sehr wichtig, die Direktoren auf dem laufenden zu halten, um dem, der sie benötigt, wirksame Hilfe zu leisten. (Vc, 87ff.)

V.4 Aussagen ehemaliger Mitglieder

Die Art und Weise, wie die Messe zu feiern ist, wurde durch den Gründer des Opus Dei genau vorgeschrieben. Alles ist bis in Kleinigkeiten hinein genau festgelegt: wie die Tücher, die bei der Messfeier verwendet werden, zu bügeln sind, jeder Schritt und Handgriff des Priesters am Altar, wann die Mitglieder zu stehen, zu sitzen, zu knien haben, was der Messdiener wann machen muss. Faltet dieser während der Messe nicht in einer bestimmten Weise die Hände, so haben ihn seine «Brüder» in der «Brüderlichen Zurechtweisung» darauf aufmerksam zu machen. (KS, 131f.)

Die «Normen» haben für die Mitglieder das Wichtigste im Lauf ihres Tages zu sein, nichts darf sie verdrängen oder ersetzen, ausgenommen – so wird gesagt – die Pflicht, einem anderen in Lebensgefahr beizustehen. (KS, 132f.)

Der Gründer gab nicht nur grobe Umrisse oder Prinzipien vor – wie es etwa Jesus Christus tat –, die dann in der lebendigen Kirche verändert werden können. Vielmehr kodifizierte er seine gesamte Lehre soweit wie möglich. Ich denke besonders an die praktischen Anweisungen, die eine minuziöse talmudähnliche Vorschrift sind, die alles enthält… Er wollte das Opus Dei bewahren, indem er alles kodifizierte, so dass nichts verändert werde. (FH, 200f.)

Viele der Normen [gemeint sind hier wohl ungeschriebene Gesetze des Opus Dei] wie das Verbot für die Männer, eine Sekretärin anzustellen oder öffentliche Freizeitanlagen, auch Sportstadien, zu besuchen, oder das Rauch- und Hosenverbot für Frauen sind malerische Anwendungen der kulturellen Vorurteile, der fixen Ideen des Gründers. (AM)

Eines der Dinge, die er [Escrivá] tat, war, Hinweise zu schreiben, geistliche Leitlinien, wenn man will. Sie waren nützlich für ihn. Denn er war sehr leidenschaftlich, er war sehr spontan. Das musste er kontrollieren. So schrieb er nieder, wie er es kontrollieren konnte: dieses abtöten, jenes kontrollieren, das eine nachprüfen, anderes überwachen. Er besass eine grosse Vitalität; wer die besitzt, muss sie kontrollieren. Es ist wie bei einem reissenden Strom: man muss ihn kontrollieren, sonst tritt er über die Ufer. Aber nimmt man diese Hinweise, solche Leitlinien und wendet sie auf Leute an, die keine grosse Vitalität haben, dann verkrampfen sie sich sogar noch mehr, man steckt sie noch mehr in die Zwangsjacke. So ist das gewissermassen perfekte Mitglied von Opus Dei, soweit es die Organisation betrifft, beinahe ein Computer, der die Dinge in die Praxis umsetzt, genau bestimmt, ohne dass die Gefühle, die Emotionen, das Subjektive in Erscheinung treten. (FH, 202f.)

Das Tragen des «Bussgürtels» ist äusserst schmerzhaft, vor allem beim Sitzen. Die Metallspitzen graben sich tief in die Haut ein und hinterlassen als Spuren kleine rote Punkte. Mehr noch schmerzt der Gebrauch der Bussgeissel, im Unterschied zu der des Gründers spritzt aber bei den aus Kordel geknüpften kein Blut. So schmerzhaft es auch war, sich selbst zu geisseln, als weitaus unangenehmer und qualvoller empfand ich es, das durchdringende Knallen zu hören, wenn ein anderer sich mit der Geissel schlug – was ich, als ich in Bonn im «Studienzentrum» der Vereinigung wohnte, häufiger erleben musste. (KS, 138)

VI. Die Rechenschaft über die Erfüllung des Lebensplans

Das Opus-Dei-Mitglied hat vor sich selbst und anderen Rechenschaft abzulegen, wie es den Lebensplan erfüllt. In diesem Zusammenhang sind wichtig: a) individuell: die Leiter (Beichte und Aussprache), b) kollektiv: der Kreis und die Brüderliche Zurechtweisung. Das Mitglied ist gehalten, nur bei Priestern der Priesterlichen Gesellschaft vom Heiligen Kreuz zu beichten. Öffentlich behauptet das Opus Dei, den Mitgliedern stehe es frei zu beichten, bei wem sie wollen. Dem widersprechen ehemalige Mitglieder. Sie sagen, durch die Leiter seien sie ständiger Kontrolle unterworfen worden. Das Opus Dei entgegnet, es handle sich um Rat und Hilfe beim geistlichen Leben.

VI.1 Anweisungen Escrivás

Ein Leiter. – Du brauchst ihn. – Um dich hinzugeben, um dich zu verschenken . . ., im Gehorsam. – Ein Leiter, der dein Apostolat kennt und weiss, was Gott will. So wird er dem Wirken des Heiligen Geistes in deiner Seele den Weg ebnen können, ohne dich von deinem Platz zu entfernen . . ., er wird dich mit Frieden erfüllen und dir zeigen, wie deine Arbeit fruchtbar werden kann. (EC, Nr. 62)

Ohne Architekt kannst du kein gutes Haus bauen, um auf der Erde zu wohnen. Wie willst du da ohne einen Leiter die Festung deiner Heiligung errichten, um auf ewig im Himmel zu wohnen? (EC, Nr. 60)

Wenn ihr den rechten Geist habt, dann geht ihr immer bei einem Priester des Werkes beichten . . . Meine Töchter und Söhne, ihr habt die Freiheit zu beichten, bei wem ihr auch wollt. Aber es wäre verrückt, wolltet ihr euch in andere Hände geben, die sich vielleicht schämen, gesalbt zu sein. Ihr dürft nicht vertrauensselig sein. (ECr, 1972/2)

VI.2 Öffentliche Texte des Opus Dei

Die Prälatur . . . verpflichtet sich vom Zeitpunkt der Eingliederung des Gläubigen an für deren Dauer: erstens dem Gläubigen eine ständige Unterweisung in der Glaubenslehre sowie religiösen, geistlichen, asketischen und apostolischen Unterricht zu erteilen sowie eine spezielle Seelsorge von seiten der Priester der Prälatur zu gewähren. (ST, Nr. 27, § 1 und 2)

Der Gläubige aber bekundet seinen festen Vorsatz, sich mit allen Kräften der Erreichung der Heiligung sowie der Durchführung des Apostolates nach Geist und Praxis des Opus Dei zu widmen, und er verpflichtet sich vom Augenblick der Eingliederung an und für deren Dauer zu folgendem: ... Zweitens: zur Erfüllung aller Pflichten, die die Stellung eines Numerariers oder Assoziierten oder Supernumerariers mit sich bringt, und zur Beachtung aller für die Prälatur geltenden Normen. Das gleiche gilt für die rechtmässigen Weisungen des Prälaten und anderer zuständiger Autoritäten der Prälatur, soweit sie deren Leitung, Geist und Apostolat betreffen. (ST, Nr. 27, § 3)

Die Gläubigen der Prälatur sind eingedenk der Normen der Nächstenliebe und Klugheit verpflichtet, die Brüderliche Zurechtweisung anzuwenden, um sich wechselseitig von Verhaltensweisen abzubringen, die dem Geist des Opus Dei zuwiderlaufen. (ST, Nr. 91)

Die Gläubigen der Prälatur haben die gleichen Rechte wie die übrigen katholischen Gläubigen. Zu diesen Rechten gehört das Recht, bei den Priestern zu beichten, bei denen sie wollen, mögen sie der Prälatur des Opus Dei angehören oder nicht, vorausgesetzt, dass sie die erforderliche Beichtlizenz haben. (ODR)

Um kein Missverständnis aufkommen zu lassen: Jeder Katholik kann bei jedem katholischen Priester gültig das Busssakrament empfangen; und auch die Ratschläge, Ermahnungen, Anleitungen eines der Lehre der Kirche getreuen Priesters werden stets von Nutzen und zu beachten sein. Doch bedeutet für die Opus-Dei-Mitglieder die Beichte zugleich mit der sakramentalen Sündenvergebung auch ein zentral wichtiges Formungsmittel, um im Geiste des Werks, also in der laikalen und säkularen Spiritualität, die ihm eigentümlich ist, zu wachsen. Hier aber kann ein Priester, der vom Opus Dei nichts oder wenig weiss oder der es nicht versteht oder ablehnt, überfordert sein; es kann zu Verständigungsschwierigkeiten kommen – etwa wenn es um lässliche Sünden, um die tausend kleinen Versagen des Alltags geht, um alles, was mit der gewissenhaften Erfüllung der dem Werk eigenen Lebensweise – der «Normen» – zusammenhängt, welche die Treue zur Berufung ausmacht. (PB, 191)

VI.3 Geistliche Leitung – aus internen Schriften

Der Kreis (Circulus Brevis): Aus dem Caeremoniale

A) Alle knien nieder (es folgen Gebete)

B) Kommentar zum Evangelium

C) Verlesen der Normen – durch den Leiter, alle stehen und hören zu
(es folgt Wortlaut der Normen, abgedruckt im Kapitel V, S. 83f.)

D) Kommentar zu irgendeiner Norm oder Gewohnheit oder zu irgendeinem Aspekt des Geistes des Opus Dei usw.

E) Gewissenserforschung
1. Habe ich die Betrachtung unterlassen oder ihre Dauer abgekürzt, ausser im Krankheitsfall?
2. Habe ich mich in der Gegenwart Gottes geübt und an den einzelnen Tagen öfters an meine Gotteskindschaft gedacht?
3. Habe ich es mir angelegen sein lassen, dass an jedem Tag mein erster und mein letzter Gedanke Gott geweiht werde?
4. Habe ich das Partikularexamen unterlassen oder die allgemeine Gewissenserforschung allzu eilig gemacht?
5. Bin ich in der heiligen Messe täglich des Opus Dei und meiner Brüder, vor allem aber der Direktoren eingedenk gewesen?
6. Habe ich die Widrigkeiten des Tages richtig ertragen?
7. Habe ich die gewohnten Abtötungen unterlassen?
8. Bestrebe ich mich, mir Bussgeist anzueignen?
9. Habe ich mich um die rechte Absicht bemüht, indem ich mich in allem einzig vom Gedanken an die Ehre Gottes leiten liess?
10. Habe ich die Gebete des Werks und die übrigen mündlichen Gebete ruhig und andächtig verrichtet?
11. Habe ich in dem von den Direktoren mir übergebenen Apostolat dem Opfergeist nachgelebt?

12. War ich in dem, was das geistliche Leben und das Apostolat betrifft, gegenüber meinen Direktoren gefügig?
13. War ich beim Vollziehen der mir im Werk übertragenen apostolischen Aufgaben gewissenhaft?
14. Suchte ich im Umgang mit meinen Brüdern Liebe zu üben?
15. War ich beim Erteilen oder beim Hinnehmen der Brüderlichen Zurechtweisung, sooft diese nötig war, insbesondere der Normen der Liebe und der Klugheit eingedenk?
16. Beweise ich durch Taten meinen Eifer, für das Opus Dei neue Mitglieder zu gewinnen?
17. Bin ich mir bewusst, wegen meiner Gleichgültigkeit, Unklugheit, Lauheit oder Lässigkeit bei der Verrichtung meiner religiösen, gesellschaftlichen oder beruflichen Pflichten dem Opus Dei Schaden zugefügt zu haben?
18. Wie habe ich mich bei der zur Erreichung meines Ziels notwendigen Bildungsarbeit, beim Studium und in der Freizeit verhalten?
19. Habe ich aus Schwelgerei, Leichtsinn, Eitelkeit, Bequemlichkeit usw. überflüssige Ausgaben gemacht?
20. War ich gegenüber meinen Direktoren stets tief ehrlich, indem ich persönliche Spontaneität und Verantwortung geschickt miteinander verband und in Demut unterwürfig und von Herzen die Vorschriften in bezug auf das geistliche Leben und das Apostolat auf mich nahm?
21. Habe ich in den geringsten täglichen Dingen Opfer geringgeschätzt?
22. Habe ich mich stets und umsichtig bestrebt, meine tägliche Arbeit so zu ordnen, dass die mir übertragene Aufgabe möglichst wirksam ausgeführt und Gott immer mehr verherrlicht werde?
23. Arbeite ich, wenn ich arbeiten soll (heute, jetzt), oder täusche ich mich durch Aufschübe, welche Unterlassungen gleichkommen?
24. Suche ich in meinem äusseren Aussehen alles zu meiden, was affektiert, seltsam, befremdlich ist und zu meinem Amt und meiner Aufgabe nicht passt?
25. Liess ich mich von Traurigkeit beherrschen, und vergass ich, dass sie mit dem Feind meiner Seele im Bunde steht?
26. Arbeite ich immer mit der Freude dessen, der weiss, dass er Gottes Kind ist?
(Es folgen verschiedene Gebete wie Confiteor und Misereatur; Auferlegen der Busse.)

F) Lesung aus einem geistlichen Buch oder Kommentar

G) Gespräche über Angelegenheiten des Opus Dei

H) Preces
(Quelle: Cae)

Der Kreis: Aus dem Vademecum *Es ist wichtig, dass man den Kreis sorgfältig vorbereitet, damit er seine ganze übernatürliche Wirkkraft hat. Deshalb nimmt der Leiter die Themen in sein Gebet auf und konsultiert die Dokumente Unseres Vaters [Escrivá] und des Vaters [Opus-Bischof-Portillo], um so zu erreichen, dass die Darlegung klar und von übernatürlichem Geist und apostolischem Schwung erfüllt ist. Gleichzeitig bemüht er sich, dieses Bildungsmittel ansprechend und angenehm zu machen, und ist bestrebt, nach geeigneten Beispielen zu suchen, die dazu dienen, dass die Lehre allen eingeprägt bleibt. Natürlich hütet er sich vor jeder Bemerkung, die eine Anspielung auf einen der Zuhörer sein könnte...*
Der wesentlichste Teil des Kreises ist die Gewissenserforschung. Wer sie leitet, kommentiert einige Punkte mit praktischem Gespür, so dass es als Anregung für das innere Leben und das Apostolat der Teilnehmer dient. Man vermeidet stets ein rasches Herunterlesen, das diesem so wirksamen Mittel, um das Verlangen nach persönlicher Heiligkeit anzuspornen, die Kraft nähme ...
Die Gebete zu Beginn sowie das Confiteor, Misereatur und A vinculis werden stets auf lateinisch verrichtet. Falls die Teilnehmer Numerarier oder Assoziierte sind, welche die Oblatio schon gemacht haben, verwendet man das Latein zudem für das Vorlesen der Gewissenserforschung und des Lebensplans und für die Worte zu Beginn und am Schluss der Emmendatio, wenn auch ein jeder das, was er zu äussern wünscht, in seiner eigenen Sprache sagt. (Vc, 81ff.)

Die Beichte: Aus dem Vademecum *Wenn also jemand das Missgeschick hatte, Gott in etwas Wichtigem zu beleidigen, und weil er auf der Reise oder wegen irgendeines anderen Umstands nicht einen Priester der Prälatur oder der Priestergesellschaft vom Heiligen Kreuz aufsuchen konnte, wird er – selbstverständlich – nicht nur die Verfehlungen gegen die christlichen Tugenden im allgemeinen, sondern – in*

seinem Fall – auch diejenigen einzeln angeben müssen, die sich darauf beziehen, dass er seine besonderen Verpflichtungen in einer schwerwiegenden Materie nicht erfüllt hat, indem er auf sein persönliches geistliches Engagement hinweist, aufgrund dessen diese Verfehlungen für ihn Sünde oder etwas besonders Schwerwiegendes sind. In diesem Fall, der aussergewöhnlich sein wird, soll der Beichtende schlicht seine Verpflichtungen gegenüber Gott äussern, indem er beispielsweise sagt: «Ich klage mich an, dass ich mich gegen eine Arbeitspflicht, die ich vor Gott übernommen habe, schwer verfehlt habe» oder «gegen meine Verpflichtung, mich einer Bildungsaufgabe zu widmen»; «schwere Verpflichtungen missachtet zu haben, die ich in bezug auf die Verfügung über die Güter und ihren Gebrauch eingegangen bin»; «gegen die Gerechtigkeit gefehlt zu haben, weil ich ungerechtfertigt über Güter verfügt habe, die nicht mir persönlich gehören»; falls es sich um Sünden gegen die Keuschheit handelt: «Ich weise darauf hin, dass ich mich aus Berufung verpflichtet habe, keusch zu sein und im Zölibat zu leben» (die Supernumerarier: «meinem Stand entsprechend keusch zu sein»); «in einer schwerwiegenden Materie nicht gehorcht zu haben»; «gegen Personen oder Direktoren einer Institution der Kirche schwerwiegende kritische Urteile geduldet zu haben».
Selbstverständlich ist es nicht ungehörig zu eröffnen, dass man der Prälatur angehört. Der Beichtende hat jedoch daran zu denken, dass er verpflichtet ist, nicht ein schiefes Licht auf das Werk zu werfen; denn seine Situation entspricht in diesem Zeitpunkt nicht seinem gewöhnlichen Leben, und alle anderen Mitglieder der Prälatur bestreben sich täglich in heroischem Ringen, heilig zu sein. (Vc, 73f.)

Die Beichte: Aus den Cuadernos *Die Beichte besitzt jedoch ausser der streng richterlichen Funktion auch die Sendung, zu heilen, zu belehren, eine Funktion der Väterlichkeit, des guten Hirten. Damit man alle Früchte der Beichte erhält, empfiehlt deshalb die Kirche den Gläubigen von jeher, möglichst beim gleichen Priester zu beichten, so dass dieser tiefer zu urteilen, klarer zu lehren, sicherer zu leiten vermag. Je besser der Beichtvater den Pönitenten kennt, desto wirksamer wird die Beichte sein, «denn wenn der Kranke sich schämt, dem Arzt seine Wunde zu bekennen, heilt die Medizin das, was sie nicht kennt, nicht» (hl. Hieronymus, In Eccl. comm. 10,11).*

«So wie die Menschen ihre körperlichen Gebrechen nicht allen und nicht gleich wem zeigen, sondern denen, die darin erfahren sind, sie zu heilen, so muss man auch das Bekenntnis der Sünden denen gegenüber machen, die diese heilen können» (hl. Basilius, Reg. brev. tract. 229). Diese herkömmliche Lehre hat uns, mit dem gleichen anschaulichen Bild, auch unser Vater wiederholt dargelegt:
«Sagt mir: Was tut ein Kranker, der geheilt werden will? Er geht zu einem bestimmten Arzt, der ihn kennt: ‹Sieh mich gründlich an; nimm eine Analyse vor; miss mir den Blutdruck, die Temperatur.› Und dieser untersucht ihn, auskultiert ihn, röntgt ihn. Und wenn der Arzt sich pflichtgemäss verhält, wird er sich darum bemühen, dass der Patient nicht aus Schwäche oder Unaufmerksamkeit ihm etwas zu sagen unterlässt, was von Interesse sein kann. Und falls der Patient nicht ein Narr ist, wird er sich beeilen, dem Arzt sämtliche Symptome, sämtliche Umstände zu nennen, selbst die geringsten, die seines Erachtens Krankheitsanzeichen sind. Es kommt nicht vor, dass er zu einem x-beliebigen Arzt geht – und dann zu einem andern, dann zu einem dritten und so weiter –, damit er ihm Aspirin verschreibe, sondern er geht zu einem Arzt, der ihn gut kennt.»
Das Wort des guten Hirten geht bei jedem von uns in Erfüllung. An der Hand unseres Vaters sind wir in seinen Sinn eingedrungen. Er hat uns gesagt: «Ich möchte euch ein weiteres Mal darauf aufmerksam machen, wie wir geistig eingestellt sind zu einem wunderbaren Heiligungsmittel, zu einem Mittel, das von Jesus Christus als ein Sakrament eingesetzt worden ist: die Beichte.» Diese ist ein Mittel von transzendentaler Wichtigkeit, um uns zu heiligen.
Die Aufgabe eines Richters für sich allein genommen kann jedweder Priester ausüben, der die Jurisdiktion, die Befugnisse besitzt, obwohl auch diese Aufgabe manchmal durch ungenügende Kenntnis erschwert sein kann. Nicht aber die Aufgabe eines guten Hirten. «Wisst ihr, wer für meine Schafe der gute Hirt ist? Der, der von mir die Sendung dazu erhalten hat. Und ich gebe sie für gewöhnlich den Direktoren und den Priestern des Werks. Leute, die das Opus Dei nicht kennen, sind nicht geeignet, der Hirt meiner Schafe zu sein, auch wenn sie gute Hirten anderer Schafe, ja sogar heilig sein mögen.»
«Es geziemt sich, dass ihr bei denjenigen Priestern beichtet, die bestimmt worden sind. Und es ist Vorschrift, dass man zu ihnen geht, um

wenigstens den Segen zu erhalten. Ihr dürft zu jedem Priester zur Beichte gehen, der vom Ortsbischof die entsprechenden Genehmigungen erhalten hat. Auf diese Weise trete ich für die Freiheit ein, jedoch mit gesundem Menschenverstand. Alle meine Söhne haben die Freiheit, bei irgendeinem vom Ortsbischof approbierten Priester zu beichten, und man ist nicht verpflichtet, den Direktoren des Werks zu sagen, dass man das getan hat. Sündigt, wer das tut? Nein. Hat er einen guten Geist? Nein. Er ist auf dem Weg, auf die Stimme des schlechten Hirten zu hören.»

Im Licht dieser Worte, die durch die Liebe zu unserer Heiligung diktiert sind, fahren wir weiter, das Gleichnis des Evangeliums zu ergründen. «Und könnten nicht andere Hirten hingehen, um nach meinen Schafen zu suchen und sie gut zu weiden? Nein. Der Herr sagt es ganz entschieden: ‹Qui non intrat per ostium in ovile ovium, sed ascendit aliunde, ille fur est et latro – Wer in den Schafstall nicht durch die Tür hineingeht, sondern anderswo einsteigt, der ist ein Dieb und ein Räuber› (Joh 10,1). Kann vielleicht nicht jemand guten Willens hingehen, eine Hilfe zu bieten, ein Schärchen Schafe zu nehmen und ihnen gute Weide zu geben und sie wieder ins Pferch zu bringen? Nein. Nein! Nicht ich bin es, der das sagt, sondern der Herr selbst. Diejenigen, die nicht eine von den Direktoren erteilte Sendung haben, sind nicht gute Hirten, auch wenn sie Wunder wirken.»

Wir müssen die Stimme des guten Hirten zu erkennen wissen, diese liebevollen, vertrauten Pfiffe dessen, der uns zum Pferch führen und uns betreuen und uns das vielleicht verlorene Leben zurückgeben oder es bessern und uns von Leiden und Schwächen heilen können wird. «Ihr werdet zu Priestern gehen, die eure Brüder sind, wie ich das tue. Und ihr werdet ihnen aufrichtig, im Wunsch, geheilt zu werden, das Herz – das verdorbene, falls es verdorben wäre! – sperrangelweit öffnen; falls nicht, würde diese Verderbnis nie heilen. Wenn wir es mit jemand zu tun hätten, der uns die Wunde nur oberflächlich heilen kann ..., dann deswegen, weil wir feige wären, keine guten Schafe wären, weil wir zu unserem Schaden die Wahrheit verheimlichen würden. Und wenn wir so schlecht handelten und einen beliebigen Arzt aufsuchten, der uns nicht mehr als einige Sekunden widmen kann, der nicht mit dem Skalpell eindringen und die Wunde ausbrennen kann, würden wir auch dem Werk Schaden zufügen. Tätest du das, so hättest du einen schlechten Geist, wärest du ein armseliger Mensch. Du

würdest damit nicht sündigen, jedoch weh dir!, du hättest zu irren, fehlzugehen begonnen. Du hättest begonnen, auf die Stimme des schlechten Hirten zu hören, nicht nach Heilung für dich zu suchen, nicht die Mittel anzuwenden zu suchen. Und du würdest den anderen Schaden zufügen.»
Wir wissen gut, das unser inneres Leben sich auf die anderen und auf das ganze Werk auswirkt. «Du kennst die Lehre vom mystischen Leib, von der Gemeinschaft der Heiligen. Deswegen würdest du deinen Brüdern und denen, die am Kommen sind, und dir selbst, dem ganzen Leib des Werks Schaden zufügen. Denn zudem wäre dieser schlechte Hirt nicht von sich aus gekommen, um nach dir zu suchen; du wärest der Verantwortliche gewesen. Denn dieser andere, der nicht guter Hirt ist, ‹non venit nisi ut furetur et mactet et perdat – kommt nur, um zu stehlen, zu schlachten und zu vernichten› (Joh 10,10). Wir müssen einen bestimmten, konkreten Geist haben. Unser Geist ist sehr klar: unsere Aszetik, unsere Mystik überaus klar. Und alles, was diesen Geist entstellt, besagt stehlen und schlachten.» Stehlen und schlachten: das Amt des schlechten Hirten, dessen, der nicht durch die Tür eintritt, dessen, dem an den Schafen nichts oder nur sehr wenig gelegen ist.
Die Lehre ist klar, durchsichtig: «omnia mihi licent, sed non omnia expediunt – Alles ist mir erlaubt, aber nicht alles nützt mir» (1 Kor 6,12). Und in dieser Lehre haben wir den Eifer des guten Hirten vor Augen, der um unsere Gesundheit bangt, der uns das Leben in Überfülle geben will. Wir stehen dabei nicht auf dem Boden des Rechts und der strengen Verpflichtung, sondern in einer anderen Ordnung der Dinge, die den Geist des Rechts und der Pflicht einbegreift und erhebt und so transzendiert: in der Ordnung des guten Hirten. «‹Ego sum pastor bonus. Bonus pastor animam suam dat pro ovibus suis – Ich bin der gute Hirt. Der gute Hirt gibt sein Leben hin für die Schafe› (Joh 10,11). Er bringt alle Opfer. Und ihr müsst bereit sein, auch alle Opfer zu bringen. Und das erste ist das: Nicht dieses Recht – denn wir haben das Recht – auszuüben, falls wir das vermeiden können, und wir werden es immer oder fast immer vermeiden können. Ein fester Vorsatz: Das erste Opfer ist dies: Im Leben das nicht zu vergessen, was wir in Kastilien sehr anschaulich ausdrücken: Die schmutzige Wäsche ist zu Hause zu waschen. Das erste Zeichen dafür, dass ihr euch hingebt, besteht darin, dass ihr nicht die Feigheit habt, die schmutzige Wäsche

ausserhalb des Werks waschen zu gehen. Falls ihr wirklich heilig sein wollt; wenn nicht, seid ihr überflüssig.»

Es ist Feigheit, eine Art Niederträchtigkeit, die sich in die Seele, die nicht demütig ist, einnistet und veranlassen kann, dass man diese Lehre nicht gut versteht und ihr vielleicht nicht nachlebt. Deswegen haben wir uns mit Demut zu versehen, mit der Demut, die weiss, dass wir auf tönernen Füssen stehen, und auch weiss, dass niemand daran Anstoss nehmen wird, falls wir eines Tages das an uns selbst erfahren müssen. «Meine Söhne, schämt euch nicht, elende Kerle zu sein, falls ihr in irgendeinem Fall es seid; verzagt nicht, weil ihr im Herzen den fomes peccati habt. Erschreckt vor nichts. Seid der Wahrheit treu! Aufrichtig! Aufrichtig! Haben wir den gesunden Menschenverstand und den übernatürlichen Geist, zu wissen: Während der Vater, weil er Vater und weil er Mutter ist, die Dinge sehr weit lässt, werdet ihr hingegen, da ihr starke, sichere Schafe seid und den guten Hirten arbeiten lässt, in gutem Geist gewisse Rechte nicht zu gebrauchen wissen, um dafür im Bemühen um eure Heiligung und die Heiligung des ganzen Werks, um die Heiligung eurer Brüder und so vieler Seelen und der Kirche tatkräftiger zu sein.»

Die Brüderliche Zurechtweisung: Aus dem Vademecum *Aus offensichtlichen Gründen der Klugheit und der Liebe konsultiert man in bezug auf die Brüderliche Zurechtweisung ausschliesslich den Direktor – oder in dessen Fall den Gruppenbeauftragten – und sonst niemanden mehr. Und dann spricht man mit dem Betreffenden. Auf diese Weise wird man nie in den Fehler der Ehrabschneidung und Verleumdung fallen können. Es ist sehr wichtig, dass man sich diese Lehre gut zu Herzen nimmt: «Bevor man munkelt oder verleumdet», sagte unser Vater in einem anschaulichen Ausspruch, «beisst man sich besser die Zunge ab und speit sie weg.» (Vc, 77)*

Die Liebes- und Gerechtigkeitspflicht, die Brüderliche Zurechtweisung vorzunehmen, obliegt besonders den Inscritos und denen, welche die Fidelitas gemacht haben. (Vc, 78)

Auch die Laien sind den Priestern durch die Brüderliche Zurechtweisung behilflich, damit sie beim Predigen mögliche Fehler vermeiden:

allzu häufige Wiederholung eines Wortes; monotone oder unklare Darlegung; Mangel an innerem Schwung usw. (Vc, 79)

Die Brüderliche Aussprache: Aus dem Vademecum *Gott unser Herr will, dass im Werk niemand eine Sorge oder einen Kummer für sich allein behält. Die Gläubigen der Prälatur verfügen über die Brüderliche Aussprache, die mit Eifer vorbereitet wird, damit man im Kampf um die Heiligkeit nie allein bleibt. Diese Aussprache ist stets ein beratendes und den Geist nährendes persönliches und brüderliches Gespräch, das sich auf verschiedene Weise bezeichnen lässt, weil es keinen eigentlichen, ausschliesslich in der Prälatur verwendeten Ausdruck dafür gibt. Deswegen spricht nichts dagegen, in der mündlichen Sprache gleichwertige Ausdrücke zu gebrauchen. Man kann zum Beispiel sagen: «Gehen wir plaudern»; «seit unserem letzten Gespräch»; «bei unserem nächsten Gespräch» usw. Diese Aussprache geschieht pünktlich – an dem dafür vorgesehenen Wochentag und soweit möglich zur gleichen Stunde –, demütig und in Kürze. Wenn man sich gut darauf vorbereitet, genügen zehn oder fünfzehn Minuten, um über alle notwendigen Punkte aufrichtig und tiefdringend zu sprechen. Nur in ausserordentlichen Fällen wird es notwendig sein, der Brüderlichen Aussprache mehr Zeit zu widmen. Sie ohne Grund auszudehnen wäre ein Zeitverlust und ein Zeichen dafür, dass es einem an schlichter Gesinnung fehlt – weil man die Fragen nicht direkt anpackt –, oder ein Hinweis darauf, dass man über Angelegenheiten spricht, die mit diesem wunderbaren Mittel geistlicher Leitung nichts zu tun haben.*

Eine praktische Erfahrung: Es ist nicht klug, lose Notizen über Gewissensangelegenheiten in den Taschen herumzutragen, denn sie gehen leicht verloren. Falls überhaupt, verwende man für die dienlichen Notizen eine Agenda oder ein kleines Notizheft…

In der Confidencia wird auch die Liebe zur Einheit gefördert, die sich in der Verbindung mit den unmittelbaren Leitern und der völligen Aufrichtigkeit ihnen gegenüber praktisch äussert. Man ist bestrebt, sich mit ihrer apostolischen Weise, die Dinge zu sehen, zu identifizieren und ohne Ausweichbewegungen pünktlich und grossmütig zu gehorchen.

Die Leiter sollen von Zeit zu Zeit die Erklärungen des «Katechismus» des Werks über dieses Bildungsmittel [der Brüderlichen Aussprache]

in Erinnerung rufen: persönliche Dispositionen, zu meidende Mängel, Themen, die man behandelt...
In der Brüderlichen Aussprache ist auch über die Lektüren zu sprechen, um den geeigneten Rat zu erbitten, und über die Ausnutzung der Zeit, die für Gott da ist. Manchmal wird es angebracht sein, die geistliche Leitung zu erleichtern, indem man – im Fall, dass jemand nicht an sie denken sollte – nach diesen Dingen fragt, um so das Gewissen zu unterrichten und bilden zu können, indem man konkrete Ziele für Kampf und inneren Fortschritt vorschlägt.
Um die Sorge für die Mitgliederwerbung lebendig zu erhalten, sollen diejenigen, welche die Aussprachen ihrer Brüder entgegennehmen, diese daran erinnern, dass es angebracht ist, stets von ihrem apostolischen Auftrag, zumal von der Mitgliederwerbung und von dem zu sprechen, was sie für einen jeden ihrer Freunde tun. (Vc, 63ff.)

VI.4 Aussagen ehemaliger Mitglieder

Nach dem Eintritt ins Opus Dei ist es dem Mitglied verboten, bei Priestern zu beichten, die nicht zur Institution gehören und zu diesem Zweck eingesetzt wurden. Viel Literatur über den «guten Hirten» und die Losung, «die schmutzige Wäsche zu Hause zu waschen», rechtfertigen die Verschliessung des Gewissens der Mitglieder nach aussen und erleichtern die geistige Kontrolle durch die Vorgesetzten. Die Priester des Werkes verwenden zudem die im Beichtstuhl erhaltene Information, um die zu folgernde, die Kandidaten betreffende Strategie zu entwerfen – eine eigenartige Auslegung des Beichtgeheimnisses. (AM)

Im Opus Dei muss man immer zu einem Opus-Dei-Priester beichten gehen, da gibt es keine Ausnahmen. In Córdoba konnten wir mehr als einen Monat lang nicht beichten, weil zu dieser Zeit kein Opus-Priester im Haus war. Überdies kann eine Opus-Dei-Frau nicht zu einem Priester des Opus Dei beichten gehen, der ihr von ihren Vorgesetzten nicht anempfohlen worden ist. Erst recht kann ein Opus-Priester nicht bei einem Priester beichten, der nicht Mitglied ist. Wenn eine Frau, die ehemals Opus-Mitglied war, einen Priester des Opus Dei bittet, in einer normalen Kirche ihre Beichte zu hören, und wenn der Priester zustimmt, dann wird er von seinen Vorgesetzten schwer bestraft. (MT)

Wenngleich ausdrücklich gesagt wird, es stelle keine Sünde dar, bei jemand «anderem» zu beichten, so gibt die zugleich behauptete Nichtübereinstimmung mit dem «guten Geist» solchem Verhalten dennoch etwas Anrüchiges und Fehlerhaftes. Die behauptete grundsätzliche Freiheit in der Wahl des Beichtvaters wird so gewissermassen sogleich wieder zurückgenommen, und es ist wohl nicht zuviel behauptet, dass für ein Mitglied, das eine bestimmte (recht kurze) Zeit die in der Vereinigung massiv betriebene Ausbildung durchlaufen hat, zumindest gewissensmässig eine solche Freiheit de facto weitgehend nicht existiert. (KS, 118f.)

Mit seinem «geistlichen Leiter» legt ein Mitglied von Zeit zu Zeit eine neue Liste von Abtötungen fest, die es sich täglich zu verrichten vornimmt: (beispielsweise) morgens kalt zu duschen, sich keine Butter auf das Brot zu schmieren, Zucker in den Kaffee zu nehmen, wenn man ihn lieber ohne trinkt, bzw. umgekehrt usw. ... Durch die beharrliche Übung der Abtötung sollen die Mitglieder sich mit dem Leiden Christi vereinen. (KS, 134)

Die «Brüderliche Zurechtweisung» trägt neben der Aussprache ... zu einem permanenten Kontrolliertsein der Mitglieder des Opus Dei und einer sofortigen Ahndung kleinster Abweichungen bei. Diese Feststellung scheint mir für das Verständnis der Kirchlichkeit des Lebens der Mitglieder von grosser Wichtigkeit zu sein. Sie sollte jedoch nicht übersehen lassen, dass «Brüderlichkeit» in der Vereinigung ein hohes Ideal darstellt und die Mitglieder sich meist mit grossem Einsatz und unter manchen Opfern um sie mühen. (KS, 160)

VII. Lösung vom Opus Dei und Austritt

Der Behauptung des Opus Dei, es sei leicht, das Werk wieder zu verlassen, stehen entgegengesetzte Erfahrungen ehemaliger Mitglieder gegenüber: sie würden psychologisch unter Druck gesetzt; zum Beispiel würden ihnen Höllenstrafen angedroht.

VII.1 Anweisungen Escrivás

Bitte immer um deine Beharrlichkeit und um die deiner Gefährten im Apostolat; denn unser Widersacher, der Teufel, weiss genau, dass ihr seine grossen Feinde seid ... Wenn einer in euren Reihen fällt, wie freut er sich darüber. (EC, 924)

Kämpft, meine Kinder, kämpft. Handelt nicht wie diejenigen, die sagen, dass die Firmung uns nicht zu Soldaten Christi macht. Vielleicht sagen sie es, weil sie nicht kämpfen wollen. Und so sind sie, was sie sind: besiegte Menschen, unterworfene Menschen, glaubenslose Menschen, gefallene Seelen wie der Satan. (ECr 1972/2)

Die Situation ist ernst, meine Töchter und Söhne. Die ganze Kampflinie ist bedroht. Lasst nicht zu, dass durch einen von uns eine Bresche geschlagen wird. Ich habe nicht aufgehört, euch zu warnen: das Böse kommt von innen und von hoch oben. Es gibt eine wirkliche Fäulnis, und zur Zeit scheint es, als sei der mystische Leib Christi ein Leichnam in stinkender Verwesung. Wie viele Beleidigungen gegen Gott gibt es! Wir sind so zerbrechlich und sogar noch zerbrechlicher als andere. Aber wie ich schon immer gesagt habe: Wir haben eine Verpflichtung zur Liebe; wir müssen jetzt unserem Dasein einen Sinn der Wiedergutmachung geben. (ECr 1972/2)

VII.2 Öffentliche Texte des Opus Dei

Diese Richtlinien finden genauso Anwendung bei Jugendlichen, die das Opus Dei kennenlernen, wobei nie Druck auf sie ausgeübt wird, wenn sie eine eventuelle Bindung an die Prälatur erwägen. Ebensowenig wird ihnen das Verlassen derselben erschwert. (ODR)

Niemand bleibt gegen seinen Willen Mitglied der Prälatur. Jeder gehört ihr an, so betonte der Gründer, «weil er es so will, was der übernatürlichste aller Gründe ist». Man müsse mit Nachdruck anklopfen, damit sich die Türen öffnen, während sie weit geöffnet seien, um hinauszugehen. Dies bedeutet jedoch nicht, dass man jemanden, der noch unentschlossen ist oder sich nur schwer entscheiden kann, nicht beraten und zur Grosszügigkeit ermuntern würde, indem man ihm vor allem hilft, sein geistliches Leben zu intensivieren. Und es heisst auch nicht – sollte jemand in seiner Berufung schwankend werden –, dass man ihn nicht durch eine behutsame geistliche Leitung, in Achtung seiner Freiheit, zur Beharrlichkeit anhält. Gerade weil die Mitglieder im Opus Dei einer göttlichen Berufung folgen, handelt es sich um eine ernsthafte Bindung, die grundsätzlich keinen vorläufigen Charakter haben kann, sondern auf die Hingabe des ganzen Lebens ausgerichtet sein muss. Sollte dennoch jemand, selbst nach der endgültigen Eingliederung, zu der Einsicht kommen, dies sei nicht sein Weg, so steht seinem Austritt nichts im Wege. Es ist ein Zeichen der Gesundheit des Opus Dei und der Achtung der persönlichen Freiheit aller, dass einzelne das Opus Dei wieder verlassen, weil sie sich geirrt haben oder aber weil sie dem Ruf Gottes untreu geworden sind. Sie bleiben dem Opus Dei fast immer freundschaftlich verbunden. (DT 138f.)

VII.3 Interne Schriften des Opus Dei

Aus dem Vademecum *Es ist indes nicht verwunderlich, dass trotz allem in jemandem die Versuchung aufkommt, den Blick zurückzuwenden (vgl. Lk 9,62); denn mit den Schwächen eines jeden als seinen Komplizen sucht der Teufel den Bau des inneren Lebens zum Einsturz zu bringen. Mit der Gnade Gottes werden es stets nur wenige Mitglieder des Werkes sein, die ihre Berufung aufgeben … Immerhin ist es unvermeidlich, dass einige austreten. Das ist ein Beweis mehr für die übernatürliche Kraft und die geistige Gesundheit des Werkes. Wie jeder gesunde Leib sträubt es sich, das, was ihm nicht guttut, zu assimilieren, und stösst unverzüglich das aus, was es nicht assimiliert. Und es leidet nicht darunter; es erstarkt …*
Manchmal tritt die Versuchung ungeschminkt auf, zumeist hinterhältig, ja sogar unter dem Anschein der Liebe (vgl. Camino, Nr. 134) …
In anderen Fällen kommen die Schwierigkeiten von der Lektüre sowie

von Ratschlägen mehr oder weniger eng Befreundeter oder sogar der eigenen Verwandten her. Dann werden die Klugheit und Festigkeit der Leiter in jedem Fall zu dem Verhalten raten, das am sichersten ist, um diese vielleicht nur scheinbaren Hindernisse zu zerstreuen und sie so allmählich gleichsam über eine sehr schiefe Ebene zu führen ...

Es ist zu berücksichtigen, dass die Krisen, die plötzlich einmal eintreten können, sich nicht unversehens einstellen. Es geht ihnen eine lange Etappe voraus mit bestimmten Anzeichen, welche die Direktoren und diejenigen, die mit dem Betreffenden zusammenleben, bemerken können und müssen. Im Fall eines Abfalls, dessen Gründe man sich nicht zu erklären weiss, sprach deshalb unser Vater die Direktoren und diejenigen, die mit diesem seinen Sohn zusammengelebt hatten, nicht von Sünde, ja manchmal von schwerer Sünde, frei, weil sie es nicht verstanden hatten, dem Betreffenden die Mittel zu verschaffen, um auszuharren ...

Solchen, die ihre Berufung aufgeben wollen, muss man geistlich beistehen und – ohne irgendeinen Zwang – auf ihr Umdenken hinwirken. Vielleicht sind sie blind, verblendet, und dann bedürfen sie mehr als je des gelassenen Urteils des Direktors, der ihnen beibringen wird, die Probleme in übernatürlicher Gesinnung zu beurteilen. Er wird auch, falls es angebracht ist, edle menschliche Mittel anzuwenden versuchen, damit sie den Umständen aus dem Weg gehen, die Anlass oder Ursache dieser Versuchungen gegen die Berufung sind oder sein können ...

Konkret ist es ratsam, mit Klugheit herauszubekommen, welche Art von Freundschaften er pflegt: ob er mit einer Person ein vertrautes Verhältnis hat; ob er sich mit einem Geistlichen (der dem Werk nicht angehört) berät, statt dass er das mit seinen Brüdern tut; welche Briefsachen er versendet und empfängt, denn vielleicht schreibt er an Verwandte, an Freunde oder andere Personen, die ihm recht wenig guttun; welche Bücher er liest ...

Wenn ein Numerarier oder Assoziierter bei irgendeiner Gelegenheit das Zentrum, bei dem er eingeschrieben ist, ohne Erlaubnis des Direktors verlässt und sein Wohnsitz nicht ausfindig zu machen ist, wird sofort die Regionalkommission informiert, und sonst niemand. Dann wird ein kluger und erfahrener Numerarier-Priester mit der Familie Kontakt aufnehmen, um den Fall in Klugheit und Klarheit darzulegen, damit nach Möglichkeit herausgefunden werden kann, wo

der Betreffende zu erreichen ist. Wenn es sich bewerkstelligen lässt, mit ihm zu sprechen, wird die Regionalkommission informiert, und mit viel Liebe und Nachdruck werden die Mittel eingesetzt, um ihm in seinem Kampf beizustehen ...
Diejenigen, die ihre Berufung aufgeben, behalten stets eine grosse Zuneigung zum Werk; es ist logisch, dass sie das, was sie liebten, weiterhin lieben. Der Umstand, dass sie nicht weitermachen, ist kein Grund, um mit dem Werk nicht vereint, nicht eng verbunden zu bleiben und in irgendeiner Form – mit ihrem Gebet, mit ihren Geldspenden – an den Apostolaten mitzuarbeiten. In jedem Fall haben die Direktoren die – stets von Liebe und Klugheit aufgetragenen – Massnahmen zu ergreifen, damit der gute Geist der anderen nicht beunruhigt wird und keine verwirrlichen und unklaren Situationen entstehen; wie zum Beispiel dann, wenn man ihnen schon nach wenigen Jahren gestatten würde, unsere Zentren allzu oft und allzu vertraulich zu besuchen; wenn man sie einladen würde, daselbst zu essen; wenn man mit ihnen im Verhalten und in Gesprächen allzu vertraut wäre, als ob nichts geschehen sei; wenn man ihnen Sachen des Gemeinschaftslebens erzählen würde oder sie verfrüht und mit gewisser Autorität und Verantwortung in Aktionen oder Arbeiten eingreifen liesse, die mit dem Werk zusammenhängen und, weil sie öffentlich sind, weiterverbreitet werden könnten. Die beste Art und Weise, ihre gute Einstellung zu bekunden, besteht darin, dass sie – ihrer Fähigkeit entsprechend – an den Apostolatswerken grossmütig mithelfen, wenigstens während geraumer Zeit. (Vc, 47ff.)

VII.4 Aussagen ehemaliger Mitglieder

In Stuttgart bekam die Verlobte eines Opus-Dei-Mitgliedes, dem man mit sechzehn Jahren das Zölibatsversprechen abgenommen hatte und das nun heiraten oder austreten wollte, einen anonymen Anruf. Am Telefon war eine Frau, die sich als Mitglied des Opus Dei zu erkennen gab und meinte, ihr Name tue nichts zur Sache. Sie sagte, wer einen Diener Gottes in solche Abgründe der Sünde stürze, sei des Teufels, ihm sei nichts heilig und es sei besser, man hänge ihm einen Mühlstein um den Hals und versenke ihn in die Tiefe des Meeres. Die junge Frau aus Stuttgart unternahm einen Selbstmordversuch, kurz nachdem die anonyme Anruferin eingehängt hatte. (WP)

Ich wurde acht Monate lang [in der römischen Zentrale] regelrecht unter Hausarrest gehalten. Dabei wurde nicht klar, was für ein «Vergehen» ich begangen hatte... Ich wurde dauernd überwacht, durfte weder Briefe schreiben noch telefonieren. Man sagte mir, wenn jemand nach mir frage, werde man antworten, ich sei krank oder weggegangen. Anhaltende Bemühungen sollten mich zu einem Schuldbekenntnis und zu Gewissensbissen bringen. Innerhalb von drei Monaten wurden meine Haare weiss. Ich bat, zu meinen Eltern nach Spanien zurückkehren zu dürfen. Eine Erlaubnis wurde abgelehnt. Mit Hilfe einer anderen Numerarierin konnte ich ein Postfach eröffnen und eine Reihe von Briefen aus Venezuela empfangen. Dies wurde schliesslich entdeckt, und meine Freundin wurde schwer bestraft. Dann wurde ich gezwungen, meinen Austritt aus dem Opus Dei zu erklären ... Als der Vater mich darum ersuchte, warnte er mich davor, meinen Eltern zu berichten, was sich während meines Aufenthaltes in Rom ereignet habe. Sie hielten mich davon ab, in mein Land zurückzukehren. Sie behielten meine persönlichen Dokumente wie meinen Personalausweis, aber nicht meinen Pass, mit dem ich Italien hätte verlassen können. Dieses letzte Treffen mit dem Vater, an dem mehrere Frauen und Priester aus dem Opus Dei teilnahmen, war unglaublich. Er beschuldigte mich in einer schmutzigen Weise. Er erwähnte zwei Priester des Opus Dei, die er wegen ihrer Hautfarbe «Neger» nannte. Sein Schreien in der Mitte des Raumes, der «Kapelle der Reliquien» genannt wird, erschien mir als höchst seltsam, ein wahrer Alptraum. Die zentrale Direktorin sagte mir, dass ich das Opus Dei in Todsünde verlassen würde wegen meiner Weigerung, die Postfachnummer herauszugeben. Ich wurde in einen Beichtstuhl gezwungen, und ein Opus-Dei-Priester sagte mir, auch wenn ich ein Leben der Busse verbringen würde, sei es unwahrscheinlich, dass ich gerettet würde. (MT)

Opus Dei ist weithin ein Kreuzzug gegen den Materialismus, gegen materialistische Grundlagen. Es liebt weder die Freudsche Psychologie noch den Marxismus. Und daher ist Opus Dei volkstümlich. Dabei wird es unterstützt von Bankiers, Konservativen, Leuten aus der Finanzwelt, der Mittelklasse und der Aristokratie. Es wird immer deren Unterstützung finden, weil diejenigen, die sich am meisten bedroht fühlen, zu dieser Gruppe gehören. Hier findet Opus Dei Widerhall, und deshalb wird es unterstützt. Es ist seine geistige Natur, die be-

stimmten Leuten hilft. Ich glaube, sie hilft ihnen, wenn sie jung sind; denn diese Art von Hilfe ist nützlich, wenn man jung ist: klare, einfache, umkomplizierte Leitlinien in der Spiritualität, der Theologie, der Schrift. Aber wenn man sich weiterentwickelt und sieht, dass jedes Ding zwei Seiten hat, dass jede Stärke auch ihre Schwäche hat, dass auch dann, wenn man recht hat, nicht daraus folgt, dass der andere nicht auch recht hat, dass es einen Pluralismus geben muss ... die Komplexität – das wird nicht gern gesehen. Deshalb ist es eine erhebliche Belastung, im Opus Dei zu bleiben, wenn man intellektuell und emotional erwachsen wird. (FH, 197)

Man schätzt, dass mindestens acht von zehn jungen Opus-Dei-Leuten die Organisation verlassen, wenn sie in ein Alter kommen, in dem sie genug Reife erlangen, um ihre eigenen Widersprüche zu erhellen. Jedoch weder das Werk noch die Kirche erleichtert Statistiken über Ein- und Austritte, auch über fast kein anderes Thema, und noch weniger öffnen sie ihre Datenquellen äusseren Beobachtern. (AM)

Mitglieder, die viele Jahre für das Werk gearbeitet haben, gehen weg, ohne dass ihnen das Recht auf eine Ertragsrechnung zugestanden würde, wie es schon üblich ist in anderen apostolischen Organisationen. «Nachdem ich dreissig Jahre lang praktisch fürs Essen gearbeitet hatte, stand ich auf der Strasse mit einem Koffer und ein paar Kleidern als einzigem Besitz», erzählte eine Numerarierin aus Madrid. (AM)

Von seiten der Leiter fehlt es nicht an Hinweisen darauf, wie unglücklich diejenigen meist seien, die ihre Berufung als Mitglied im Opus Dei aufgegeben und es verlasen haben. In aller Regel werden sie als Menschen hingestellt, die ihres Lebens nicht mehr froh werden und die nichts so sehr bereuen wie ihren Austritt aus der Vereinigung. Es wird erzählt von jenem ersten Mitglied des Opus Dei, das eine Berufung zum Numerarier gehabt habe, diese aufgab und heiratete. Es sei eine unglückliche und kinderlose Ehe geworden. Oftmals habe ich gehört, wie verschiedene Leiter ehemalige Mitglieder mitleidig als «ganz arme Schweine» bezeichnet haben. Wenn ich meine Absicht zu erkennen gab, das Opus Dei zu verlassen, wurden mir von den Leitern häufig ehemalige Mitglieder als warnendes Beispiel vorgehalten. «Willst du denn, dass es dir einmal so ergeht wie X. oder Y.?» (KS, 246)

VIII. Gruppen und Klassen im Opus Dei

Für die Rolle der Frauen in Kirche und Gesellschaft, so heisst es im Opus Dei, sei Escrivá wegweisend gewesen. Doch in Wirklichkeit erinnert die scharfe Geschlechtertrennung im Opus Dei an klösterliche Zustände früherer Jahrhunderte.

Unterschiede zwischen Männern und Frauen zeigen sich schon bei den Numerariern(-innen), der eigentlichen Führungselite: Während die männlichen Numerarier über eine hohe wissenschaftliche Ausbildung verfügen, werden bei den Numerarierinnen auch «Numerarierinnen-Hilfskräfte» zugelassen, die keinen akademischen Abschluss haben müssen. Sie widmen ihr Leben vornehmlich den manuellen Arbeiten oder häuslichen Pflichten.

Wenngleich die Zahl der Priester nur 1,8 Prozent der männlichen und weiblichen Mitglieder beträgt, so haben sie doch die entscheidenden Spitzenämter inne: Prälat, Generalvikar, Priestersekretär und Regionalvikare. In Leitungsämter unterhalb der Spitzenebene können auch ehelose männliche Numerarier-Laien kommen, die aber nach Ausbildung und Lebensform den Priestern ähnlich sind. Für diese Ämter ist – auch wenn es in den Statuten nicht ausdrücklich festgelegt ist – nur eine kleine Crew der Numerarier-Laien qualifiziert.

Der Generalrat und insbesondere die Ständige Kommission, die ausschliesslich aus Männern bestehen, entscheiden über Gesamtgeschicke des Opus Dei; Frauen dagegen können in die eigentlichen Leitungsämter des Werkes nicht gelangen. Sie haben für ihre speziellen Belange ein Leitungsorgan, das «Zentraler Beirat» genannt wird. Die Frauen-Abteilung wird vom Prälaten, dem Generalvikar, dem Priestersekretär für die Abteilung der Frauen, der mindestens vierzig Jahre alt sein muss, und dem Beirat geleitet. Wie die Männer haben die Frauen einen Generalkongress, der aber nicht als Wahlkongress einberufen werden darf; denn dem Wahlkongress des Opus Dei, der den Prälaten wählt, gehören nur Männer an, die vom Vorgänger des zu wählenden Prälaten nach ratgebenden Voten und Anhörung der Regionen auf Lebenszeit ernannt worden sind. Dem Frauen-Kongress sitzt der Prälat vor, wobei ihm Generalvikar und Priestersekretär assistieren.

Keine Chancen, in Spitzenämter zu gelangen, haben die Supernumerarier, die verheiratet sind oder heiraten dürfen. Im Gegensatz zu den Numerariern dürfen sie auch nicht ohne weiteres in interne Texte (Geist und Fromme Gewohnheiten, Vademecum usw.) Einblick nehmen, sondern müssen Erlaubnis erbitten, die ihnen auch verweigert werden kann. Den höchsten Wissensstand in der Opus-Dei-Familie – in der die Eltern mehr wissen als die Söhne, und unter ihnen die älteren mehr als die jüngeren – haben die Numerarier, und unter ihnen die Priester in der römischen Generalleitung und die Regionalvikare. Schon die vierzehneinhalbjährigen Aspiranten, die für die Ehelosigkeit ausersehen sind, werden nach künftigen Numerariern und künftigen Assoziierten sortiert, informiert und ausgebildet. Die acht Mitgliedsgruppen (Priester der Gesellschaft vom Hl. Kreuz, männliche Laien-Numerarier, Assoziierte, Supernumerarier; Numerarierinnen, Hilfs-Numerarierinnen, weibliche Assoziierte, Supernumerarierinnen) werden jeweils in eigenen Lehrgängen ausgebildet und haben gelegentlich sogar eigene Zentren. Wie in einem Geheimorganismus kennen sich in der Regel nur die Mitglieder der jeweiligen Gruppe, ohne von den anderen Genaueres zu wissen.

Die Benachteiligung der Frauen und der mindere Rechtsstatus der Supernumerarier ist öffentlich von Opus-Numerariern bestritten worden mit dem Hinweis, im Opus Dei gebe es keine Klassen.

VIII.1 Aussagen Escrivás

Die Ehe ist für das Fussvolk und nicht für den Generalstab Christi. Nahrung ist für jeden einzelnen notwendig. Zeugung aber nur, um die Art zu erhalten. Einzelne dürfen sich ihr entziehen. Sehnsucht nach Kindern?... Kinder, viele Kinder und eine unauslöschliche Lichtspur hinterlassen wir, wenn wir den Egoismus des Fleisches opfern. (EC, Nr. 28)

Gott lieben und den Priester nicht verehren ..., das gibt es nicht. (EC, 74)

Wie die guten Söhne des Noe sollst du mit dem Mantel der Liebe die Erbärmlichkeiten zudecken, die du an deinem Vater, dem Priester, bemerkst. (EC, 75)

Meine Töchter, ihr habt keine Gründerin gehabt. Gott, Unser Herr, hat mir das Herz eines Vaters und einer Mutter gegeben. (ECr, 1971/1)

VIII.2 Öffentliche Texte aus dem Opus Dei

Josemaría Escrivá hat nicht aufgrund persönlicher Erwägungen das Opus Dei «um die weibliche Abteilung» erweitert, sondern Gott hat sie ihm, indes Er sich ihm in der Hl. Kommunion sakramental verband, leibhaftig anbefohlen, hat sie ihm vor das geistige Auge gestellt ... «Weil Gott es so will», schrieb er 1965, «besteht das Opus Dei aus zwei verschiedenen Abteilungen, die vollkommen voneinander getrennt sind, gleichsam zwei selbständige Werke, eines der Männer und eines der Frauen; ohne jegliche Verquickung, weder was die Leitung und die wirtschaftliche Verwaltung noch was das Apostolat und die Aktivitäten anbetrifft.» Da dies ein Punkt war, der immer wieder zu Fragen und manchmal auch zu Unverständnis oder Kritik Anlass bot, hatte der Gründer schon Jahre vorher erklärt: «Im Werk sind die zwei Abteilungen wie zwei Eselchen, die denselben Wagen in die gleiche Richtung ziehen ...» Es handelt sich dabei nie um einander widerstreitende, sondern um gerade durch ihre Parallelität sich summierende Kräfte, die im Herzen des Vaters (beider Abteilungen) und in der Liebe Gottes zusammentreffen. In einer Zeit, die weithin verkehrte Auffassungen von Wesen, Auftrag und Zusammenwirken der beiden Geschlechter hat, ist es wichtig, die klaren Grundsätze Josemaría Escrivá de Balaguers hinsichtlich dieses menschlichen Bereichs zu kennen. Das ist auch deshalb nötig, um sich bei einer Annäherung an das Werk und im Bemühen, es zu verstehen, nicht an Pseudo-Barrieren zu stossen. (PB 75f.)

Msgr. Escrivá betonte ebenso die «prinzipielle Rechtsgleichheit zwischen Mann und Frau, da die Frau als Person und als Kind Gottes die gleiche Würde besitzt wie der Mann, und die R e c h t s g l e i c h h e i t muss sowohl im bürgerlichen wie im kirchlichen Recht ihre gesetzliche Anerkennung finden ... Dasselbe gilt für die Stellung der

Frau im Leben der Kirche. Gerade in dieser Beziehung ist das Opus Dei der Zeit um Jahrzehnte voraus gewesen. (DT, 212f.)

Sie [die Numerarier in den Opus-Zentren] führen ein Familienleben wie eine normale christliche Familie. (DT, 144)

Durch verschiedene Jahre hindurch hatte das Opus Dei in Spanien zwei ökonomische Richtungen. Auf der einen Seite war ich, Ruiz Mateos [Opus-Supernumerarier], mit der Rumasa, mit meinen Finanzoperationen im Stil des Angriffsbankiers; auf der anderen Seite hat sich das Werk auf solche Leute wie Valls Taberner [Chef der Spanischen Volksbank und Opus-Numerarier] verlassen, den man, sagen wir, als eher orthodoxeren Bankier bezeichnen kann. Das Werk hat sich meiner und Valls bedient, soweit es konnte. Dann, als die Rumasa in ihren Augen gefährlich wurde, haben sie mich verlassen, verraten. Jawohl, verraten. Als die Rumasa in die Krise eingetreten ist, habe ich mich an Valls gewandt. Ich habe ihm gesagt: Gib mir die Hand, du bist ein grosser Stratege, du hast deine Männer überall, sogar in der Bank von Spanien. Er hat mir eiskalt geantwortet: Das hat mich viele Stunden Meditation gekostet. Dann, damit er mich in Kontakt mit Leuten der Bank von Spanien bringen könne, hat er von mir zehn Millionen Lire verlangt. Da können Sie mal sehen, was für Leute die Numerarier des Opus Dei sind. (RM)

VIII.3 Aus internen Schriften des Opus Dei

Geist des Opus Dei *64. Das Opus Dei ist gewiss eine Familie, aber es ist zugleich eine Kampftruppe. Eine Familie, die in froher und liebevoller Zuwendung verbunden ist; und eine Kampftruppe, zum geistlichen Kampf bestens gerüstet dank straffster Disziplin. (Gg)*

In ihren gesellschaftlichen und beruflichen Beziehungen mit Personen des anderen Geschlechtes halten sich die Mitglieder des Werks an die Klugheitsregeln, die der übernatürliche Sinn und der christliche gesunde Menschenverstand diktieren. So verweilen sie zum Beispiel nie – auch nicht aus ausserordentlichen oder dringlichen Gründen – mit einem Kollegen beziehungsweise einer Kollegin des andern Geschlechts allein im Büro, in der Klinik usw.; man sucht sie auch nicht in ihrer Wohnung auf; falls sie miteinander irgendeine Tätigkeit ausserhalb des gewöhnlichen Arbeitsortes auszuüben haben, begeben sich die beiden nie allein dorthin, sondern lassen sich von weiteren Personen begleiten, oder sie verabreden sich am Ort, an dem sie diese gelegentliche Arbeit zu leisten haben. Deswegen gelte als allgemeines Prinzip, dass Männer nicht Sekretärinnen, Krankenpflegerinnen usw. beschäftigen sollen. Falls das nicht möglich ist, obliegt ihnen die schwere Verantwortung, eine in gutem Rufe stehende katholische Person zu suchen, die aufgrund ihres Alters und ihrer stabilen Familiensituation die von der Klugheit erforderten Voraussetzungen aufweist. Es kann auch der Fall sein, dass die besonderen Arbeitsbedingungen als ausserordentliche Massnahme verlangen, die Beschäftigung zu wechseln. (Gg, Fussnote 10)

Aus dem Vademecum *Das Opus Dei ist eine Familie, die durch übernatürliche Bande zusammengehalten wird, und die Söhne brauchen – wie das in den Familien der Fall ist – nicht in alles eingeweiht zu sein, was ihre Eltern stark beschäftigt, und die jüngeren Söhne brauchen nicht um alles zu wissen, was den Eltern und den älteren Söhnen bekannt ist. Es wäre unklug – ja eine Verfehlung gegen die Liebe und die Gerechtigkeit –, Einzelheiten, um die man aufgrund des Amtes weiss, Personen mitzuteilen, die kein Recht haben, sie zu wissen; man soll das auch dann nicht, wenn man denkt, dass die Personen, mit denen man spricht, älter sind oder im Werk eine Leitungsaufgabe hatten oder besonders vertrauenswürdig sind. Auch wäre es ein falscher Eifer, wollte man, weil man sie so in ihrem geistlichen Leben zu unterstützen glaubt, zu ihnen über Dinge reden, auf deren Kenntnis sie kein Recht haben. Es ist unwahrscheinlich, dass die Urteilsfunktion dessen, der diese nicht auszuüben hat, nicht am Ende zu Klatscherei und Verwirrung führt. Den anderen das mitzuteilen wissen, was man wirklich sagen soll, gehört zum Können, über das die Direktoren zu verfügen haben. Etwas Derartiges aber – das Gott sei Dank nicht vorgekommen ist und nicht vorkommen wird – schüfe zudem eine Atmosphäre, die der Wärme, der Loyalität, der Liebe und dem Edelmut widerspräche, die dem Geist des Werkes zu eigen sind.*

Dieser Aspekt der Tugend der Klugheit wird durch das Feingefühl und den guten Geschmack vervollständigt, indem man auch schon den Anschein von Geheimniskrämerei, von diesem Zerrbild des Amtsge-

heimnisses, von sich weist. Sätze wie: «Ich weiss das, darf es dir aber nicht sagen», sind deshalb unzulässig. (Vc 134f.)

Falls man in einer extremen Situation – vor allem bei der Wahl der Studienrichtung – einen wahrscheinlichen, schwer zu behebenden Schaden voraussieht, könnte man zur Wahl eines anderen Faches oder einer anderen Universität oder einer anderen Studienrichtung raten. Auf jeden Fall ist es wichtig sicherzustellen, dass niemand einer – vielleicht dauernden – Gelegenheit, im Glauben Schaden zu nehmen, schutzlos gegenübersteht. (Vc, 111)

Aus den internen Regeln für die Verwaltung

3. § 1. Unter Verwaltung ist die Gesamtheit der häuslichen Arbeiten eines jeden der Sitze der Zentren des Werks zu verstehen und konkret die Betreuung des Oratoriums, der Pforten- und Telefondienst, die Raumpflege, die Verpflegung und das Besorgen der Wäsche.

§ 2. Als Verwaltung bezeichnet man ebenfalls in jedem Zentrum die Personengruppe, die diese Arbeiten verrichtet.

§ 3. Unter Residenz versteht man den Teil des Hauses – der in Wirklichkeit stets ein anderes, vollständig getrenntes Haus ist –, in dem das verwaltete Zentrum seinen Sitz hat.

8. Die Verwaltung und die verwaltete Residenz sind so vollständig voneinander unabhängig, dass sie so leben, als ob sie mehrere Kilometer voneinander entfernt wären. Zwischen den Personen im einen Hause und denen im anderen Hause gibt es keine Beziehung irgendwelcher Art.

11. § 1. Der Eingang der Residenz ist stets vom Eingang der Verwaltung verschieden; soweit möglich, soll man sogar dafür sorgen, dass jeder Eingang sich an einer anderen Strasse befindet, so dass die Personen, die in den beiden Häusern leben, absolut unabhängig eintreten und hinausgehen können.

§ 2. Es ist stets zu vermeiden, dass man von der Verwaltung aus die Residenz und von der Residenz aus die Verwaltung sehen kann.

12. § 1. In der Verwaltung muss es eine Telefonlinie nach aussen haben, und zwar völlig unabhängig von der Telefonlinie der Residenz.

§ 2. Dieses Telefon wird im Telefonbuch nicht als Telefon der Verwaltung figurieren, und die Residierenden brauchen die Nummer nicht zu kennen.

13. Diejenigen, die in der Residenz leben, haben mit den Personen der Verwaltung nichts zu tun und wissen auch deren Namen nicht. Sie sehen sie auch nie, mit Ausnahme derer, die bei Tisch bedienen. Und in diesem Fall haben die Direktoren den Vorsitz über insgesamt alle in der Residenz Wohnenden.

14. Wenn Numerarierinnen sich mit dem Direktor zu besprechen haben, bezeichnen sie ihn mit dem Amtstitel, nie mit dem Namen, den sie für gewöhnlich nicht kennen.

15. § 1. Diejenigen, die in der Residenz wohnen, begeben sich nie in die Zone der Verwaltung.

§ 2. Die Verwaltung begibt sich zur Residenz nur dazu, um die ihr zugewiesenen Arbeiten auszuführen, in Übereinklang mit den Normen dieses Reglements.

16. Die Verwaltung und die Residenz verkehren nie brieflich miteinander.

17. Wenn die Priester des Werks ihren Dienst in einem Zentrum der weiblichen Sektion ausüben, sind sie nur so lange wie nötig im Hause. Falls nicht ein wirklich ausserordentlicher Grund vorliegt, frühstücken sie nicht einmal in den Zentren der weiblichen Sektion, nachdem sie die heilige Messe gefeiert haben.

18. § 1. Die Verbindungstüre zwischen den beiden Häusern hat zwei verschiedene Schlösser, je eines auf jeder Seite der Türe; besser ist es, wenn eine Doppeltüre da ist mit je einem verschiedenen Schloss. Der Direktor verwahrt einen Schlüssel und die Direktorin einen weiteren, davon verschiedenen.

§ 2. Die Verbindungstüren sollen von der Stunde der abendlichen Gewissenserforschung an bis zur Stunde des Morgengebets der Bewohner der Residenz mit zwei Schlüsseln verschlossen sein.

§ 3. Tagsüber bleiben die Türen auf der Seite der Verwaltung mit einem Schlüssel verschlossen.

§ 4. In der Residenz werden die Türen zu bestimmten Stunden geöffnet und geschlossen. Morgens werden sie stets geöffnet, bevor die Türen der Verwaltung geöffnet werden.

§ 5. Zum Öffnen und Verschliessen der Türen sollen sich stets mindestens zwei Personen einfinden.

19. § 1. Für gewöhnlich gibt es zwei Verbindungstüren: die zur Sakristei und die zum Speisesaal.

§2. Bei der Planung einer grossen Residenz wird jedoch nichts dagegen sprechen, dass es bis zu drei Türen mehr hat, falls man sie als nötig erachtet; eine zur Pforte der Residenz, eine weitere zum Speisesaal der Gäste und schliesslich eine dritte in die Bar. Man hat sich jedoch stets an die in Nr. 18 festgesetzten Normen zu halten.
20. §1. Wenn die Bewohner der Residenz zum Speisesaal zu gehen haben, lässt die Verwaltung, nachdem alles Nötige vorbereitet worden ist, das Schloss der Verbindungstüre offen und benachrichtigt telefonisch den Direktor. Sobald der Speisesaal wieder unbesetzt ist, kehrt die Verwaltung zurück, um mit ihrem Schlüssel zu schliessen.
§2. Wenn die Priester sich zum Umziehen in die Sakristei begeben müssen, lässt die Verwaltung das Schloss der Verbindungstüre offen und schliesst mit ihrem Schlüssel die Türe, die dieses Lokal mit dem Rest seiner Zone verbindet.
22. Die Direktorin ist sich stets bewusst: Die perfekte Verwaltung sieht und hört man nicht. Deshalb ist sie umsichtig dafür besorgt, dass in der Verwaltung die Stimme nie überlaut ertönt.
24. Der Direktor und die Direktorin dürfen nur durch ein direktes internes Telefon sich miteinander besprechen, das zwei Apparate hat: Einer ist stets im Büro des Direktors – vorbehältlich dessen, was in Nr. 73 §1 festgesetzt wird –, und ein weiterer an einem zugänglichen Ort der Arbeitszone der Verwaltung, nie in der Wohnung der Direktorin.
29. Die Direktorin spricht mit dem Direktor nie über das Funktionieren der Verwaltung und auch nicht über die Angemessenheit, Reformen einzuführen usw.; diese Angelegenheiten studiert sie mit ihren Direktorinnen.
30. Wenn der Direktor telefonisch irgendeine Bemerkung macht oder einen Hinweis gibt, bringt die Direktorin nicht Entschuldigungen oder Erklärungen vor. Sie trifft die geeignete Massnahme und teilt es der Regionalassessorin mit.
31. Der Direktor wird den Personen, welche die verschiedenen Dienste versehen, keinen Verweis erteilen und durch sie auch keine Nachrichten an die Verwaltung übermitteln; für das ist das Telefon da. Die Direktorin der Verwaltung erteilt die angebrachten Mahnungen oder Rügen direkt oder durch andere Numerarierinnen.
32. Die Direktorin notiert in einem Heft, das den Direktorinnen stets zur Verfügung steht, sämtliche wichtigeren Angelegenheiten, über die man sich durch das interne Telefon besprach.

33. Wenn die Residenz und die Verwaltung einander Angelegenheiten mitteilen müssen, die aus irgendeinem Grund ausserordentlich sind – Einzelheiten, auf die man gewohnheitsmässig zu achten hat; besondere Diät usw.; Angaben, die unklar würden und allzu viel Zeit brauchten, falls sie telefonisch erfolgen würden –, macht man die Mitteilung stets auf schriftlichem Wege, mit maschinengeschriebenen Notizen, ohne Eingangs- und Schlussformeln, mit der Protokollnummer und dem entsprechenden Datum versehen, und man bewahrt stets eine Kopie davon auf.
34. Die Notizen werden der Residenz – oder der Verwaltung – in offenem Briefumschlag übergeben durch die mit dem Pfortendienst Betraute oder – zur Essenszeit – durch die Personen, die den Tisch bedienen.
35. Die Numerarierinnen müssen gebührend auf ihr Kleid achten und ein weisses Arbeitsgewand tragen, während sie die Verwaltungsarbeiten ausführen.
38. Die übrigen tragen zur Besorgung der Verwaltungsarbeiten stets ein bescheidenes farbiges Kleid und ziehen zum Dienst an der Pforte (Nr. 42) und im Speisesaal eine ebenfalls bescheidene Uniform mit langen Ärmeln an. Die gestraffte Frisur gehört zur Uniform, die sie zu tragen haben, während sie die Verwaltungsarbeiten besorgen.
39. § 1. In den gewöhnlichen Verwaltungen soll die mit dem Pfortendienst Betraute soweit als möglich eine besonders erprobte und diskrete Hilfs-Numerarierin oder Assoziierte oder Supernumerarierin sein im Alter von mindestens vierzig Jahren.
§ 2. Während der Zeit, in der die Verwaltung diesen Dienst leistet, haben im Dienstraum der Pförtnerin stets zwei Personen anwesend zu sein: die Pförtnerin (§ 1) und eine Begleiterin.
40. § 1. Der Dienstraum der Pförtnerin hat aus einem Lokal zu bestehen, das genügend gross ist, damit mindestens zwei Personen darin arbeiten können, und aus einer Toilette.
§ 2. Das für den Pfortendienst bestimmte Lokal hat auf das Vestibül hin ein Fenster aus zum Teil mattiertem Glas, um zu sehen, wer hinein- und hinausgeht. Das für gewöhnlich mit einem Riegel verschlossene Fenster wird geöffnet, um Pakete oder Botschaften entgegenzunehmen, ohne dass man in das Vestibül der Residenz hinaustreten muss. Auf der Seite des Vestibüls hat das Fenster einige abschliessbare

Läden, die der Direktor für die Nachtzeit mit einem Schlüssel abschliesst.
§3. Die Verbindungstüre (Nr. 19, §2) bleibt auf der Seite der Verwaltung mit einem Schlüssel verschlossen, während die Pförtnerin ihren Dienst versieht.
§4. Das Lokal für den Pfortendienst ist durch eine weitere Türe auch von der Vorhalle der Residenz isoliert. Diese Türe ist von innen mit einem Riegel verschlossen, was der Pförtnerin hinauszugehen erlaubt, wenn sie jemanden zum Besuchszimmer geleiten muss. Auf der Seite der Vorhalle der Residenz hat diese Türe ein Schloss, das der Direktor für die Nachtzeit mit einem Schlüssel schliesst (Nr. 18, §2).
§5. Falls die Pförtnerin nicht die geforderten Bedingungen aufweist, versieht die Verwaltung diesen Dienst nicht.
42. Die Pförtnerin und ihre Begleiterin (Nr. 39, §2) tragen stets eine Uniform ausser in den ersten Augenblicken des Morgens, die den Reinigungsarbeiten im Bereich der Pforte gewidmet sind, und sie müssen noch eine weitere Arbeit haben, die sich mit ihrem Amt verträgt, damit sie stets beschäftigt sind und die Zeit ausnützen.
43. §1. Die Verwaltung besorgt das Telefon für den Fernverkehr der Residenz nie, falls es nicht eine Hauszentrale oder einen Apparat dieser Linie in ihrer Zone gibt.
§2. Falls die Pförtnerin mit dem Telefondienst betraut ist, verfügt sie über eine interne Telefonlinie oder ein ähnliches Kommunikationssystem, wodurch sie nach jedem Anruf von aussen diesen anzeigt, damit man sich zur Kabine der Residenz begibt. Man wird ihn nie auf andere Weise anzeigen.
§3. Man hält sich ebenfalls an dieses System (§2), falls der Telefondienst nicht von der Pforte aus, sondern von einem anderen Ort der Verwaltung aus erfolgt. In diesem Fall muss während der Zeit, da die Verwaltung den Dienst nicht besorgt, die Installation, die vorgesehen ist, um die Anrufe an die Residenz zu übermitteln, mit einem Schlüssel, den der Direktor verwahrt, abgeschlossen sein.
46. §1. Die Reinigung der Residenz beginnt für gewöhnlich dann, wenn deren Bewohner zur Betrachtung und zur heiligen Messe im Oratorium weilen.
§2. Die Reinigung wird so organisiert, dass die Bewohner der Residenz, wenn sie aus dem Oratorium kommen oder das Frühstück beendigt haben, sich in einen Teil der Residenz – Aufenthaltsraum,

Vorhalle, Bibliothek usw. – begeben können, während die Verwaltung absolut unabhängig davon die Reinigung in anderen Zonen vornimmt.
48. Die Verwaltungspersonen begeben sich stets gruppenweise, nie jede für sich, zur Reinigungsarbeit.
50. Die Numerarierinnen, welche die Reinigungsarbeit leiten, achten darauf, dass man nicht mit lauter Stimme spricht.
51. § 1. Falls während der Reinigung der Residenz ein Telefon ertönt, nimmt man es nie ab.
§ 2. Falls denen, welche die Reinigung vornehmen, ausnahmsweise eine Nachricht zu überbringen ist, werden zwei Personen – nie Numerarierinnen – von der Verwaltung hingehen, um sie direkt zu geben.
54. Die – je nach den Bräuchen jedes Landes – weniger wichtigen Mahlzeiten werden im Speisesaal bereitet, bevor die Verbindungstüre geöffnet wird. Auf diese Weise steht alles bereit, ohne dass jemand von der Verwaltung anwesend sein muss.
55. Diejenigen, die den Tisch bedienen, tun dies in strengem Stillschweigen. Falls der Direktor irgendeinen Hinweis gibt, hören sie ihn sich bloss an, ohne zu sprechen.
56. Falls es eine von der Verwaltung besorgte Bar gibt oder man sich im Speisesaal an das System der Selbstbedienung hält, bleibt die Zone des von den Personen der Verwaltung besetzten Lokals von der Zone der Bewohner der Residenz getrennt, wenigstens durch eine Schranke.
66. Für gewöhnlich wird es bei der Verbindung zwischen der Verwaltung und der Residenz eine Doppeltüre haben (Nr. 18, § 1). Der Direktor verwahrt den Schlüssel der einen Türe, und den der anderen, der davon verschieden sein muss, die Numerarierin, die mit der Verwaltung betraut ist, oder in ihrer Abwesenheit die dazu bestimmte Person.
67. § 1. Es werden höchstens zwei Verbindungstüren dasein, und man hat dafür zu sorgen, dass das Oratorium und der Speisesaal sich an die Zone der Verwaltung anschliessen, so dass man dem nachkommen kann, was in Nr. 19, § 1 verfügt worden ist.
§ 2. Auf jeden Fall sind diese Lokale so zu situieren, dass die Verwaltung möglichst unabhängig Zugang zu ihnen hat.
69. Falls ausnahmsweise jemand das Mittag- oder Abendessen ausserhalb der bestimmten Essenszeiten einzunehmen hat und der Speisesaal nicht neben der Verwaltung liegt, wird man das Essen auf

einem Tablett bereitstellen, damit die Personen, die für gewöhnlich den Tisch bedienen, den Speisesaal nicht zu betreten brauchen.
70. § 1. Falls man ein Voroffice einrichtet, werden die beiden Türen dieses Lokals, die zum Office und die zum Speisesaal hin, während der Zeit, da die Verwaltung abwesend ist, auf der Seite der Residenz geschlossen bleiben, und die Türe zum Speisesaal hin wird nur dann geöffnet, wenn die Bewohner der Residenz das Voroffice benützen müssen.
§ 2. Wenn die Verwaltung in ihrer Zone ist, wird die Türe, die vom Voroffice zum Speisesaal führt, auf der Seite der Verwaltung geschlossen bleiben (Nr. 18, § 3).
71. Die [ausserordentliche] Verwaltung wird das Telefon nur in den Zentren bedienen, in denen ältere Numerarier leben, und falls man sich an das hält, was in Nr. 39, § 1, angegeben ist, auch das Eingangstor zur Residenz. In diesem Fall werden zwei Personen dabeisein.
§ 2. Ausser dem, was in Nr. 67 festgesetzt worden ist, hat man in diesen Zentren zu erreichen, dass die Verwaltung die Eingangspforte mit der nötigen Unabhängigkeit überwachen kann.
72. Die ausserordentliche Verwaltung braucht nicht über eine eigene Telefonlinie nach aussen zu verfügen; es genügt, wenn es in ihrer Zone einen Telefonapparat der Linie der Residenz gibt, die sich durch einen Umschalter unabhängig machen lässt.
73. § 1. Der interne Telefonapparat für die Residenz wird – wie der der Verwaltung – sich stets an einem allgemein zugänglichen Ort wie zum Beispiel in einem Korridor oder in der Vorhalle befinden, nie in der Wohnung des Direktors.
§ 2. In Abwesenheit der Numerarierin gebraucht nur die von ihr bezeichnete Person das interne Telefon. (Ra)

VIII.4 Aussagen ehemaliger Mitglieder

Alle Berufe, die ein unverheiratetes Mitglied des Opus Dei in Kontakt mit dem andern Geschlecht bringen könnten, versucht man ihm auszutreiben. Vor allem musische Berufe hält man für einen Tummelplatz teuflischer Versuchungen. Man verschweigt die Unterschiede, die zwischen verheirateten und unverheirateten Mitgliedern gemacht werden, ganz gleich wie alt sie sind. Hans-Peter Breuer, ein ehemaliges unverheiratetes Mitglied, berichtet: Jedesmal habe ich gefragt: Kann ich Sänger werden, kann ich nicht Sänger werden? Jedesmal wurde gesagt: nein. Bis zu dem Punkt, als ich meinen Wunsch einmal sehr eindringlich vorgetragen habe und der Örtliche Rat ein Schreiben an die Kommission richtete des Inhalts: Hans-Peter möchte Sänger werden. Das und das hat er vor; unter dem Strich: Wie denkt ihr darüber? – Dann kam vier Wochen später eine Antwort, die ich in meiner Eigenschaft als Leiter später in der Hand hatte und kennenlernte, wo folgende Punkte drinstanden: Erstens, im Opus Dei kann man im Prinzip jeden Beruf heiligen; zweitens, manche Berufe sind etwas schwieriger zu heiligen; drittens, der Sängerberuf gehört dazu – man ist viel unterwegs und so weiter, kann nicht so ganz verfügbar sein. Und zum Schluss hiess es: Setzt alles dran, dass er nicht wieder auf den Gedanken kommt, Sänger zu werden! (WP)

Und wenn wir über die Sexualität, die ganze Einstellung gegenüber Mann und Frau sprechen: Die objektiven Werte verbinden sich mit dem Mann, die subjektiven dagegen mit der Frau. Denken, Verstand, Intellekt verbinden sich mit dem Mann; Gefühle, Emotionen, Körper mit der Frau. So geht man gegen das Subjektive, gegen die Emotionalität an, und das geschieht im Opus Dei. Und man hebt das Intellektuelle, Objektive und Abstrakte hervor. So ergeben sich Probleme im praktischen Leben: Wenn man im Opus Dei ist und Gefühle und Emotionen hat, wird man gepeinigt. Das Problematische an dieser Einstellung ist, dass psychosomatische Schwierigkeiten entstehen: Unter den zölibatären Mitgliedern des Opus Dei hat eine erschreckend grosse Anzahl Verdauungsprobleme, psychosomatische Probleme, Kopfschmerzen, Migräne, Rückenschmerzen usw. Das kommt daher, dass man die körperliche Seite des Menschen [«Inkarnation»] verleugnet. Man predigt zwar die Inkarnation, aber in der Praxis verleugnet man sie. (FH, 198f.)

Wir lernten, ohne Matratze in einem Holzbett zu schlafen, statt der Matratze hatten wir eine Decke. Die Männer schliefen in richtigen Betten. Man sagte uns, die Frauen seien sinnlicher als die Männer. (MT)

IX. Zensur der Medien und Wissenschaften

Die Ausbildung, die Opus-Mitglieder erhalten, unterliegt der Zensur. Zum Beispiel wird der Index der katholischen Kirche, den das Zweite Vatikanische Konzil abgeschafft hat, im Opus Dei verschärft fortgeschrieben. Das Opus Dei behauptet, es handle sich hier nur um «Beratungen» der Mitglieder. Im Gegensatz dazu ergibt sich aus dem Vademecum wie aus den Berichten ehemaliger Mitglieder, dass auf die Opus-Mitglieder bei der Wahl der Lektüre und ihrer wissenschaftlichen Verwendung massiv Einfluss und Druck ausgeübt wird. Es ist ihnen verboten, bestimmte Werke beziehungsweise Autoren zu lesen.

IX.1 Anweisungen Escrivás

Du solltest Bücher nicht ohne den Rat kluger und erfahrener Christen anschaffen. Man kauft so leicht etwas Nutzloses oder Schädliches ein. Oft glauben Menschen, sie trügen unter dem Arm ein Buch. Doch sie tragen eine Ladung Schmutz. (EC, 339)

Die Kirche Gottes, die Priester Gottes predigen seit zwei Jahrtausenden dasselbe. Wir ihr also Dinge hört, die euch völlig neu vorkommen, dann sind sie nicht von Gott!... Nehmt einen alten Katechismus, meine Kinder, diese alten Katechismen sind ein wunderbarer Schatz, werft sie nicht weg! Lest sie! Und solltet ihr sie nicht mehr besitzen, dann kauft euch einen Katechismus des heiligen Pius X. ... und lest ihn in Ruhe, um den Glauben eurer Kinder zu schützen. (Zitiert nach PB, 266)

IX.2 Öffentliche Texte des Opus Dei

Die Studiengänge der rationalen Philosophie und der Theologie sowie der Unterweisung der Schüler in diesen Disziplinen sollen die Professoren ganz und gar nach dem System, der Lehre und den Prinzipien des Doctor Angelicus [Thomas von Aquin] betreiben. Sie sollen sich nach den Vorschriften, die vom Lehramt der Konzilien und des Heiligen Stuhles erlassen sind oder noch erlassen werden, unverbrüchlich richten. (ST, Nr. 103)

Das Opus Dei hat keine eigene Lehrmeinung oder eine angeschlossene Schule in theologischen und philosophischen Fragen, die von der Kirche der freien Entscheidung der Gläubigen überlassen sind. Die Gläubigen der Prälatur geniessen, innerhalb der von der kirchlichen Hierarchie, die das Gut des Glaubens bewahrt, festgelegten Grenzen, dieselbe Freiheit wie die übrigen katholischen Gläubigen. (ST, Nr. 109)

Hervorzuheben ist schliesslich, wie stark der Gründer des Opus Dei auch eine der Wahrheit verpflichtete Freiheit in der wissenschaftlichen Forschung betonte. Anlässlich einer Ehrenpromotion, die Msgr. Escrivá als Grosskanzler der Universität von Navarra vornahm, sagte er in seiner Festrede, die Aufgabe der Universität bestehe darin, den Menschen zu dienen und Sauerteig in der Gesellschaft zu sein: «Sie muss die Wahrheit in allen Bereichen suchen, angefangen von der Theologie, der Wissenschaft vom Glauben, deren Aufgabe es ist, die ewigen Wahrheiten zu betrachten, bis hin zu den Geistes- und Naturwissenschaften.» Die christliche Haltung eines Wissenschaftlers zeige sich darin, frei, kühn und entschlossen die mühsamen Wege der Forschung zu gehen. Bei ähnlicher Gelegenheit im Jahre 1974, als er Professor Jérôme Lejeune, Paris, und Dr. Franz Hengsbach, dem Bischof von Essen, die Ehrendoktorwürde verlieh, sagte Msgr. Escrivá, dass «wissenschaftliche Objektivität sich mit keinerlei geistiger Voreingenommenheit, Doppeldeutigkeit, Konformismus oder Feigheit verträgt: Die Liebe zur Wahrheit erfasst das ganze Leben und die ganze Wahrheit des Wissenschaftlers und bewahrt ihm seine Lauterkeit auch angesichts unbequemer Situationen.» Der Wissenschaftler solle Gott in dem Bewusstsein um Hilfe bitten, dass jede neugewonnene Erkenntnis dem Menschen die göttliche Weisheit in der Schöpfung enthüllt. (DT, 78f.)

Die Universität von Navarra ist deshalb ein «Porträt» Escrivás, weil sie seine Sendung, im Opus Dei und durch das Opus Dei die Einheit des Lebens schaffen oder wiederherstellen zu helfen, für den Bereich von Wissenschaft und Bildung verkörpert, dies wörtlich genommen. Die organische, leibhafte Einheit – ihre Wiederherstellung und Neubegründung – von Wissenschaft und Glaube, von Studium und Persönlichkeitsformung, von Beruf und Verantwortung, von Bil-

dung und Religion, die der Gründer ein halbes Jahrhundert hindurch vorlebte und lehrte, ist das Gesetz, nach dem die Universität Pamplona angetreten ist. Das [ist] der Sinn ihrer Gründung. Ein Jahr vor Beginn ihres stufenweise sich vollziehenden Aufbaues, 1951, hatte Escrivá geschrieben: «Die Häresie und die Unfrömmigkeit rühren heute mehr aus den von den Profanwissenschaften verfochtenen Irrtümern her als aus unmittelbar theologischen Kontroversen; der Grund liegt nicht etwa darin, dass die Profanwissenschaften aus sich heraus der übernatürlichen Wahrheit entgegentreten können – das Licht der Vernunft, das von Gott kommt, kann nicht in einem Gegensatz stehen zu dem Licht der göttlichen Offenbarung –, sondern es liegt darin, dass die Menschen, die von den gleichen Leidenschaften bewegt werden wie zu anderen Zeiten, jetzt dabei, besonders in den sogenannten experimentellen Wissenschaften, auf das Fundament des Atheismus oder der Häresie stossen.» Das sind essentiell die gleichen Gedanken, die dreissig Jahre später Papst Johannes Paul II. in seiner Ansprache an Wissenschaftler und Studenten im Kölner Dom vorgetragen hat. (PB, 312)

IX.3 Interne Schriften

Aus dem Vademecum *Von Zeit zu Zeit pflegen – neben erfreulichen Entdeckungen des Verstandes – irrige Lehren theologischen, philosophischen, gesellschaftlichen usw. Charakters verbreitet zu werden, die in katholischen Kreisen Widerhall finden, obwohl sie in offensichtlichem Widerspruch zur Lehre der Kirche stehen – beispielsweise deswegen, weil sie in ihren Äusserungen klar marxistisch sind. In den beständigen Warnungen des Lehramtes der Kirche äussert sich nicht eine übertriebene Schwarzseherei. Der beharrliche Hinweis auf die Gefahren soll einem jeden behilflich sein, sich gegen diese listigen Nachstellungen gut zur Wehr zu setzen und die anderen wirksam zu schützen. Man darf die Natur, den Wert der Welt und städtische Strömungen, die an der Spitze aller wahren menschlichen Fortschritte stehen, nicht in dem Sinne missverstehen, dass man sich von Lebensweisheiten oder Denkströmungen mitreissen lässt, die dem Glauben widersprechen. Viele Male kann die Gefahr der Ansteckung durch Osmose unbemerkt bleiben …*

In den verschiedenen Kreisen, in denen das Apostolat entfaltet wird, begegnet man manchmal Personen, welche guten Glaubens, jedoch mit dürftiger Bildung, Zweifel oder Schwierigkeiten in bezug auf Punkte des Dogmas oder der Moral äussern oder auch in bezug auf konkrete Aspekte des übernatürlichen Geistes des Opus Dei. Es ist wichtig, kurze und klare Notizen über solche Schwierigkeiten zu machen und sie der Regionalkommission zu übersenden. Wenn man es für angebracht hält, wird man Veröffentlichungen – von Broschüren bis Büchern – verfassen können, die auf einfache und doch fundierte Weise auf diese Schwierigkeiten eingehen ...

Weil ihre Berufung das erfordert, haben viele Gläubige der Prälatur im Zusammenhang mit ihrer Berufsarbeit und mit den verschiedenen Aspekten der Glaubens- und Geistesschulung oder schliesslich auch zur Ablenkung in Erholungsmomenten oder Erholungszeiten Bücher und Veröffentlichungen zu lesen. Ihre übernatürliche Klugheit wird sie, falls diese Lektüren sich irgendwie auf den Glauben oder die Sitten beziehen, um geeignete Beratung ersuchen lassen, um sicher zu sein, dass sie sich nicht negativ auswirken. In einer Sache von so grosser Tragweite darf man sich nicht auf das eigene Urteil verlassen; deshalb konsultiert man die unmittelbaren Leiter.

Es ist zu bedenken, dass nicht nur die theologischen, philosophischen und kirchenrechtlichen Veröffentlichungen mit der christlichen Glaubens- und Sittenlehre in Beziehung zu stehen pflegen, sondern auch viele Romane, schöpferische Werke und wissenschaftliche Veröffentlichungen wie die über Psychologie, Soziologie und Wirtschaftslehre.

Um die Örtlichen Räte in ihrer Aufgabe zu unterstützen, wird den Zentren von Zeit zu Zeit die geeignete Dokumentation gesandt: Bewertungen von Büchern in der Sicht des Glaubens, kurze bibliographische Angaben, Rezensionen, positive Bibliographien, ein allgemeines Verzeichnis von Büchern zur kulturellen Bildung usw. Die Örtlichen Räte archivieren dieses Material geordnet – weitere Angehörige des Zentrums können dabei mitarbeiten –, um sodann die nötige Information finden zu können. Deswegen wird diese nicht aus den Sitzen der Zentren weggegeben. Wenn ein Mitglied der Prälatur sie konsultieren muss, erleichtert es ihm der Örtliche Rat, obwohl es viele Male, insbesondere bei Jüngeren, genügen wird, die notwendige Information mündlich zu übermitteln ...

Um ein gutes Urteil über Autoren und Werke, deren Lehre falsch ist, zu haben und zu geben, genügt es für gewöhnlich, andere Bücher zu lesen, deren Lehre korrekt ist und welche die geeignete Information bringen. Die Lektüre gefährlicher Werke – und erst recht die von irrgläubigen Werken – muss Fachleuten vorbehalten sein. Zudem kann man die Lektüre derartiger Bücher mit Ungezwungenheit und Verantwortungsgefühl umgehen. In vielen Fällen wird das überdies Gelegenheit sein, anderen ein gutes Beispiel und gute Verhaltensmuster zu geben.

In dieser Materie gilt wegen ihrer Schwere der Grundsatz, den die Moraltheologie für alle katholischen Gläubigen stets vertreten hat: Im Fall eines positiven Zweifels sehe man vom Lesen ab; man hat sich an das Sichere zu halten. Falls man beim Lesen eines Buches (oder von Aufsätzen) auf gewichtige Schwierigkeiten in bezug auf den Glauben oder die Sitten stösst, hört man sofort auf zu lesen. Als schöner Zug, der von praktischem Belang ist – wenigstens wenn es sich um Bücher handelt –, ist es der Mühe wert, dem Direktor eine kurze kritische Notiz zu übergeben ...

Zudem kommt es, unbeschadet der Rechte der Ortsordinarien, in bezug auf die Gläubigen der Prälatur dem Priester zu, auch in der Ausübung seiner Jurisdiktionsgewalt in dieser Materie die geeigneten Normen festzusetzen, um, wie das unser geliebtester Gründer tat, weiterhin über das geistliche Leben und die apostolische Wirksamkeit der Werksmitglieder zu wachen ...

Konkret darf man ohne die notwendige Erlaubnis nicht lesen: die Bücher, die von der zuständigen kirchlichen Behörde ausdrücklich verworfen worden sind; die Bücher und Artikel von nichtkatholischen Autoren, die ausdrücklich religiöse Themen behandeln, es sei denn, sie enthalten mit Gewissheit nichts gegen Glaube oder Sitten; die Schriften, die im Widerspruch zum Glauben oder zu den Sitten stehen; die Bücher, denen die kirchliche Approbation fehlt und die diese nach

dem Kirchenrecht, CIC can. 825–827, benötigen würden; die Werke von Autoren marxistischer Ausrichtung, wobei zu beachten ist, dass der Einfluss dieser Ideologie sich auf vielen kulturellen und wissenschaftlichen Gebieten zeigt; die Bücher, die zwar nicht ausgesprochen antikatholisch, häretisch, unmoralisch usw., aber doch zweideutig und verwirrend (und darum gefährlich) im Hinblick auf Glauben und Moral sind.
Wie die Geschichte lehrt, werden nicht selten Bücher und Zeitschriften mit Imprimatur herausgegeben – sicherlich aus Versehen –, die man indes als in den Rahmen des vorhergehenden Absatzes gehörend ansehen muss. Dies ist nicht neu und wurde schon vom kirchlichen Lehramt beklagt, zum Beispiel in der Enzyklika «Pascendi» des heiligen Pius X. Dieser Hinweis ist vor allem von den Priestern zu berücksichtigen und von all denen, die sich theologischen Studien widmen oder Fachleute in den Kommunikationsmitteln sind.

Falls man ein Buch nicht lesen darf ohne die entsprechende Erlaubnis, ist es eine elementare Klugheitsmassnahme – vorbeugend –, die Lesung der weiteren Werke des gleichen Autors auszuschliessen mit Ausnahme derer, von denen ausdrücklich feststeht, dass sie keine Irrtümer oder Gefahren enthalten. Diese vorbeugende Massnahme ist nicht unbedingt zu treffen, wenn das irrige oder gefährliche Buch ein Roman (oder ein schöpferisches Werk) ist mit schlimm unziemlichen Schilderungen, falls damit nicht zugleich eine implizite oder explizite Glaubensverwirrung gegeben ist.

Falls wegen des Amtes, das er versieht, oder aus Gründen des Studiums, der Forschung, der Arbeit usw. ein Angehöriger des Werks Irrtümer enthaltende oder möglicherweise in Irrtum führende Bücher lesen muss, wird der Örtliche Rat, nachdem er sich über die Notwendigkeit der Lektüre vergewissert hat, die Regionalkommission um die entsprechende Erlaubnis ersuchen, indem er das Werk oder die Werke, den Beweggrund und die Zeitdauer (nie mehr als ein Jahr) angibt, für die um Erlaubnis gebeten wird. Im Falle von marxistischen Büchern oder von Autoren, die als enge Vorläufer des Marxismus zu betrachten sind, darf man nur in Ausnahmefällen Erlaubnis erteilen, jeweils ein einziges Werk zu lesen.

Wird die Erlaubnis gewährt, dann teilt der Örtliche Rat das dem Betreffenden mit, wobei er ihn an die Vorsichtsmassnahmen erinnert, die er zu treffen hat, um jeden moralischen Schaden zu verhüten. Die örtlichen Direktoren haben zu verlangen, dass man sich getreu an diese Hinweise hält, und die Hilfe zu leisten, damit man diesen Weisungen feinfühlig nachkommt.

Wenn er die Erlaubnis erhält, dann bleibt der Betreffende sub gravi verpflichtet, diese Veröffentlichungen an einem geeigneten Ort – Schrank oder Bücherregal usw. – verschlossen zu halten, so dass sie anderen Personen nicht zugänglich sind. Zugleich hat er den positiven Lesestoff (Gegenmittel) zu benutzen, der ihm angegeben worden ist. Während der Zeit, da er von der Erlaubnis Gebrauch macht, wird er in seiner persönlichen Aussprache – und vielleicht im Gespräch mit dem Priester – im Zusammenhang mit seinem inneren Leben und mit der Glaubensschulung für gewöhnlich von diesen Lektüren sprechen. Wenn möglich, wird er es umgehen, die Bücher zu kaufen, indem er sie in einer öffentlichen Bibliothek zu lesen sucht, sie ausleiht usw. Und in jedem Moment wird er sich besondere Mühe geben, diese Lektüre in Gegenwart Gottes zu machen, indem er sich unserer Herrin, der Sedes Sapientiae, anempfiehlt und um die Gnade betet, sich von den Irrtümern nicht anstecken zu lassen. Während er das Buch liest, hat er eine detaillierte – je nachdem mehr oder weniger ausführliche – kritische Notiz zu machen, die er den Direktoren übergeben wird.

Der eminent positive Charakter dieser Anordnungen lässt alle Gott und dem Werk tief dankbar sein und sie feinfühlig erfüllen, indem sie stets daran denken, dass die erste Bedingung, auch um im Glauben treu zu bleiben, die ist, sehr fromm zu sein, denn ohne eine tiefe, echte Frömmigkeit kann man weder im Leben noch in der Lehre treu sein.

Wenn der Gläubige der Prälatur – was nicht vorkommen soll – ohne die notwendige Erlaubnis irrgläubige oder verwirrliche Veröffentlichungen liest, erfüllt er eine ausdrückliche Anordnung nicht, die von der pastoralen Sorge des Vaters diktiert ist, und er wird seine Seele leicht einer schweren Gefahr aussetzen, die schon an und für sich nach der allgemeinen Lehre der Moral über die freiwilligen Gelegenheiten zur Sünde zu beurteilen ist. Und wenn er es gewohnheitsmässig täte, wäre unverzüglich die Regionalkommission davon zu unterrichten. Sich in dieser Materie an die Klugheitskriterien zu halten stellt eine schwerwiegende moralische Verpflichtung dar. Dazu nicht bereit zu sein ist Grund dafür, dass jemand [zu den Aufnahmeversprechen] nicht zugelassen werden kann beziehungsweise um Austritt ersuchen muss. Erstens schon wegen der Natur des entsprechenden Sittengesetzes und zweitens deshalb, weil das zeigen würde, dass ein Grundzug des Geistes des Werkes nicht vorhanden ist ...

Der apostolische Eifer der Gläubigen der Prälatur regt diejenigen an, welche die Voraussetzungen dazu aufweisen, Schriften zu veröffentlichen – oder in audiovisuellen Medien Gedanken darzulegen –, im Bestreben, die Seelen Gott nahezubringen, indem man sie zu einer reicheren Kenntnis der guten Lehre bringt. Um diese apostolische Zielsetzung zu gewährleisten, senden die Mitglieder des Werkes, bevor sie diese Arbeiten dem Druck übergeben oder sonstwie verbreiten, sie an die Regionalkommission, um sie von dieser überprüfen zu lasen beziehungsweise um Anregungen oder Hinweise zu erhalten, die dazu dienen können, sie vom Gesichtspunkt des Glaubens und der Lehre aus zu verbessern.

Insbesondere hat der Örtliche Rat der Regionalkommission die Manuskripte zukommen zu lassen, die sich auf das Werk, seine Apostolate und auf unseren Vater beziehen; Artikel, Aufsätze, Mitteilungen auf Kongressen, Drehbücher, Fernseh- oder Rundfunksendungen usw. über Stoffe, die mit dem Glauben oder den Sitten zusammenhängen; Arbeiten, die – auch wenn sie sich nicht direkt auf Materien des Glaubens oder der Sitten oder auf das Werk beziehen – Themen behandeln, die sich auf das Apostolat auswirken oder nach dem Urteil der Direktoren zu Störungen in der Arbeit führen könnten; schliesslich jede Veröffentlichung eines Numerarier-Priesters (mit Ausnahme selbstverständlich der Homilien, die er für Lokalzeitungen verfassen kann; in diesem Fall wird es genügen, dass, wenn möglich, ein anderer Priester der Prälatur sie liest und ihm die entsprechenden Bemerkungen macht). Die Autoren haben diese Texte rechtzeitig ihrem Direktor zu übergeben und, wenn möglich, mitzuteilen, wo sie sie zu veröffentlichen gedenken.

Der Codex des kanonischen Rechts empfiehlt in Can. 827 § 3, Schriften, welche Themen des Glaubens oder der Sitten berühren, nicht herauszugeben, ohne vorher das Nihil obstat einzuholen. Aus diesem Grunde sind die Arbeiten über religiöse Themen der diözesanen Zensur zu übersenden, nachdem man die entsprechende Antwort der Regionalkommission erhalten hat. Falls der Autor das Nihil obstat von der Diözesankurie erhalten muss, erwähnt er nicht, dass er vielleicht von anderen Personen beraten worden ist; er handelt als der, der er ist: ein gewöhnlicher Gläubiger – Priester oder Laie –, der die besonderen Informations- und Beratungsquellen, deren er sich in seiner Arbeit bedient hat, nicht offenzulegen braucht. Dennoch kann der Betreffende, wenn er es aus irgendeinem Grunde für angebracht hält, erklären, dass er einen Priester der Prälatur um ein Gutachten bitten könnte, um die Arbeit der Diözesankurie zu erleichtern. Wenn die Zusage erfolgt, wird er die Regionalkommission um das entsprechende Dokument bitten.

Die Mitglieder des Werkes lassen der Regionalkommission drei Exemplare von jeder Veröffentlichung zukommen: Bücher, Aufsätze, Monographien, Artikel usw. In Zeitungen veröffentlichte Artikel brauchen nicht übersandt zu werden. Als eine Geste kindlicher Liebe übermittelt zudem jeder Autor, wenn es sich um Bücher – oder Separata von entsprechend grossem Umfang – handelt, durch die Regionalkommission dem Vater ein ihm gewidmetes und würdig eingebundenes Exemplar …

Deswegen ist es unerlässlich, dass die Direktoren auf der Hut sind, damit den Mitgliedern des Werkes und den Jugendlichen von St. Raphael durch die eventuelle schlechte Arbeit der Zentren [Schulen, Universitäten usw.], in denen sie ihre Studien betreiben, kein Schaden zugefügt wird. Darum ist es von Interesse, den Unterricht, den sie erhalten, gut zu kennen und, falls er – ausdrücklich oder implizit – antichristlich wäre und man ihn nicht meiden kann, die notwendigen Mittel einzusetzen, um ihn zu neutralisieren und zu überwinden.

Man wird ihnen diejenigen Bücher anraten, die am wirksamsten behilflich sein können, einige Aspekte ihrer Bildung zu verbessern und mögliche beginnende Abweichungen zu berichtigen, die durch

Bücher oder Nachschlagewerke verursacht sind, welche die Glaubenslehre verwirrlich oder falsch darstellen. Andererseits darf man nicht vergessen, dass die mündlichen Ausführungen einiger Professoren oder Studienleiter vielleicht mehr Schaden stiften als die Lektüren. Deswegen sind Klugheitsregeln anzuwenden, die denen entsprechen, die im Hinblick auf die Lektüren angegeben worden sind. Obwohl es keiner Erlaubnis bedarf, dass ein Mitglied des Werkes derartigen Vorlesungen beiwohnt, hat der Örtliche Rat die Umstände Fall um Fall zu studieren. In bedenklichen Situationen kann die Klugheit einen Wechsel des Lehrzentrums oder gar des Studienzentrums erfordern.

In jedem Fall muss der Betreffende es sehr restriktiv beurteilen, ob er an solchen Unterrichtsstunden teilnehmen soll: nur dann, wenn es wirklich unerlässlich ist (zum Beispiel wenn vielleicht Präsenzlisten herumgehen). Soweit als möglich und selbst dann, wenn es schwerfällt, das Risiko auf sich zu nehmen, die Prüfungen nicht gerade glänzend zu bestehen, wird er sich so auf die Examen vorbereiten, dass er einen Kameraden um Information oder Mitschriften bittet usw. Falls er nicht darum herumkommt, solchen Vorlesungen beizuwohnen, wird man dem Studenten vorschlagen, von den mündlichen Darlegungen detaillierte Aufzeichnungen zu machen und sie nachher einer anderen, durch den Örtlichen Rat bestimmten Person des Werks zu übergeben, die ihm dann den Inhalt des Stoffes mit der entsprechenden Kritik darlegen wird. Dazu wird es manchmal angebracht sein, dass diese Person – und nicht der Student – mit der entsprechenden Erlaubnis das Textbuch und die vom Professor unterzeichneten vervielfältigten Skripta liest. In dem Fall, dass verschiedene Studenten sich in der gleichen Lage befinden, kann es nützlich sein, über diese Materie einen kurzen Lehrgang zu organisieren (vielleicht auch für Jugendliche von St. Raphael, die daran interessiert sind).

Wenn bei der persönlichen geistlichen Leitung festgestellt wird, dass die Lebenseinheit Mängel aufweist, die vielleicht von einer rationalistischen Ausbildung herrühren – die man beim Abitur und an der Universität erhalten hat –, ist die lehrmässige Wegleitung besonders notwendig, um diesen Schwierigkeiten positiv entgegenzuwirken. Es kann beispielsweise angebracht sein, zur klaren Einsicht darin zu verhelfen, dass die volle Zustimmung zum kirchlichen Lehramt – die für einen Katholiken unerlässlich ist – die wissenschaftliche Akribie nie beeinträchtigt; ferner: zu erleichtern, dass die Zusammenhänge zwischen dem Wirken der Gnade und der eigenen Anstrengung richtig verstanden und mögliche Besorgnisse und Ermutigungen vermieden werden; und: die Gewohnheit beizubringen, aus der lehrmässigen Ausbildung aszetische Konsequenzen zu ziehen, was zur Steigerung des Interesses für die Philosophie- und Theologiestudien beiträgt usw. Im allgemeinen sind sich die davon Betroffenen dieser Probleme nicht bewusst und pflegen sie deshalb bei der geistlichen Leitung auch nicht darzulegen. Darum hat man, indem man manchmal vorgreift, ihnen den Weg zu erleichtern, damit sie in der wöchentlichen Aussprache und – im Studienzentrum – in der Aussprache mit dem geistlichen Leiter von ihren Studien sprechen. (Vc, 95ff.)

IX.4 Aussagen ehemaliger Mitglieder

Man geht also dort zur Universität [gemeint ist die Opus-Universität im spanischen Pamplona] und hat Lehrer, die nach Rom gehen und dort unterrichten. Das bleibt aber weitgehend innerhalb von Opus Dei. Doktortitel werden an Leute verliehen, die nur die orthodoxen, genehmigten Bücher gelesen haben. Im Opus Dei gibt es einen Index, der strikt und vielleicht sogar strikter ist als der ursprüngliche [vatikanische] Index. So ist es möglich, Doktor zu werden in Philosophie und Theologie, ohne dass man die sozusagen bösen, schlechten Autoren gelesen hat, die man an der Universität nicht umgehen könnte. Man kann ja heutzutage nicht Theologie studieren oder eine Dissertation schreiben oder veröffentlichen, ohne zu ermitteln, was die Leute zum Beispiel über «Humanae vitae» sagen – was verboten ist. Es ist also im Opus Dei möglich, einen Doktor zu bekommen, der so etwas wie Kosmetik ist. (FH, 207f.)

Die Bücherzensur wird im Opus Dei sehr streng gehandhabt. Ist ein Buch noch nicht in der internen Kartei erfasst, so wird es, falls jemand es aus irgendwelchen Gründen lesen will beziehungsweise muss, dem Priester des Hauses gegeben, der dann die Aufgabe hat festzustellen, ob es von dem Betreffenden gelesen werden darf. (KS, 169).

Opus Dei behielt ihn [den abgeschafften Index der katholischen Kir-

che] bei und fügte weitere Bücher hinzu, die neu erschienen waren. Jedes Buch, das neu herauskam, wurde erfasst, wobei man sich, wie ich vermute, auf Erziehungsfragen konzentrierte: Es wurde eine Kritik verfasst, und entweder hiess es «gut» oder «schlecht» oder «eingeschränkt», und es wurde eingeordnet in a, b, c, d: «für jeden», «für Ältere», bis hin zur Beurteilung «sollte nicht gelesen werden». Das waren die Details bei den Büchern. Eingeschlossen waren zum Beispiel eine grosse Anzahl Theologen ... Doch wiederum: In ihrem eigenen Bezugssystem ist das natürlich; ich wäre überrascht, wenn sie es nicht so machten. Wenn Sie an eine geschlossene Gesellschaft glauben, im Gegensatz zur offenen, dann benötigen Sie die Zensur. (FH, 210f.)

Will ein Mitglied der Vereinigung ein Buch lesen, so ist (Mathematiker ausgenommen) vorher der Leiter um Erlaubnis zu fragen. Dieser schaut dann in einer bereits mehrere tausend Buchtitel umfassenden Bücherkartei nach, die in jedem «Zentrum» der Vereinigung vorhanden ist und die zentral ständig fortgeführt wird. Die durch «ältere Mitglieder» zensierten Bücher, die dort aufgenommen sind, werden in fünf Kategorien eingeteilt: 1. empfehlenswert, 2. bietet keine Hinderungsgründe, 3. nur mit solider doktrinärer Vorbildung, 4. fällt unter das interne Verbot, 5. fällt unter das allgemeine moralische Verbot. Darüber hinaus gibt es noch Klassifizierungen wie «nur für Fachleute» (etwa manches medizinische Fachbuch, beispielsweise aus dem Gebiet der Gynäkologie) oder «für Fachleute empfehlenswert». Um einige Beispiele zu nennen: Solschenizyns «Der Archipel Gulag» oder «Der erste Kreis der Hölle», der «Gottesstaat» von Augustinus oder Platons «Politeia», Gerhard Hauptmanns «Bahnwärter Thiel» oder die «Antigone» des Sophokles dürfen nur von solchen gelesen werden, denen eine «solide doktrinäre Vorbildung» zuerkannt wird. (KS, 167).

Die interne Zensur erstreckt sich nicht nur auf Bücher und Aufsätze. Als ich nach meinem Abitur in das «Studienzentrum» nach Bonn zog, konnte ich miterleben, wie der Leiter des Hauses allmorgendlich die vom «Zentrum» abonnierten Tageszeitungen, vor allem die «Frankfurter Allgemeine Zeitung», durchsah. Die Artikel bestimmter Journalisten ... wurden vom Leiter dann in der Regel durchgestrichen und durften nicht gelesen werden; bisweilen wurde eine Zeitungsseite auch vollständig herausgerissen. (KS, 171f.)

Will ein Mitglied des Opus Dei sich einen Film anschauen, so ist der Leiter zuvor um Erlaubnis zu fragen. In der Regel dürfen Fernsehfilme, besonders solche, die nach 1966 gedreht worden sind, nur zu zweit angesehen werden. Kommt darin eine «unsittliche Szene» vor, wird sofort um- oder ausgeschaltet. (KS, 172)

Vorsicht ist auch bei Vorträgen ausserhalb der Vereinigung, bei Vorlesungen und Seminaren an der Universität geboten. Ebenso wie es nicht erlaubt ist, einen «verbotenen» Autor zu lesen, dürfen auch Vorträge von ihm nicht gehört werden. Über neuere geistige Strömungen oder theologische Lehrmeinungen werden die Mitglieder bisweilen in sogenannten «Aktualitätenvorträgen» unterrichtet, in welchen Gegenargumente sogleich an die Hand gegeben werden, ohne dass beurteilt werden könnte, ob zuvor richtig informiert wurde, und eine Auseinandersetzung mit einer indizierten Auffassung möglich wäre. (KS, 173)

Wenn er [Escrivá] bei einer Zusammenkunft etwas sagte, das man festhalten wollte, dann war es nicht erlaubt, sich Notizen zu machen. Denn das, was hinterher veröffentlicht wurde und was er gesagt haben sollte, war nicht exakt das, was er wirklich gesagt hatte. Es war für die Öffentlichkeit zurechtgemacht. Wenn er ein Wort gebrauchte, das sich in der Öffentlichkeit nicht so gut angehört hätte, dann durfte man es nicht niederschreiben, denn falls ein Manuskript herauskam, war es leicht abgeändert für die Nachwelt. (FH, 202)

Kontrolliert werden die Mitglieder eines «Zentrums» des Opus Dei zudem in ihrer Post. Alles, was die Mitglieder eines «Zentrums» zugeschickt erhalten, wird zunächst vom Leiter des Hauses durchgesehen und gelesen und dann erst an die jeweiligen Empfänger verteilt ... Umgekehrt müssen die Numerarier alle Post, die sie geschrieben haben, vor dem Verschicken dem Leiter zum Lesen geben. (KS, 220)

X. Armut, Kapital und gesellschaftlicher Einfluss

Opus-Gründer Escrivá hat das Opus Dei eine «arme, kinderreiche Familie» genannt. Dagegen stehen Aussagen, dass das Opus Dei über grossen Reichtum verfüge.
Doch das ist kein Widerspruch, wenn man weiss: Einerseits verfolgt die Vereinigung nach eigenen Aussagen keine zeitlichen gesellschaftlichen Ziele. Das sei Privatsache der einzelnen Mitglieder, die dies eigenverantwortlich tun würden. Aber, so ist hinzuzufügen: Sie tun es im Sinne und im Auftrag des Opus Dei. Aus dem «Vademecum für die Sitze der Zentren» geht klar hervor, dass beispielsweise die umstrittenen Stiftungen im Auftrag des Opus Dei gegründet werden, damit Geld beschafft wird.

Die Grundschwierigkeit bei der Erkundung gesellschaftlicher Tätigkeiten von Opus-Mitgliedern ergibt sich aus der rechtlichen Ausgestaltung der rein religiösen Grundposition des Opus Dei. Sein Dualismus, die Aufteilung der Welt und des einzelnen Mitglieds in eine geistliche und zeitliche «Hälfte», ermöglichen es dem Opus Dei, sich juristisch auf das Geistliche zu beschränken und sich aus dem Zeitlichen herauszuhalten.

Praktisch heisst das: Gesellschaftlich wird nie die Prälatur an sich, sondern nur das einzelne Mitglied tätig – beziehungsweise eine Institution, die von Mitgliedern, jedoch nicht vom Opus Dei als Organisation, gegründet wird.

Bei den Einrichtungen und Initiativen des Opus Dei sind zwei Formen zu unterscheiden:
Erstens: die offiziellen Niederlassungen der Prälatur, die bisher in neununddreissig Ländern errichtet worden und in der Regel bekannt sind. Diese sind vor der Errichtung beim zuständigen Diözesanbischof anzumelden; durch die erste Einrichtung in einer Diözese wird das Opus Dei als Prälatur offiziell in der entsprechenden Diözese errichtet. In der Regel beherbergen die Niederlassungen ehelose Numerarier, die unter anderem Führungsaufgaben im Opus Dei ausüben. Die Leiter dieser Einrichtungen, bei denen es sich in der Regel jeweils um

zwei Niederlassungen (eine für Männer und eine für Frauen) handelt, haben ihre Namen dem Diözesanbischof mitzuteilen, falls er darum nachsucht.
Zweitens: Gesprächskreise, Institute, Vereine, Studiengemeinschaften, die juristisch nicht vom Opus Dei als Prälatur, sondern von Mitgliedern des Opus Dei ins Leben gerufen werden. Manchmal, wenn auch nicht häufig, überlässt das Opus Dei die Initiative zur Gründung dieser Institutionen sympathisierenden Nichtmitgliedern, wenn es sich ihrer einigermassen sicher zu sein glaubt.

Für die gesellschaftlichen Einrichtungen und Initiativen sind die Initiatoren als Träger zuständig und verantwortlich. Häufig übernimmt die Prälatur Opus Dei die religiöse Ausrichtung dieser Werke. In den Prospekten findet man dann eventuell einen entsprechenden Hinweis; zum Beispiel: «Die geistliche Bildungsarbeit ist dem Opus Dei, einer Personalprälatur der katholischen Kirche, anvertraut.» Manchmal jedoch bleibt die Beziehung zum Opus Dei im dunkeln.
Diese Institutionen heissen: «Korporative apostolische Werke des Opus Dei». Ihre Aufgaben sind kulturell, politisch und finanziell. Sie sind «der hierarchischen Autorität» des Opus Dei zum «Gehorsam» verpflichtet. Immer wenn die Länderregionen des Opus Dei von der römischen Zentrale visitiert werden, sind auch die korporativen Werke zu inspizieren. Korporative Einrichtungen sind zum Beispiel die «Kulturgemeinschaft Arbor» in der Schweiz und die «Studentische Kulturgemeinschaft» in Deutschland.

Darüber hinaus gibt es Einrichtungen, vor allem Stiftungen, die von Opus-Mitgliedern oder Sympathisanten ins Leben gerufen werden, ohne dass die Prälatur die geistliche Verantwortung übernimmt. Dazu gehören auch die genannten Stiftungen, die untereinander und mit Banken, die von Opus-Mitgliedern geführt werden, teils personell, teils institutionell verknüpft sind. Doch hier sind die Initiatoren nicht nur für die technische Organisation, sondern auch für die religiöse Ausrichtung verantwortlich. Die Beziehung dieser Einrichtungen zum Opus Dei ist wegen der vorgeschriebenen Diskretion des Opus Dei für Aussenstehende praktisch nicht wahrnehmbar. Zu dieser Kategorie Opusnaher Einrichtungen gehören beispielsweise die Limmat-Stiftung in Zürich und das Lindenthal-Institut e. V. in Köln.

Das alles bedeutet: Offiziell sagt das Werk, es diene nur geistlichen, nicht aber weltlichen Zielen. Formal betrachtet ist die Aussage richtig, tatsächlich aber unrichtig. Im juristisch-formalen Sinne kann die Prälatur nie für die Tat eines Mitglieds verantwortlich gemacht werden.

Weil das Werk aber Mitgliedschaften geheimhält und die Namen der Mitglieder – bis auf Ausnahmefälle – nicht preisgibt, ist es schwer, alle dem Werk gehörenden wie die ihm nahestehenden Institutionen herauszufinden. Das betrifft besonders diejenigen, die nicht zu den *korporativen* Institutionen des Opus Dei gehören. Auf die Beziehung nicht-korporativer Institutionen zum Opus Dei stösst man meist nur zufällig – und zwar über die Namen von Opus-Mitgliedern, die mehr oder weniger zufällig bekannt sind, sich mit Nichtmitgliedern zusammenschliessen und in diesen Institutionen die entscheidenden Ämter innehaben.

Ob man das nun mag oder nicht, ob man es für recht und billig hält oder für Mafia-ähnliche Praktiken – wenn man sich mit dem Opus Dei auseinandersetzt, muss man diese Konstruktion kennen und sie bei eventueller Kritik am Opus Dei berücksichtigen. Man muss wissen: Die Mitgliedschaft im Opus Dei hat zwei Seiten – je nachdem, ob man sie formal-rechtlich oder praktisch sieht.

Diese Konstruktion bedeutet: Die Prälatur kann sich – sofern sie will – bei Handlungen ihrer Mitglieder stets als unbeteiligt ausweisen. Die Dementis lauten dann etwa: «Dies und das ist die Privatsache des Herrn X. und der Frau Y. Opus Dei hat damit nichts zu tun, weil seine Mittel und Ziele rein religiös sind.»

Numerarier(innen) oder Assoziierte, die ins Opus Dei aufgenommen werden, sollen ihr Testament machen. Im Opus Dei gibt es dafür Formblätter; zunächst die schweizerische (A), dann die deutsche Fassung (B).

A) Modell für eigenhändig geschriebenes Testament (1)

.........., den..........
(Ort und Datum mit Worten)

Am heutigen Datum verfasse ich, ... (Vorname und Name), dieses Testament als Ausdruck meines freien Willens und verfüge:

1. Vor allem bekenne und bejahe ich alles, was die Heilige, Katholische und Apostolische Römische Kirche glaubt und lehrt; ihrer Autorität und Rechtsprechung unterstelle ich alle Werke meines Lebens.

2. Ich verfüge, dass ich nach meinem Tod mit einem gewöhnlichen Linnen eingehüllt werde. Die übrigen Details meines Begräbnisses überlasse ich den Testamentsvollstreckern, die dies meinen Eltern oder meinen Geschwistern mitteilen sollen. Keine andere Person darf unter irgendeinem Vorwand etwas gegen den Willen der genannten Testamentsvollstrecker verfügen; in dieser Frage kann der eine oder andere der Vollstrecker eine Entscheidung treffen.

3. Für die Erbschaft aller meiner Güter unterstelle ich mich dem Recht meines Heimatkantons.......... (Name des Kantons oder des Landes) (2).

4. Ich bestimme als Erben aller meiner Besitztümer, ohne jegliche Beschränkung in Betrag und Art der Rechte, ausgenommen der eventuell von Gesetzes wegen berechtigten Erben, und zwar zu je 50%:
..........und.......... (physische oder juristische Personen).
Falls einer dieser Erben deren Übernahme zurückweist oder aus irgendeinem anderen Grund auf die Rechte verzichtet, so bestimme ich hiermit den anderen Erben als Universalerben mit Anrecht auf die ganze Hinterlassenschaft.

5. Als Testamentsvollstrecker mit allen nötigen Befugnissen ernenne ich.......... und .... (physische Personen, eventuell eine Amtsperson) (3).

Im ersten Rang soll .... als Testamentsvollstrecker amten; im Falle seiner Verhinderung oder seines Verzichtes tritt .... an seine Stelle.

6. Der Vollstrecker ist ermächtigt, bis zu maximal .... Franken zu verwenden, um Hl. Messen für die ewige Ruhe meiner Seele zu stiften; die konkrete Anwendung dieser Mittel steht ihm frei.

(Unterschrift)

Bemerkungen

(1) Das ganze Testament, mit Ort und Datum, muss von Hand geschrieben sein. Was in Klammern steht und unterstrichen ist, soll nicht geschrieben werden. Die Unterschrift kommt am Ende des Textes.
(2) Die Klausel 3. ist vorteilhaft für die Kantone Bern, Freiburg, Basel-Stadt, Tessin, Waadt, Neuenburg und Genf, weil dort die Geschwister des Verstorbenen keinen rechtlichen Anspruch auf einen Anteil haben. Die Klausel kann auch von Vorteil sein für in der Schweiz wohnende Ausländer, falls das dortige Recht günstiger ist als das schweizerische.
(3) Wenn der Vollstrecker seinem Amte nach bezeichnet ist (z. B. «... zum Testamentsvollstrecker mit allen nötigen Befugnissen ernenne ich den Sekretär der Gesellschaft ...»), muss man festhalten: «... den Sekretär der Gesellschaft ... im Augenblick der Vollstreckung des Testamentes oder seinen Nachfolger im Amt».

B) Testament

Hiermit erkläre ich meinen letzten Willen:

1. Ich erkläre, dass ich alles glaube und bekenne, was die heilige, römische, katholische und apostolische Kirche lehrt, und unterstelle die Handlungen meines Lebens unter ihre Autorität.

2. Ich setze die Studentische Kulturgemeinschaft e. V. mit dem Sitz in Bonn zu meinem Erben ein.
Für den Fall, dass die Studentische Kulturgemeinschaft e. V. aus irgendeinem Grunde nicht erben kann oder will, setze ich das Lindenthal-Institut zu meinem Erben ein.

3. Die gesetzlichen Vorschriften betreffend den Pflichtteil sollen unberührt bleiben.

4. Ich bestimme, dass ich im Falles meines Todes als Totenkleid lediglich ein einfaches weisses Leinentuch haben möchte; die weitere Regelung meines Begräbnisses überlasse ich meinem Testamentsvollstrecker.

5. Ich bestimme, dass mein Erbe für mich 30 Seelenmessen feiern lässt.

6. Als Testamentsvollstrecker bestimme ich .... (Name). Für den Fall, dass .... (Name) das Amt nicht annehmen kann oder will, soll .... (Name) dieses Amt übernehmen.

7. Der Testamentsvollstrecker verfügt über die weitestgehenden Befugnisse.

(Unterschrift)

X.1 Aussagen Escrivás

Löse dich von den Gütern der Welt. – Übe dich in der Armut des Geistes, und liebe sie: sei zufrieden mit dem, was reicht, ein nüchternes und massvolles Leben zu führen. Sonst wirst du nie ein Apostel. (EC, 631)

Die wahre Armut besteht nicht darin, nichts zu besitzen, sondern losgelöst zu sein: freiwillig zu verzichten auf die Herrschaft über die Dinge. Deshalb gibt es Arme, die in Wirklichkeit reich sind. Und umgekehrt. (EC, 632)

X.2 Öffentliche Texte des Opus Dei

Die Anschuldigungen wegen «dunkler» Geschäfte haben sich bei seriöser Prüfung jeweils regelmässig in Luft aufgelöst. (ODS)

Als Antwort auf «organisierte Verleumdungen» hat Msgr. Escrivá den Gedanken als absurd bezeichnet, das Opus Dei könnte Bergwerke betreiben, Banken leiten oder sich in Finanzierungsunternehmen engagieren. Um seine Aussage zu verdeutlichen, stelle man sich eine kinderreiche Familie vor, von der der eine Sohn beim Volkswagenwerk arbeitet, eine Tochter Angestellte bei Siemens, ein dritter leitender Angestellter etwa bei BBC ist. Ist diese Familie damit der Kontrolle über diese grossen Gesellschaften verdächtig, und übt sie dort Einfluss aus? Eine solche Familie ist auch das Opus Dei, das mit seiner ausschliesslich geistlichen und apostolischen Zielsetzung keinerlei Interesse daran hat, sich der beruflichen Arbeit seiner Mitglieder kontrollierend oder ‹einflussnehmend› zu bemächtigen. Dass diese mitunter gemeinsam apostolische Initiativen von grosser sozialer Ausstrahlung entwickeln, steht auf einem anderen Blatt. (DT, 72f.)

Die Behauptung, das Opus pflege Geheimhaltung, indem es unter «Tarnnamen» oder «Tarnorganisationen» auftrete, entbehrt jeder vernünftigen Grundlage. Richtig ist, dass die Gläubigen der Prälatur (die Mitglieder) als mündige Christen und Bürger ihre Verantwortung in Familie, Beruf und Gesellschaft selbst tragen. Das Opus Dei erteilt weder ein Mandat noch eine Vollmacht, noch einen kanonischen Auftrag.

Die Mitglieder handeln frei bei der Wahrnehmung ihrer bürgerlichen Rechte und Pflichten. Schliessen sich zum Beispiel Mitglieder mit anderen Personen zusammen, um soziale oder bildende Zwecke zu erfüllen oder um Einrichtungen zu schaffen, die solchen Zwecken dienen, so legitimieren sich solche Einrichtungen als das, was sie sind: Initiativen von Bürgern. Wird das Opus Dei als Prälatur mit der geistlichen Betreuung einer solchen Einrichtung betraut, so wird dies jedermann mitgeteilt sowie in Programmen und Prospekten vermerkt. Es besteht weder ein Anlass dazu noch die Möglichkeit, die verantwortlichen Träger solcher Einrichtungen in ihrer Freiheit zu bevormunden. (ODÖ)

Die Prälatur Opus Dei schafft für gewöhnlich keine gemeinschaftlichen apostolischen Einrichtungen. Es sind vielmehr einzelne Mitglieder des Werkes, die – oft mit Freunden und Kollegen, unter ihnen auch Nichtkatholiken und Nichtchristen – in Wahrnehmung ihrer Rechte als Staatsbürger apostolische Initiativen ins Leben rufen. Es sind Einrichtungen auf dem Erziehungs-, Gesundheits-, Bildungs- oder sozialen Sektor. Sie wollen Kristallisations- und Ausstrahlungspunkte christlichen Geistes sein und dazu beitragen, für Probleme und Aufgaben der modernen Welt christliche Lösungen anzubieten. Dabei handelt es sich immer um private Initiativen zivilrechtlicher Natur. Für Planung, Finanzierung, Bau und später dann für alle organisatorischen, fachlichen, rechtlichen, wirtschaftlichen oder pädagogischen Belange sind die Initiatoren als Träger zuständig und verantwortlich... Da sie immer den ganzen Menschen im Auge haben und nicht nur Fachausbildung betreiben wollen, sondern der Überzeugung sind, dass sich menschliche Qualitäten und fachliches Können ergänzen und tragen müssen, bitten ihre Initiatoren in vielen Fällen die Prälatur Opus Dei, in diesen Einrichtungen die Verantwortung für die religiöse und spirituelle Ausrichtung in Form eines entsprechenden Bildungsprogramms zu übernehmen. Entschliesst sich die Prälatur dazu, so nennt man eine solche Initiative eine korporative Einrichtung des Opus Dei. (DT, 147f.)

Behauptungen, Mitglieder würden zur Unwahrhaftigkeit angehalten oder zu unangemessenen finanziellen Leistungen gedrängt, sind abwegig und entbehren jeder Grundlage. Richtig ist, dass ... die Mit-

glieder des Opus Dei ihren Lebensunterhalt selbst bestreiten müssen. Wenn sie sich darüber hinaus bemühen, gemäss ihren Möglichkeiten apostolische und soziale Aufgaben in christlicher Verantwortung mitzutragen, so folgt dies aus den Tugenden der Grosszügigkeit und der persönlichen Armut, gelebt mit der Natürlichkeit des Weltchristen. Sie tragen zu einem Grossteil die Last der Aufwendungen für Ausbildungsaufgaben, für bedürftige Angehörige von Mitgliedern und für seelsorgliche Dienstaufgaben der Gesellschaft. (ODÖ)

Gehorsam im Opus Dei bezieht sich auf persönliche Fragen von geistlicher Bedeutung, nicht auf berufliche, wirtschaftliche, gesellschaftliche noch politische Sachentscheidungen. In diesem Bereich handelt jedes Mitglied nach eigenem Belieben innerhalb der Grenzen katholischer Glaubens- und Sittenlehre. (ODÖ)

Die korporativen apostolischen Werke der Prälatur Opus Dei dürfen nicht mit solchen Einrichtungen – Schulen, Instituten, Clubs, Bildungszentren, Akademien, Sozialwerken – verwechselt werden, die Mitglieder des Opus Dei ins Leben rufen oder leiten, ohne dass die Prälatur die geistliche Verantwortung übernimmt. In diesen Fällen tragen die Initiatoren, und zwar sie allein, die Verantwortung nicht nur für das technische Funktionieren dieser Unternehmungen, sondern auch für ihre religiöse Ausrichtung auf der Grundlage der katholischen Glaubenslehre. (DT, 166)

Wer, aus welchem Grunde auch immer, die Prälatur verlässt oder von ihr entlassen wird, kann gegen sie wegen der ihr geleisteten oder wegen anderer Zuwendungen, die er durch seinen Einsatz oder durch Ausübung eigener Berufstätigkeit oder auf andere Art und Weise erbracht hat, keine Ansprüche geltend machen. (ST, Nr. 34)

Ich würde ein Lügner sein, wenn ich Ihnen nicht ganz klar sagte, dass ich auch heute noch an das Opus Dei als Einrichtung glaube. Ich glaube nicht mehr an die Menschen im Opus Dei. Im Buch «Der Weg» des Gründers Josemaría Escrivá de Balaguer ist geschrieben, dass man Gott vor alle menschlichen Aktivitäten stellen muss. Aber um das zu sagen und zu tun, muss man Escrivá sein. Heute ist es das grosse Risiko im Opus Dei, dass sich einige seiner Leute hinter dieser Maxime verbergen und entscheiden, dass sie überall die Macht übernehmen wollen: in der Universität, im Heer, in den Banken, in der Kirche... Wenn man nicht die Spiritualität Escrivás hat, kann man im Opus Dei grosse Irrtümer und grosse Verfehlungen begehen. Es ist doch eine Tatsache: Heute ist das gesamte ökonomische Potential Spaniens in den Händen von Männern des Opus Dei. Ich kann Ihnen das sagen, ohne Angst haben zu müssen, dementiert zu werden. (RM)

X.3 Interne Schriften des Opus Dei

Aus dem Vademecum *Um zum Unterhalt jeder Apostolatsarbeit beizutragen, gründet man, falls notwendig, eine Stiftung – mit oder ohne eigene Rechtspersönlichkeit –, die das eventuelle Defizit [der Apostolatsarbeit der einzelnen Zentren] durch Schenkungen deckt. (Vs, 47)*

Im Fall der Oblatio und der Fidelitas vergewissert sich der Beauftragte [des Opus Dei], dass der Betreffende entschlossen ist, sich auf die in den Statuten festgelegte Weise zu verpflichten; und er wird die Numerarier und Assoziierten daran erinnern, dass sie, falls sie Erbgüter besitzen, als Forderung der Tugend der Armut und der Selbstentäusserung deren Verwaltung freiwillig abgeben und über deren Gebrauch und Nutzniessung zugunsten von ihnen Festzulegenden zu bestimmen haben und dass sie, bevor sie die Fidelitas machen, auch wieder in völliger Freiheit ein Testament über ihre jetzigen und künftigen Erbgüter errichtet haben müssen. (Vc, 33)

Fromme Gewohnheiten *119. Unter den Gläubigen des Opus Dei sind Geschenke, auch die kleinsten, verboten. (Gg)*

120. Damit sich die Numerarier und Assoziierten den Geist der Armut besser aneignen, geben sie jeden Monat dem örtlichen Direktor über Einnahmen und Ausgaben Rechenschaft; es sei denn, dem Direktor erscheint eine andere Regelung gut. (Gg)

Geist des Opus Dei *Die Neuberufenen haben von Anfang an dafür Sorge zu tragen, sich beruflich gut auszubilden. Ohne eine intensive Ausbildung werden sie kaum das notwendige Ansehen erlangen, um* *in ihrem Beruf verantwortliche Posten einzunehmen, die genügend finanzielle Mittel einbringen und so weiter. Kurz, sie haben der dringlichen Verpflichtung nachzukommen, eine gediegene berufliche Ausbildung zu erwerben, die sie – wie alle Bürger – mit Recht zu leitenden, einflussreichen Posten gelangen lässt, wozu sie das Verlangen antreibt, für Jesus Christus Zeugnis zu geben. (Gg, Fussnote 22)*

X.4 Aussagen ehemaliger Mitglieder

Juristisch gesehen hat Opus Dei sehr wenig Geld. Juristisch, dem Gesetz nach. Aber in Wirklichkeit ist es anders. Beispielsweise in diesem Land, wie ein Fernsehprogramm, nämlich «Everyman-Program», herausfand: Opus Dei besitzt nicht viel. Alles besitzt die Netherhall Educational Association, die rechtlich nicht dasselbe wie Opus Dei ist ... eine wohltätige Stiftung. Aber die Mitglieder des Leitungsgremiums der NEA sind Mitglieder des Opus Dei ... Wenn Sie gekommen wären – jetzt mag es sich geändert haben, aber vor einem Jahr war es noch so – und den Wunsch gehabt hätten, dem Opus Dei tausend Pfund zu stiften, dann hätten Ihnen die Leiter geantwortet: Könnten Sie den Scheck bitte auf die Netherhall Educational Association ausstellen, nicht auf Opus Dei? Aber trotzdem wäre Ihnen klar gewesen, dass Sie ihn an Opus Dei zahlen, obwohl Sie ihn an die Stiftung geben. Warum? Weil das Geld für Opus Dei verwendet wird. Also: Wenn man sagt, Opus Dei habe wenig Geld, dann stimmt das. Aber es hat die Möglichkeit, jenes Geld zu gebrauchen.
Wenn Sie von der ökonomischen Macht sprechen – wiederum: Ich gebe keine Geheimnisse preis, «Everyman» fand es heraus –: ein Darlehen von fast einer Million Pfund zu einem Zinssatz von einem Prozent – wenn jemand Ihnen das gewähren kann, dann muss da irgendwo eine starke ökonomische Macht sein; denn derjenige, der es Ihnen gibt – egal ob eine Einzelperson oder eine Körperschaft –, ist darauf eingestellt, fünfzehn bis sechzehn Prozent von einer Million Pfund jährlich zu opfern, nur zu Ihren Gunsten. Wer das tut, muss Geld haben. (FH, 209)

Die Mitglieder sind persönlich arm, das stimmt. Aber die Organisation ist reich und versteckt diesen Reichtum hinter juristischen Tricks. Und da beginnt ein regelrechtes Verwirrspiel mit Tarnorganisationen. Nur ein sehr geringer Teil der Häuser, die als Zentren des Opus Dei dienen, ist auch deutlich als Angelegenheit des Opus Dei ausgewiesen. Eine ordentliche Trennung von Wohn- und Geschäftsräumen ist völlig unmöglich. Kaum eine Aktionsgruppe des Werkes tritt offen mit dem erklärten Ziel auf, das sie hat: Mitglieder für das Opus Dei zu werben oder Kirche und Gesellschaft im Sinne des Opus Dei zu beeinflussen. (WP)

Das Ganze ist nicht ehrlich. Ein städtischer Beamter zum Beispiel gewährt beachtliche Zuschüsse für die Hausaufgabenbetreuung in einem Jugendzentrum. Er ahnt aber nicht, dass er damit eigentlich etwas anderes finanziert, was ihm seine dienstlichen Richtlinien verbieten würden. Ein Richter oder ein Gemeinderat lenkt Bussgelder von Verkehrssündern, die an eine gemeinnützige Einrichtung fliessen sollen, in Zentren des Opus Dei, weil die eine rechtlich anerkannte Fassade unter irgendeinem Vereinsnamen haben. (WP)

Die Numerarier des Opus Dei übergeben alle Einkünfte, Erbschaften inbegriffen, der Organisation, und diese autorisiert und kontrolliert ihre Ausgaben. Auch wenn, durch den Druck der Umstände, zugunsten der Mitglieder im Handel und in freien Berufen hie und da ein Auge zugedrückt wird, so lebt doch die Mehrzahl unter peinlich genauer Kontrolle seitens der Vorgesetzten. Diese Kontrolle beinhaltet das Verbot eines eigenen Bankkontos und die Pflicht, das Testament zugunsten des Opus Dei auf einen Treuhänder zu schreiben. (AM)

Seit den fünfziger Jahren helfen die Mitglieder einander in öffentlichen und privaten Geschäften, ernennen Mitarbeiter und Vertrauensleute aus ihren Reihen, eröffnen ihre Konten in befreundeten Banken und, wie es sich im «Rumasa»-Skandal erwiesen hat: benützen die Beziehungen des Opus Dei, um Körperschaftsangelegenheiten voranzutreiben. Nichts, das andere ähnliche Organisationen nicht auch tun würden, nichts Besonderes im Geflecht des westlichen Kapitalismus, aber ein bisschen verwirrend für aufrechte Katholiken, die eine grössere Präsenz des Opus Dei in der Versittlichung des öffentlichen Lebens erwarten. (AM)

Der Beitrag der Politiker, der Berufs- und Wirtschaftsleute des Opus

Dei zur Erstarkung der primitivsten Version des Kapitalismus steht in der neueren Geschichte von Ländern wie Spanien oder Chile fest und liegt auf der Linie der alten komplizenhaften Verbindung von Kapital und kirchlichen Interessen, die vom biblischen Prophetentum angeklagt wird. (AM)

Vom institutionellen Standpunkt aus pflegen sich die Tätigkeiten des Werkes nicht selbst zu identifizieren. Seine Schulen, Aktivitäten, Immobilien, sein Besitz usw. laufen meistens unter dem Namen von Gesellschaften oder Stiftungen, die von Mitgliedern oder Sympathisanten geleitet werden oder in ihrem Besitz sind, während diese die Gruppendisziplin einhalten, den internen Vorgesetzten gehorchen und von ihnen durch verschiedene Privatverträge in Abhängigkeit stehen, zum Beispiel durch treuhänderisch zu verwaltende Handelsaktien. Dies erschwert es besonders, eine direkte Prozessverbindung wegen Schadenersatz zwischen dem Opus Dei und seinen Geschädigten herzustellen. (AM)

Er [Escrivá] sagte, wir – Opus Dei – sind interessiert an Erbadel, an Geist, an Geld, an Positionen. Sie kennen ja den Satz «cuius regio – eius religio» [wer ein Land beherrscht, bestimmt auch dessen Religion]. Wenn Sie die Führer auf Ihre Seite bekommen, dann haben Sie das ganze Land. Das war seine Motivation. (FH, 204)

Opus-Dei-Mentalität oder christliche Spiritualität

Anton Rotzetter

Der Titel nimmt das Ergebnis voraus: Das Opus Dei hat zwar eine klar erkennbare Mentalität, nicht aber eine Spiritualität, die sich aus dem Christusereignis beziehungsweise den biblischen Quellen herleitet.

Vorbemerkungen

Einem Werk die christliche Spiritualität abzusprechen ist an sich etwas Ungewohntes. Aber das Opus Dei beansprucht für sich eine Sonderposition, darum muss es auch mit besonderer Aufmerksamkeit bedacht werden.

Das Opus Dei ist eine offensive und aggressive Organisation. Es hat in den letzten Jahren wichtige «Machtzentren» der Kirche – sowohl innerhalb des Vatikans als auch in den Diözesen – erobert und drängt die Erkenntnisse und Beschlüsse des letzten Konzils und der grossen Kirchenversammlungen von Medellin und Puebla in den Hintergrund. Die geschwisterlichen Erfahrungen von Kirche und die daraus hervorgegangenen Strukturen werden desavouiert zugunsten eines streng autoritären Kirchenregimes. Innerhalb weniger Jahre ist es gelungen, die lateinamerikanische Bischofskonferenz zu beherrschen; ähnliches passiert in Europa, selbst der Papst scheint in die Abhängigkeit des Opus Dei geraten zu sein.

Was noch schlimmer wiegt, ist die Tatsache, dass das Opus Dei offensichtlich die sogenannte «Option für die Armen», die wohl grösste Entdeckung des Konzils,[1] für unchristlich hält und die Sektoren der Kirche, die sich dazu bekennen, isolieren will.[2] Die Intervention des Vatikans in die CLAR, die lateinamerikanische Vereinigung der Ordensobern, welche zweiunddreissig Jahre lang segensreich gewirkt hat, sei der erste Schritt dieser neuen Politik.

Eine so aggressive Organisation wie das Opus Dei muss sich nicht wundern, wenn dann im Namen der christlichen Spiritualität auch eine eindeutige Sprache gesprochen wird.

Eine solche Aussage sieht sich dem Vorwurf ausgesetzt, unwissenschaftlich zu sein. Diesen Vorwurf hat zum Beispiel Josef Stimpfle, der Bischof von Augsburg, in seiner Kirchenzeitung, unter anderem gegen W. Beinert, erhoben. Es fehle «die notwendige Unterschei-

dung», man würde unkorrekt arbeiten, würde es unterlassen, die Schriften von Balaguer zu analysieren, würde Sätze aus dem «Weg», dem grundlegenden Werk des Opus Dei[3], aus dem Zusammenhang reissen und willkürlich interpretieren[4] – und das bei einem Werk, das in enger Verbundenheit mit der Kirche und dem Zweiten Vatikanischen Konzil stehe.
Diese bischöfliche Verteidigung zeigt letztlich nichts anderes als das Ausmass, mit dem das Opus Dei das Denken der Bischöfe heute belegt. Es ist sogar zu bezweifeln, ob J. Stimpfle den «Weg» überhaupt je in den Händen gehabt hat. «Der Weg» besteht nämlich aus 999 Sätzen beziehungsweise Kurztexten, die nur lose miteinander verbunden sind. Ein Zusammenhang ist nicht gegeben, so kann man auch nichts aus dem Zusammenhang reissen. Und was die Verbundenheit mit der Kirche des Konzils betrifft, ist, wie sich zeigen wird, die Theologie, die hinter dem Opus Dei steht, nicht die Theologie des Konzils – ausser man würde, wie das heute offenbar geschieht, das Konzil nicht unbefangen, sondern mit der Brille des «Wegs» lesen.

Hans Urs von Balthasar hat schon 1963 nach «mehrmaligem Lesen» des «Wegs» einige «Friedliche Fragen an das Opus Dei»[5] gestellt, die nie beantwortet wurden, und festgestellt: «‹Der Weg› setzt bestenfalls eine Spiritualität voraus, selber hat er keine.»
Ich erinnere an die Fragen Hans Urs von Balthasars:
Eine erste Frage richtet sich an die ungeheure Machtkonzentration und die grossen Mengen Geld, das sich im Opus Dei ansammelt: «Welchen Geist gedenkt ihr mit diesen Mitteln zu verbreiten?» Und er fügt hinzu, dass es sicher nicht der Geist des Franz von Assisi oder des Charles de Foucauld ist. «Es gibt kaum Informationsmöglichkeiten über den Geist von Opus Dei ...; mir ist es nicht gelungen ... etwas Einleuchtendes an ‹neuem Geist› zu finden.»
Die zweite Frage stellt Hans Urs von Balthasar an die mangelnde Spiritualität im «Weg»: «Ein solches Sammelsurium von barschen, schroffen Marschbefehlen (übrigens ohne innere Ausrichtung, Stufung, Ordnung, also gerade kein ‹Weg›) ist, sowohl was den Inhalt als was den Ton angeht, überhaupt nicht in einem Atem zu nennen mit den charismatischen Klassikern der Spiritualität, mit dem Exerzitienbuch zum Beispiel oder mit Johannes vom Kreuz, wo eben alles aus der ursprünglichen Vision der Gottesoffenbarung hervorgeht und abgrün-

dig tiefe Wurzeln darin behält.» Dieser barsche Ton wird in klassischen Werken des Opus Dei sogar noch verstärkt. So zitiert Hans Urs von Balthasar Jesus Urteagas, «Der göttliche Wert des Menschlichen» (300 000 Exemplare in der 11. Auflage bis zum Artikel von Balthasar): Hier wird Heldentum verlangt, Kampf. «Ich frage: Muss denn wirklich in der heiligen Kirche ein solches Schlachtgetöse losgelassen werden, gegen das die Pläne des Tyrtalos edelste gemässigte Lyrik sind? Wird die Kirche unserer Zeit durch all dies Peitschenknallen irgendwie glaubhafter, geliebter? Man kann nicht alles auf das spanische Temperament abschieben, denn bei Teresa, Juan de la Cruz, Ignatius, Juan de Avila gibt es nichts auch nur Vergleichbares.»... «Gewiss, zu allen ‹heroischen› Leiden seid ihr bereit. Aber auch zum Kleinsein und Verachtetwerden?» Dann wird darauf hingewiesen, dass nur gesicherte Theologen angeführt werden, vor allem Garrigou Lagrange, nicht aber solche, welche «verdächtig» sind in den Augen des Heiligen Offiziums (zum Beispiel Rahner, Congar, de Lubac): «Audacia meint also nicht das sich exponierende geistige Wagnis, jenen Geistesmut des einzelnen, der die Kirche der Gegenwart so unsäglich und über alle Hoffnungen hinaus bereichert hat.»

Die dritte Frage setzt beim Gedanken des Wagnis an und konzentriert sich letztlich um die Frage von Ökumene und Toleranz: Im Buch von Jesus Urteaga stehen die schrecklichen Worte: «Bevor einer an Jesus zu rühren wagte, um ihn festzunehmen, würden wir Gläubige Christi die Welt dem Erdboden gleichmachen; wir würden aus der Erde einen Haufen Stroh machen und ihn anzünden, damit die Leben der Gleichgültigen lodern» (105).

Die vierte Frage ist die nach den evangelischen Räten, die jeder christlichen Gründung zugrunde liegen muss.

a) Eine Frage an die Armut: «Wie verhält sich das Leben in den evangelischen Räten – alles verlassen! – zu dem Besitz und der Verwaltung aller Güter dieser Welt? Ist zum Beispiel die Verheissung Jesu, wer alles verlasse, werde auf Erden schon das Hundertfache gewinnen, so auszulegen, dass dem, der ins Opus Dei eintritt, das Hundertfache auf der Bank von Navarra bereitliegt? Meint Jesus nicht ein Risiko; restlos alles drangeben, und die kostbare Perle ist nur ‹das Himmelreich›? Und ferner: Kann das Christuszeugnis des so hundertfach Gesicherten vor den Armen dieser Erde glaubwürdig klingen?»... «Ohne Zweifel brauchen wir heute eine echte Spiritualität der Verwaltung der irdi-

schen Güter, ohne Ressentiment gegen die Macht in allen ihren materiellen und spirituellen Formen. Aber eine solche Spiritualität kann nur (wenn Jesu Worte ernst genommen werden) dialektisch gedacht und gelebt werden, zumal wenn die Menschen, die hier verwalten, die evangelischen Räte leben, und zwar nicht nur im stillen Kämmerlein ihres Privatlebens, sondern ausstrahlend, eine Stadt auf dem Berge. Ich denke mir zum Beispiel, eine Institution, die so mit irdischen Gütern gesegnet ist, müsste ungeheure Summen als Almosen ausgeben, und zwar so, dass keinerlei irdischer Gewinn oder Vorteil dem Institut dadurch erwachsen dürfte, am besten anonym.»
b) Eine Frage an den Gehorsam: «Ist die Frage des Gehorsams (als ‹Rat›) und seines Zusammengehens mit Entscheidungen im weltlichen Beruf hinreichend theologisch durchdacht und formuliert worden, und wie lauten die Ergebnisse? Das sind doch ungeheuer schwierige Dinge, die man nicht einfach mit ein wenig audacia aus dem Ärmel schütteln kann und darf»... «Der kanonistische Gesichtspunkt, der in den Studien des Opus Dei beherrschend hervortritt, ist sekundär und erklärt im Grunde nichts»... «Könntet ihr nicht ein bisschen mehr (oder überhaupt) kollaborieren? Denn ihr steht, zu Recht oder zu Unrecht mögt ihr selber entscheiden, in dem Rufe, nicht zu kollaborieren, euch nicht unter andere weniger mächtige Gruppen und Bestrebungen zu mischen, immer nur die eigenen Ziele zu verfolgen.»
Schliesslich noch eine Frage an die Rekrutierungs- und Organisationsmethode. «Jeder Ordensgründer hat, unendlich mühsam, aus dem Kern heraus gebaut. Nicht etwa eine möglichst grosse Anzahl irgendwie ‹interessierter Leute› zusammengetrommelt, sie abstufend sortiert und dann günstigenfalls zwei, drei als ‹Elite› daraus gewonnen. Noch weniger erst einmal für einen guten weltlichen Rückhalt gesorgt – durch zahlreiche Besuche bei einflussreichen Leuten.»... «Gibt es im Raum der Kirche rechtens geheime Organisationen?» Entsprechende Versuche im letzten Jahrhundert führten zu einer Malaise, aus der wir herauswollen, «dadurch, dass wir vor uns und vor den andern nichts, gar nichts mehr verdeckt halten wollen, von jedem hohen Ross heruntersteigen, um mit allen Mitchristen und Mitmenschen auf gleicher Ebene zu leben, zu denken und auszutauschen». Das Opus Dei leugnet den Geheimcharakter und spricht von «Diskretion». «Aber das deutliche Missverhältnis zwischen absolut fehlender Publizität und eifrigster Werbung und Wirkung im stillen erläutert doch das, was ich

meine. Der geheime oder halbgeheime Charakter mancher Weltgemeinschaften ist genau so lange tragbar, als sie sich nur als einzelne drunten in der Masse engagieren, nur den anderen dienen und ihnen den christlichen Geist vorleben wollen; untragbar wird er, sobald dahinter eigene weltliche Machtkomplexe stehen, sie mögen eingesetzt werden in welcher Absicht und Zielsetzung auch immer.» Ab 1963 gibt es also eine Kritik von Hans Urs von Balthasar am Opus Dei: Das Opus Dei ist «die stärkste integralistische Machtballung» in der katholischen Kirche. In seinen letzten Lebensjahren hat Balthasar, der ja nicht irgendwer ist, die Kritik erneuert und zugespitzt. Er riet einem Studenten noch 1984: «Bleiben Sie nicht zu lang bei Opus Dei – es lohnt nicht. Ich glaube nicht, dass die Sache sich lange halten wird. Die Grundlagen sind zu schwach. Habe einen bösen Brief von Portillo [Leiter des Opus Dei] erhalten für Aussage in Pressekonferenz in Rom. Studieren Sie lieber die grossen Theologen.»[6]

Ein weiterer Vorwurf J. Stimpfles besteht darin, dass man Josemaría Escrivá de Balaguer selbst zu wenig studiere. Hier stellt sich nun die Frage, wieweit eine Gründerpersönlichkeit für die Spiritualität eines Ordens oder Werkes von Bedeutung ist. Die Antwort dürfte nicht leichtfallen: Es gibt Gründerpersönlichkeiten, die im Hintergrund bleiben und für die Spiritualität selbst nur sekundär sind (Benedikt), andere, die geradezu formgebend sind (Franziskus, die «forma minorum»); andere Gemeinschaften kommen gänzlich ohne Gründergestalt aus (Karmeliter).
Wie ist es also mit dem Opus Dei? Hat der Gründer selbst eine Inspiration, eine Gotteserfahrung, welche dem Opus Dei die Spiritualität gibt? Wenn ja, dann stellt sich doch die Frage, warum denn im «Weg» von dieser geistlichen Dynamik nichts greifbar ist? Kann sich ein Autor eines Grundlagenwerkes, wenn er denn wirklich eine eigene Spiritualität hat, so zurücknehmen, dass davon nichts mehr greifbar bleibt in dem, was er schreibt? Muss also, wer sich mit der Spiritualität des Opus Dei beschäftigt, notwendig zur Gründerpersönlichkeit rekurrieren? Ich meine nein! «Der Weg» muss sich selbst erklären, und wenn Balaguer eine für das Opus Dei verbindliche und begründende Inspiration hatte, ist sie darin greifbar. Umgekehrt: Genügen nicht schon wenige Äusserungen Escrivás, um einen krankhaften Geist zu entdecken, der dann auch im «Weg» spürbar wird? Etwa seine Bemer-

kung in der «Crónica»: «Das Böse kommt von innen und von hoch oben. Es gibt eine wirkliche Fäulnis, und zur Zeit scheint es, als sei der mystische Leib Christi ein Leichnam in stinkender Verwesung.»[7] Aus einem solchen Wort wird doch gerade ersichtlich, warum die Moral, der Kampf, der missionarische Eifer so gross ist: Er ist die Frucht des Wahns, aber keine vom Heiligen Geist getragene Äusserung!

Das «Vademecum für die Örtlichen Räte» (1987)[8] hat an verschiedenen Stellen Hinweise, dass die Mitglieder Escrivá als Quelle der eigenen Spiritualität betrachten sollen. Sie sollen sich «bestreben – welch wunderbare Ehre! –, unseren vielgeliebten Gründer zu kennen und nachzuahmen als ein Vorbild, das von Gott bis zum Ende der Zeiten gewollt ist, und auf dem Weg der Heiligkeit und des Apostolates sich an seine Fürbitte zu wenden». «Die Laien und die Priester verwenden immerfort die Schriften unseres Vaters und des Vaters[9], um die Circulos, die Aussprachen, die Ansprache oder Meditationen, die sie leiten, vorzubereiten.» «Zur Ansprache oder Schlusslesung kann man bisweilen Punkte eines Dokuments unseres Gründers oder des Vaters oder einige Anweisungen der Direktoren verwenden, wobei man sie mit der Gabe der Zungen bespricht, so dass diese Lehre bei allen leicht ankommt.» Der «Santo Rosario» und der «Kreuzweg» Escrivás sollen gebetet beziehungsweise gelesen werden und bisweilen auch die «Crónica», die Obras, vielleicht eine Biographie bei den Mahlzeiten. «Von unserem Gründer zu sprechen, sein Leben und seine Lehre bekannt zu machen, ist als höchst wichtiges Element mit der Sendung gegeben, die wir erhalten haben und die uns drängt, das Streben nach Heiligkeit mitten in der Welt zu fördern. Meine Töchter und Söhne, benutzt jede Gelegenheit, um die private Verehrung unseres Vaters zu verbreiten; es ist eine Bekundung der Liebe, eine kindliche Weise, für seine heroische Treue zu danken; es ist ein Dienst an der Kirche. Und es ist, vergesst es nicht, die neue Apostolatswaffe, die der Herr uns geschenkt hat [Brief des Vaters vom 24. September 1978].» – «Diese Andacht» soll man mit einem Informationsblatt verbreiten, Escrivá ist ein «wirkkräftiger und zuverlässiger Fürbitter». Wenn Erhörungen vorkommen, soll man es aufschreiben und an die Obern weitergeben.

Diese Rückverweise auf die angebliche spirituelle Grösse des Gründers Escrivá sind letztlich nichts anderes als Äusserungen der Devotion und der Propaganda, sie enthalten nicht den leisesten Anhalt für diese Spiritualität selbst. Die Verehrung Escrivás ist eine «Apostolatswaffe» – welch schreckliches Wort! Eine solche Sprache erklärt dann auch, warum Escrivá so schnell seliggesprochen werden soll. Wo so viel Geld und Macht in der Kirche sich ansammeln, wo dieser Geist sich der Kirche bemächtigt, kann es gar nicht anders sein. Selbst die traditionelle Bedächtigkeit der Kirche bleibt in solchen Fällen auf der Strecke; noch lebende Zeugen, welche der sogenannte Teufelsadvokat anhören müsste, werden bewusst übergangen.[10]
Es bleibt also festzuhalten, dass einerseits ein besonderes Studium des Gründers nicht notwendig ist und anderseits «Der Weg» und das neuere Werk, das «Vademecum», eine genügend sichere Grundlage darstellen, um zu wissenschaftlich gesicherten Aussagen zu kommen.

Die «spirituellen» Grundlagen des Opus Dei – eine Auseinandersetzung mit dem Buch «Der Weg» des Gründers Josemaría Escrivá de Balaguer y Albás

Hans Urs von Balthasar hat in seinen «friedlichen Fragen» die Existenz einer Spiritualität im «Weg» geleugnet. Trotzdem soll hier versucht werden, dieses Werk, das die Lebensform des Opus Dei enthält, einer genaueren Untersuchung zu unterziehen.

Form und Intention des Werkes Zunächst soll wiederholt werden, dass das Werk kein zusammenhängender Text ist und keinen logischen Aufbau hat. Es sind 999 Texteinheiten, die – jede Einheit für sich genommen – in sich abgeschlossen sind und weder zur vorherigen noch zur nachfolgenden in einem logisch zwingenden Zusammenhang stehen. Es gibt bloss assoziative Zusammenhänge (wie zum Beispiel bei Franz von Assisi!) und eine Reihe von Zwischenüberschriften, welche einige Texteinheiten unter ein gemeinsames Thema stellen und die ihrerseits sich bloss assoziativ bedingen.

Dabei ist keineswegs zu leugnen, dass dem Werk nicht auch da und dort geradezu poetische Züge eignen. Ein paar Beispiele: «Die Geschäftsleute sagen: Zeit ist Geld. Das ist wenig. Treiben wir die Geschäfte Gottes, so wissen wir: Zeit ist Herrlichkeit.» (355) An sich böte eine so geniale Umdeutung eines Schlagwortes auch die Möglichkeit, die spirituelle Tiefendimension der «Zeit» herauszustellen, wenn da der Satz nicht zu isoliert wäre und im Gegensatz zu anderen Äusserungen stünde, wie wir noch sehen werden. Auch höchst lyrische Passagen sind zu finden: «Hast du an einem trüben Nachmittag im Herbst die Blätter fallen sehen? So fallen jeden Tag die Seelen in die Ewigkeit. Eines Tages bist du das fallende Blatt.» (736)

Es fehlt also dem «Weg» nicht an anregenden und zu anhaltender Meditation geeigneten Passagen. Schon der Einleitungstext, in dem die Intention des Werkes zum Ausdruck kommt, ist sehr eindrücklich, intim, poetisch:

«Lies diese Gedanken in Ruhe.
Lass dir diese Anregungen durch den Kopf gehen.
Es sind Worte, die ich dir leise und im Vertrauen sage
als Freund, als Bruder, als Vater.

In diesen vertraulichen Gesprächen ist Gott zugegen.
Ich habe dir nichts Neues zu sagen.
Erinnerungen möchte ich wachrufen in dir
und Gedanken wecken,
die dich treffen,
damit dein Leben anders wird
und du Wege des Gebetes
und der Liebe aufnimmst
und am Ende ein Mensch bist, der klarsieht.»[11]

«Der Weg» ist also der Form nach ein Zwiegespräch. Ganz offensichtlich ist dieses «Du» aber nicht eine einzige Person. Ich bin der Meinung, dass das Werk seinen zusammenhangslosen Charakter auch darin zeigt, dass Escrivá als Seelenführer aus seinen Gesprächen und Briefen zitiert und so die unterschiedlichsten Menschen anspricht.
Von diesem Zwiegespräch ist uns nur der eine Teil, derjenige Escrivás, aufgeschrieben. Das Eigentliche soll sich im Hören, in der aufmerksamen Lektüre dieser Gedanken, in der ruhigen Meditation ereignen. Es geht um «Vertrauen» und um «Vertraulichkeit», in der sich Gottes Gegenwart ereignet (vgl. dagegen 948: die Vertraulichkeit soll gemieden werden). Man könnte also von der Intention des Gründers her von einer Spiritualität der Beziehung sprechen. Dabei ist zu beachten, dass sich diese Spiritualität weniger in den geschriebenen Worten des «Wegs» fassen lässt als vielmehr in dem, was im Leser, Hörer, Adressaten an «Erinnerungen» ausgelöst wird. Escrivá geht also davon aus, dass im Hörer etwas angelegt ist, was durch sein Wort wachgerufen wird und das dann zu einer radikalen Änderung des Lebens führen kann. Letztlich ist ein humanistisches Ideal das Ziel: «ein Mensch, der klarsieht». Dies aber ereignet sich auf der Basis der «Wege des Gebetes und der Liebe».
Aufgrund dieses Textes scheint mir die Feststellung Balthasars verkürzt. Der Text selbst, sagt er, setze eine Spiritualität bestenfalls voraus. Man müsste mindestens auch fragen: Was bewirkt dieser Text in denen, die ihn lesen? Kommt dadurch eine Spiritualität zustande? Mindestens müsste man ergänzen und sagen: «Der Weg» hat eine Spiritualität zum Ziel, er ist Anleitung dazu, nimmt aber diese Spiritualität im Text selbst nicht vorweg. An sich entspricht eine solche Intention der sogenannten «Nichtdirektivität» der modernen Gesprächsführung.

Der Text hält sich – wenigstens von der Intention her – so wie ein guter Gesprächsführer ganz bewusst zurück, um den Gesprächspartner zu sich selbst zu führen.
Allerdings muss hier nun gleich hinzugefügt werden, dass sich Escrivá im Laufe seiner Ausführungen nicht an diese Nichtdirektivität hält, sondern sehr klar Weisungen, Befehle, Anordnungen erteilt, die oft wie Hammerschläge oder Peitschenhiebe sind. Intention und Ausführung widersprechen sich.
Gerade weil die Befehlsstruktur des «Wegs» so eindeutig und aufdringlich ist, müssen wir nach dem Inhalt des Werkes fragen und von daher beurteilen, ob «Der Weg» Spiritualität enthält beziehungsweise bewirkt.

Das Christusereignis Ob Escrivá sich auf eine spezifisch christliche Grunderfahrung bezieht, muss sich daran zeigen, ob und wie er von Jesus Christus spricht. Dazu ein paar Texte:
«Entzünde deinen Glauben. Christus ist keine vorübergehende Erscheinung. Keine Erinnerung, die sich in der Geschichte verliert. Er lebt! ‹Jesus Christus heri et hodie, ipse et in saecula›, sagt der heilige Paulus.» (584)
«Du Verrückter! Ich sah dich – du glaubtest, in der bischöflichen Kapelle allein zu sein, und küsstest die neugeweihten Kelche und Patenen, um Ihn zu küssen, wenn Er zum erstenmal in die eucharistischen Gefässe ‹herabsteigt›.» (438)
«Betrachte das Schönste und Grösste auf der Erde ..., was die Vernunft und die geistigen Kräfte erfreut ..., was dem Körper und den Sinnen wohltut ... Die Welt und die anderen Welten, die in der Nacht herüberleuchten. Das ganze Universum. Denke dir alle Wünsche deines Herzens erfüllt. Das alles ist nichts, nichts und weniger als nichts im Verhältnis zu diesem meinem Gott. Diesem unendlichen Schatz, dieser kostbarsten Perle, gedemütigt, Sklave geworden, zum Nichts geworden in der Gestalt eines Knechtes in dem Stall, wo Er geboren werden wollte. In der Werkstatt Josefs, im Leiden, im schmachvollen Tod. Und in der Torheit seiner Liebe in der Heiligen Eucharistie.» (432)
«Kind. Kranker. Seid ihr nicht versucht, diese Worte (418) ganz in grossen Buchstaben zu schreiben? Für einen in Ihn verliebten Menschen sind die Kinder und die Kranken wirklich Er.» (419)
«Demut Jesu: in Bethlehem, in Nazareth, auf Kalvaria. Aber mehr

Demütigung und Erniedrigung in der heiligen Hostie; mehr als im Stall, als in Nazareth und als am Kreuz.» (533)
Ich meine, dass ich hier die eindrücklichsten Passagen zum Christusereignis zusammengetragen habe. Daraus ergeben sich folgende Grundzüge:
1. Es geht dem Opus Dei um den lebendigen Christus, um ein «Verlieben» in den Mensch gewordenen Gottessohn, der sich in der Geschichte nicht verloren hat, sondern sich bleibend als lebendiges Gegenüber zeigt. Dieser Christus relativiert die ganze Schöpfung, um seinetwillen ist alles hintanzusetzen!
2. Die Schwerpunkte dieses Gegenübers sind Krippe, Kreuz, Eucharistie – und dies unter dem Zeichen der «Demut Gottes». Als einer, der der franziskanischen Tradition verpflichtet ist, erkenne ich darin zuerst einmal die Spiritualität eines heiligen Franz. Ein solcher Glaube bewegt sich also auf dem Boden traditioneller Formeln. Ob es mehr als Formeln, ein inneres Feuer sind, das ist noch nicht von vornherein klar, muss aber als angestrebtes Ziel beachtet werden:
«Entzünde alle Wege als Apostel der Erde mit dem Feuer Christi, das du im Herzen trägst.» (1) «Wären doch dein Verhalten und deine Worte so, dass jeder, der dich sieht oder mit dir spricht, unwillkürlich dächte: Der da beschäftigt sich mit dem Leben Jesu.» (2)

Die Rede vom Kreuz Entscheidend für das Vorhandensein einer spezifisch christlichen, biblisch fundierten Spiritualität ist die Rede vom Kreuz. Und hier zeigt sich ein erstes grundlegendes Missverständnis. Das Kreuz ist nirgendwo im ganzen Werk wirklich das, was es für Jesus war. Das zeigt sich auch schon in den oben zitierten Sätzen: Die öffentliche Wirksamkeit Jesu geht nicht ein in die Mystik, sie wird übersprungen. Auf die Krippe folgt das Kreuz, was dazwischen liegt, ist – im Gegensatz etwa zu Franz von Assisi, für den die Lebensform gerade am öffentlichen Leben Jesu ableitbar ist – letztlich ohne oder höchstens von allegorischer Bedeutung. Diese öffentliche Wirksamkeit Jesu ist aber die Voraussetzung für sein Kreuz, für seinen gewaltsamen Tod und auch für die Deutung seiner Geburt in Bethlehem und seine Gegenwart in der Eucharistie.
So ist es denn auch nicht verwunderlich, wenn Escrivá mehr vom eigenen Kreuz («dein Kreuz»: 178, 474) als vom Kreuz Jesu spricht und vom Kreuz Jesu so, als ob es nichts zu tun hätte mit einem bestimmten

inhaltlich-konkreten Engagement. Das Kreuz hat mehr mit der Verherrlichung des eigenen Schmerzes zu tun als mit dem Preis, den Jesus für seinen Einsatz zu bezahlen hatte, mehr mit Sühne, Busse und aszetischer Praxis als mit der Konsequenz der liebenden Hingabe Jesu. Die folgenden Textauszüge belegen dies. Sie verdeutlichen, wie Escrivá vom Kreuz spricht, in einigen Fällen sicher wieder mit poetischer Kraft:

«Wenn du ein armes Holzkreuz siehst, einsam, erbärmlich, wertlos und ohne Gekreuzigten, dann wisse, dass dieses Kreuz dein Kreuz ist: das Kreuz jeden Tages, verborgen, ohne Glanz und ohne Trost. Es wartet auf seinen Gekreuzigten. Dieser Gekreuzigte musst du sein.» (178)

«Du fragst mich: Warum dieses Holzkreuz? Ich schreibe aus einem Brief ab: ‹Wenn ich die Augen vom Mikroskop erhebe, stösst der Blick auf das leere schwarze Holzkreuz. Dieses Kreuz ohne Gekreuzigten ist ein Symbol. Es birgt einen Sinn, den die anderen wohl nicht sehen. Aber der Ermüdete, der schon daran war, seine Arbeit aufzugeben, führt seine Augen wieder ans Okular und arbeitet weiter, denn das leere Kreuz fordert Schultern, die es tragen.» (277)

«Dein Kruzifix. Als Christ solltest du immer dein Kruzifix bei dir tragen. Du solltest es auf deinen Arbeitstisch legen. Du solltest es küssen beim Schlafengehen und beim Aufstehen. Und wenn dein armer Körper sich gegen die Seele auflehnt, küsse es auch.» (302)

«Hindere nicht das Wirken des Heiligen Geistes: Vereinige dich mit Christus, um dich zu läutern. Ertrage mit ihm die Schmähungen, das Angespienwerden, die Ohrfeigen. Die Dornen, das lastende Kreuz. Die Nägel, die dein Fleisch zerreissen, die ganze Not eines Sterbens in Verlassenheit. Versetze dich in die geöffnete Seite unseres Herrn Jesus, bis du sicheren Schutz in seinem verwundeten Herzen findest.» (58)

«Armes Herz, das dich zum Bösen reizt! Packe es, presse es zwischen deinen Händen, gewähre ihm keinen Trost. Wenn es danach verlangt, sage ihm langsam und mitfühlend, wie in einem vertraulichen Zwiegespräch: ‹Herz. Du Herz am Kreuz. Du Herz am Kreuz›.» (163)

«Sei demütig. Suche nicht dich, nicht deine Bequemlichkeit. Du musst das Kreuz lieben; es zu ertragen ist wenig.» (726)

«Du bist betrübt und verzagt, weil deine Kommunion trocken und kalt ist. Sage mir: Suchst du dich, oder suchst du Jesus, wenn du kommunizierst? Wenn du dich suchst, hast du allen Grund, traurig zu sein. Wenn du aber, wie du es solltest, Christus suchst, brauchst du denn noch ein sichereres Zeichen als das Kreuz, um zu wissen, dass du Ihn gefunden hast?» (710)

«Sieh mal an. Nach so vielen ‹Kreuz, Herr, Kreuz!› zeigt sich nun, dass du ein Kreuz nach deinem Geschmack wolltest.» (898)

«Das Kreuz auf deiner Brust – gut –, aber das Kreuz auf deinen Schultern, das Kreuz in deinem Fleisch, das Kreuz in deinem Verstand. – Nur so lebst du für Christus, mit Christus und in Christus. Nur so bist du Apostel.» (929)

«Spürte ich doch in meinem Fleisch nichts anderes als das Kreuz!» (151)

«Viele Menschen würden sich vor den erstaunten Blicken tausender Zuschauer ans Kreuz nageln lassen. Aber die kleinen Nadelstiche des Alltags wissen sie nicht christlich zu ertragen. Was ist wohl heroischer?» (204)

«Wir wollen in dem armen gegenwärtigen Leben den Leidenskelch bis zum letzten Tropfen leeren. Was bedeuten zehn, zwanzig oder fünfzig Jahre Leid, wenn dann die Herrlichkeit kommt, für immer, für immer – immer? Und vor allem, besser noch als der erwähnte Grund, ‹propter retributionem›, des Lohnes wegen: Was macht es aus zu leiden, wenn man leidet, um Gott, unseren Herrn, zu trösten, um Ihm zu gefallen, im Geist der Sühne, eins mit Ihm am Kreuz, mit einem Wort: wenn man aus Liebe leidet?» (182)

«Wenn etwas gut gelingt, freuen wir uns und lobpreisen wir Gott, von dem alles Gelingen kommt. Geht etwas schlecht aus? Freuen wir uns und lobpreisen wir Gott, der uns an seinem sanften Kreuz teilhaben lässt.» (658)

Gottes Willen tun «bringt zwangsläufig Frieden und Freude, das Glück des Kreuzes». (758)

Gebet an Maria: «Binde mich an das Kreuz deines Sohnes, bitte, dass es mir nicht an Glauben, an Mut, an Kühnheit fehle, um den Willen unseres Herrn Jesus zu erfüllen.» (497)

Der Schmerz ist «das Salz unseres Lebens» (203), «Leid, Verachtung, Kreuz gehören dazu». (690, 699)

«Gesegnet sei der Schmerz. – Geliebt sei der Schmerz. – Geheiligt sei der Schmerz. – Verherrlicht sei der Schmerz!» (208)

Man muss die Angst vor den Schmerzen verlieren. «Denn solange wir unterwegs sind, liegt unser Glück gerade im Schmerz.» (217)
(Unter dem Thema: «Leben in Kindschaft») «Wie hart kommt dich diese kleine Abtötung an! Du kämpfst. Sie scheinen dir zu sagen: Warum musst du dem Lebensplan, der Uhr, so treu sein? Hast du gesehen, wie leicht man die Kinder über etwas hinwegtäuschen kann? Sie wollen die bittere Medizin nicht nehmen, aber man sagt ihnen: Komm! Dieses Löffelchen für den Papa, dieses für die Oma, und so weiter..., bis sie die ganze Dosis geschluckt haben. Genau so du: noch eine Viertelstunde Bussgürtel für die Seelen im Fegfeuer, noch fünf Minuten für deine Eltern, weitere fünf für deine Brüder im Apostolat... Bis die Zeit erfüllt ist, die dein Stundenplan dir angibt. Wenn du deine Abtötung auf diese Weise machst, wie wertvoll ist sie dann!» (899)

Wir dürfen folgern: Neben der theologischen Bedeutung, welche das Kreuz für Escrivá hat (Erlösung), gibt es eine aszetische Deutung des Kreuzes Jesu, die bis zur Verherrlichung des Schmerzes, ja bis zum gesuchten und selbst zugefügten Leiden führt. Dies aber ist eine zwar auch innerhalb der abendländischen Frömmigkeit geübte Praxis gewesen, nicht aber das ursprüngliche Verständnis des Kreuzes selbst. Es ist bezeichnend, dass Escrivá an einer einzigen Stelle von «der Nachfolge Christi» (661) spricht, und das nicht einmal im Sinne der eigenen Nachfolge, sondern um andere dazu zu bewegen. Die Rede vom Kreuz ist also nicht spezifisch christlich, sondern nur eine Leerformel, auf die man auch verzichten könnte, ohne auch nur irgend etwas von der aszetischen Praxis aufgeben zu müssen.

Die «Nachfolge Jesu» Zwar spricht Escrivá in seinem «Weg» immer wieder von Jesus und von Christus, aber sehr wenig von der Lektüre der Heiligen Schrift oder von der unmittelbaren Begegnung mit dem Jesus, der sich im Mittel des «Evangeliums» offenbart (vgl. 116). Und einmal spricht er von einem «Leben Jesu», offenbar ein Buch eines bestimmten Autors:
«Als ich dir jenes ‹Leben Jesu› schenkte, schrieb ich als Widmung hinein: ‹Christus suchen. Christus finden. Christus lieben.› Drei deutliche Schritte. Hast du versucht, wenigstens den ersten zu verwirklichen?» (382)
Aber: was ist mit «Leben Jesu» gemeint? Auf diese Frage gibt, wie mir

scheint, eine Analyse der (nicht) verwendeten Bibelzitate eine erschreckende Auskunft. Auch hier werden Worte der Bibel meistens als Leerformeln benützt, als Anlass für eine Aussage, die nicht mehr das Gemeinte zum Ausdruck bringt, sondern bloss noch einen allegorischen Sinn. In diesem Zusammenhang möchte ich darauf hinweisen, dass der Schriftgebrauch zum Beispiel eines Franz von Assisi ohne Allegorie auskommt und auch nach modernen exegetischen Erkenntnissen meistens den buchstäblichen Sinn wiedergibt. Ganz im Gegensatz dazu steht Escrivás Bibelverständnis. Selbstverständlich will ich dafür den Beweis nicht schuldig bleiben und meine Behauptung an der Auslegung jener Zitate dartun, die sich auf das öffentliche Wirken Jesu beziehen.
Zunächst fällt auf, dass die zentralen Abschnitte zur Nachfolge Jesu fehlen. Zwar werden die Worte «Apostel» und «Apostolat» penetrant durchgängig gebraucht, aber sie bleiben ohne Inhalt. Die provokative Geschichte der erfolglosen Berufung eines reichen Jünglings (Mk 10), welche doch für die Geschichte der christlichen Spiritualität so zentral ist[12], wird nicht aufgenommen. Sie wird so nebenbei, uneigentlich, erwähnt für den Fall, dass man selbst – wohl an der Stelle Jesu! – enttäuscht ist, wenn man einen ganz bestimmten Menschen nicht für das Opus Dei gewinnen konnte (807). Dagegen wird die darauffolgende Rede mehrfach zitiert: die Grosszügigkeit Jesu, der Hundertfaches vergilt (670, 779, 791). Aber es fehlt der von Jesus geforderte radikale Bruch mit dem Besitz und die erst darnach mögliche intensive Gemeinschaft mit Jesus, eben die Nachfolge Jesu in der konsequenten Solidarität mit den Armen.
Ebenso fehlt die matthäische Fassung der Aussendungsrede Jesu (Mt 10), in der die Lebensform des Apostels definiert ist. Aus ihr werden bloss Mt 10,24 und 10,37 zitiert: «Der Schüler steht nicht über dem Meister» (699) beziehungsweise «Wer seinen Vater und seine Mutter mehr liebt als mich, ist meiner nicht wert» (907): Der Sinn dieser Zitate ist aber wiederum bloss ein aszetischer, er steht in keinerlei Verbindung mit der Verausgabung in der Reichgottesverkündigung, deren letzte Konsequenz der gewaltsame Tod sein kann. Gerade in dieser grossen Rede wird deutlich, wie die Kreuzesworte zu verstehen sind: Wer nicht nach eigenen Zielvorstellungen lebt, sondern jene Jesu übernimmt, wird auch mit Verfolgung und gewaltsamem Tod zu rechnen haben.

Auch die lukanischen Fassungen der Sendungsworte (Lk 9 und 10) fallen aus, ebenso bezeichnenderweise die Nazarethrede, in der Jesus programmatisch seinen Lebenssinn und seine öffentliche Wirksamkeit verdeutlicht (Lk 4,16–30).
Dass eine solche Blindheit für die zentralen Sendungs- und Sinnworte Jesu dann auch zur Ansicht führt, die Option für die Armen, die gerade in solchen Texten ausgesprochen ist, sei unchristlich, dürfte sich von selbst verstehen. Damit aber geht das Opus Dei am Evangelium vorbei, nicht die Kirche und die Orden, welche sich von neuem dazu durchgerungen haben. Die Begriffe «Apostel» beziehungsweise «Apostolat» bleiben ohne den von Christus selbst gemeinten Inhalt. Und nun einige Beispiele für eine verfehlte beziehungsweise wenig angemessene Bibelauslegung:

– Joh 12,24: «Wenn das Weizenkorn nicht stirbt ...» «Möchtest du nicht Weizenkorn sein, sterben durch Abtötung und volle Ähren hervorbringen? Jesus segne dein Feld.» (199) – Das Evangelium hat etwas ganz anderes als Abtötung im Sinn, nämlich den Liebestod, die liebende Hingabe für das Reich Gottes.
– Mt 4,4: «Nicht vom Brot allein ...» «Brot und Wort. Hostie und Gebet. Sonst lebst du nie ein übernatürliches Leben.» (87) Die eucharistische Deutung des Brotes in diesem Wort ist völlig abwegig, wenn auch das Wort in seiner genialen Prägnanz Eindruck macht.
– Lk 10,42: « ‹Maria hat den besten Teil erwählt› liest man im Heiligen Evangelium. Da ist sie, trinkt die Worte des Meisters. Scheinbar untätig, betet sie und liebt. Dann begleitet sie Jesus auf seinen Reisen durch Städte und Dörfer. Wie schwer ist es, Ihn zu begleiten, wenn man nicht betet.» (89) – Unzweifelhaft richtig und gut gesagt, nur: Maria ist nicht Maria Magdalena, welche Jesus begleitet hat, und die Aussagerichtung der Geschichte ist eine andere!
– Lk 8,5: «Säen. Ein Sämann ging aus ...» «Sei breitwürfig, apostolischer Mensch. Der Wind der Gnade wird dein Saatgut mitnehmen, wenn der Platz, wohin es fällt, seiner nicht wert ist. Säe aus und sei sicher, dass der Keim Wurzeln schlagen und Frucht tragen wird.» (794) – Die Identifikation mit dem Sämann in allen Ehren, aber die Aussageintention ist gerade umgekehrt: Wir sollen fruchtbare Erde sein!
– Lk 5,6: «Macht des Gehorsams. Der See Genezareth verweigerte den Netzen des Petrus seine Fische. Eine ganze Nacht vergebens.

Dann gehorchte er und warf sein Netz nochmals ins Wasser. Und sie fingen eine grosse Menge Fische. Glaube mir: das Wunder wiederholt sich jeden Tag.» (629) – Wenn hier Glaubensgehorsam gemeint ist, der sich auf Christus, Gott bezieht, ja! – aber nicht, wenn sich dieses Wort so ohne weiteres auf Menschen und Ordnungen bezieht.

– Mt 9,5: «Du hast dich gut geschlagen! Du bist vom Boden aufgestanden: ‹Surge›, erklang die machtvolle Stimme, ‹et ambula›. Jetzt an die Arbeit!» (264) – Die Auferstehungsmacht Jesu reicht gewiss auch in die Depression des Menschen hinein. Aber dass die Aufrichtung durch Jesu gleich diese preussische Gestalt annimmt, dürfte wohl eher erstaunen.

– Mk 6,3: «Ist das nicht des Zimmermanns Sohn? Was sie von Jesus sagten, könnten sie leicht auch von dir sagen, mit einem Anflug von Erstaunen oder Spott, wenn du endgültig daran gehst, den Willen Gottes zu erfüllen, Werkzeug zu sein: Aber ist das nicht der ... Schweige. Und bekräftige deine Sendung mit deinem Tun.» (491) – Wieder diese vorschnelle «triumphalistische» Identifikation mit Jesus! – statt vor der Verborgenheit und Niedrigkeit Gottes in der Gestalt eines gewöhnlichen Menschen, des Kindes einer Zimmermannsfamilie niederzufallen. Dieses immer wiederkehrende selbstherrliche Ineinswissen mit Jesus muss zu einem solchen Selbstbewusstsein führen, wie es im Opus Dei üblich ist und das keinerlei Selbstkritik zulässt.

– Mk 14,6: «Und gegen jene, die am Reichtum der heiligen Gefässe, Paramente und Altäre Anstoss nehmen, hört man das Lob Jesu: Opus enim bonum operata est in me – sie hat ein gutes Werk an mir getan.» (527) – Die prophetische Handlung der Frau, welche die Totenweihe Jesu vorwegnimmt, wird sozial missbraucht. Was würde ein Franz von Assisi dazu sagen, der das Neue Testament und den Altarschmuck verschenkte, als er einer armen Frau begegnete? Es handelt sich hier um eine eindeutig ideologische Verwendung der Bibel.

Aus diesen Beispielen dürfte sich mit einer erschreckenden Eindeutigkeit ergeben, dass «Der Weg» die Lebensform Jesu nicht ansichtig macht, sondern bewusst auslässt und sich in einem letztlich nebulösen Denken bewegt. Im Zusammenhang mit modernen Formen der Frömmigkeit spricht man von «freischwebender Religiosität». Ein solcher Ausdruck könnte auch für das Opus Dei verwendet werden, nur ist dieses nicht auf der undogmatischen (New Age, Neue Innerlichkeit), sondern auf der dogmatischen Seite der Skala angesiedelt: Es zitiert zwar die Bibel, aber ohne Zugang zur Lebensform Jesu selbst. Die Bibel wird im Gegenteil benutzt, um eine bereits vorher feststehende Religiosität zu illustrieren. Es ist aber erst die konkrete Lebensform Jesu, welche den dogmatischen Bezugsgrössen «Geburt», «Kreuz», «Auferstehung», «Eucharistie» ihren konkreten Inhalt und letztlich ihre Bedeutung gibt. Ohne diese Lebensform werden sie zu Worthülsen, die ihre konkrete Relevanz für das Leben der Christen verloren haben.

Ein dualistisches Weltbild Eben wurde deutlich, wie sehr eine aszetische Brille die Sicht auf das Evangelium versperrt. Aszetischen Ursprungs ist auch das dualistische Weltbild, das im «Weg» durchgehend vorhanden ist und jede positive Würdigung der Welt und des Diesseits (der Schöpfung, der mitmenschlichen Beziehungen, des Trostes, der Musse usw.) verhindert. Auf der einen Seite steht Gott, der Geist, die Seele, auf der anderen der Teufel, die Welt, der Leib. Die Berufung des Opus-Dei-Mitgliedes ist die, ein Engel zu sein (122), also ein reines Geistwesen.

Es ist zwar nicht zu leugnen, dass dieses dualistische Weltbild auch in vielen spirituellen Bewegungen innerhalb der christlichen Tradition wirksam wurde. Aber es gilt doch festzuhalten, dass wir heute diesbezüglich klarer sehen, was von Christus beziehungsweise der Bibel herkommt und was aus dem griechischen, dualistisch ausgerichteten neuplatonischen Denken. Wenn die Bibel von «Leib» spricht und von «Seele», dann klingt das anders als in griechischen Texten: «Dies ist mein Leib» zum Beispiel ist die Fülle neutestamentlicher Offenbarung, die nicht mehr zu überbietende Hingabe und Präsenz Jesu, also die grösste Möglichkeit, die der Mensch überhaupt hat. Der Leib ist nicht Hindernis oder gar Feind, sondern der Mensch in seiner Hinfälligkeit und Hingabefähigkeit. Gerade das Christusereignis, die Inkarnation Gottes und die Auferstehung von den Toten, zeigt, dass ein dualistisches Verständnis christlich gesehen unmöglich ist. Man vergleiche nur einmal die Sprache von «Gaudium et Spes», der Konstitution «Kirche und Welt» des Zweiten Vatikanischen Konzils, und die Sprache des «Wegs», um die Unvereinbarkeit dieser beiden Weltwahrnehmungen zu erkennen. Neben diese theologischen Einsichten tritt auch die moderne Einsicht in die psychosomatischen Zusammenhänge, die

eine solche Erniedrigung des Leiblichen und Irdischen geradezu unsinnig macht.
An einigen Stellen nimmt diese negative Einschätzung der Welt wieder die wahnhaften Züge an, auf die ich schon in den einleitenden Sätzen hingewiesen habe:

«Viele leben mitten in der Welt wie Engel. Du – warum du nicht?» (122)
«Der militärische Blick des heiligen Ignatius zeigt uns den Satan, wie er ungezählte Teufel mobilisiert und sie über die Staaten, Provinzen, Städte und Orte verteilt, nachdem er ihnen eine ‹Predigt› gehalten hat, in der er sie ermahnt, Eisen und Ketten zu verwenden und niemanden ungefesselt zu lassen. Du hast mir gesagt, du wollest ein Führender sein. Aber was soll eine in Ketten geschlagene Führung?» (931)
«Welt, Teufel und Fleisch sind drei Landstreicher. Sie nützen die Schwäche des Wilden aus, den du in deinem Innern mit dir herumträgst. Sie sind darauf aus, dir für das armselige, wertlose Geglitzer eines Vergnügens das blanke Gold und die Perlen und Brillanten und Rubine abzunehmen, die vom lebendigen und erlösenden Blut deines Gottes durchglüht sind.» (708)
«Siehst du nicht, wie die gottfeindlichen Geheimbünde vorgehen? Nie haben sie die Massen erobert. In ihren Zentren bilden sie einen Kader teuflischer Menschen heran, welche die Menge aufrühren und aufwiegeln und ihr den Kopf verdrehen, um sie hinter sich zu bringen und in den Abgrund der Unordnung zu führen – in die Hölle. Sie bringen eine Saat des Fluches.» (833)
«In deinem Innern meldet es sich vernehmlich: ‹Diese religiösen Vorurteile ...!› ... Wenn du das erlebst, dann entgegne dem Widersacher, dass es ein Naturgesetz gibt und ein Gottesgesetz – und Gott. Und die Hölle.» (141)
«Jener Mann traf ins Schwarze, der sagte, dass Leib und Seele zwei Feinde sind, die sich nicht trennen, und zwei Freunde, die sich nicht ausstehen können.» (195)
«Dem Körper muss man etwas weniger geben als notwendig. Sonst übt er Verrat.» (196)
«Sage deinem Leib: Lieber will ich mir einen Sklaven halten als selber dein Sklave sein.» (214)

«‹Gott gebe Ihnen Gesundheit› ... Hat dieser Wunsch rein körperlichen Wohlbefindens nicht einen schlechten Beigeschmack?» (220)
«Behandle deinen Körper sorglich; aber schone ihn nicht mehr, als es einem verräterischen Feind zusteht.» (226)
«Wenn du begriffen hast, dass der Leib dein Feind und der Feind der Verherrlichung Gottes ist, weil er deine Heiligung bedroht, warum fasst du ihn dann so weich an?» (227)
«‹Verbringen Sie einen schönen Nachmittag›, sagte man uns höflich. Ein Gott sehr verbundener Mensch bemerkte dazu: ‹Das ist zu wenig.›» (228)
«Was beugst du dich zum Trinken über die Pfützen des weltlichen Trostes, wenn du deinen Durst an Wassern stillen kannst, die ins ewige Leben fliessen?» (148)
«Die Geschöpfe für dich? Die Geschöpfe sind für Gott da. Wenn schon für dich, dann auf Gott hin.» (147)
«Löse dich von den Geschöpfen, bis du ihrer ganz entblösst bist. Denn nach dem Wort des heiligen Papstes Gregor ist dem Teufel in dieser Welt nichts zu eigen ... [Man muss] nackt mit ihm kämpfen.» (149)
«Stelle bitte die Dinge nicht auf den Kopf: Wenn Gott selbst sich dir gibt, was hängst du dich an die Geschöpfe?» (157)
«Habt ihr nicht manchmal gute Lust, den jungen Menschen um euch herum zuzurufen: Dummköpfe, jetzt lasst doch einmal diesen weltlichen Kram beiseite. Er macht euch das Herz eng.» (790)
«Wenn deine Demut dich dahin bringt, dich als Unrat, als einen Haufen Unrat zu erkennen, können wir aus all deiner Erbärmlichkeit noch etwas Grosses machen?» (605) Anmerkung: «Wir können» – welche Selbstverherrlichung!
«Wenn du den Beifall für deine Leistung vernimmst, soll in deinen Ohren auch das Gelächter ertönen, das deine Misserfolge auslösten.» (589)
«Vergiss nicht, was du bist: ein Kehrichteimer! Wenn dich der göttliche Gärtner nimmt und dich schrubbt und reinigt und mit herrlichen Blumen füllt – dann dürfen dich weder der Duft noch die Farbe, die deine Hässlichkeit schön machen, zum Stolz verleiten. Demütige dich: Weisst du nicht, dass du ein Eimer für Abfälle bist?» (592)
«Wenn du dem Antrieb deines Herzens und den Aussagen deiner Vernunft entsprechend handelst, dann müsstest du dauernd mit dem

Gesicht am Boden liegen, gekrümmt wie ein schmutziger, hässlicher, abscheulicher Wurm – vor diesem Gott, der dich immer noch erträgt und erträgt.» (597)

«Du bist schmutziger, herabgefallener Staub. Auch wenn der Hauch des Heiligen Geistes dich über alle Dinge der Erde erhebt und dich aufleuchten lässt wie Gold, indem deine Erbärmlichkeit in den Höhen die Strahlen der Sonne der Gerechtigkeit widerspiegelt, so vergiss doch die Armut deines eigenen Zustandes nicht. Ein Augenblick des Hochmutes würde dich wieder zu Boden werfen, und statt Licht wärest du wieder Schmutz.» (599)

«Stolz? Weshalb? Binnen kurzem – Jahre – Tage? – wirst du ein Haufen stinkender Dreck sein: Würmer, übelriechende Flüssigkeiten, schmutzige Lumpen des Leichentuchs – und niemand auf der Erde wird sich an dich erinnern.» (601)

«Erhoffe alles von Jesus: du hast nichts, bist nichts, kannst nichts. Er wirkt, wenn du dich Ihm ganz überlässt.» (731)

«Reinheit? fragen sie. Und lächeln. Es sind dieselben Menschen, die mit verlebtem Körper und kraftloser Seele in die Ehe gehen. Ich verspreche euch, mit Gottes Hilfe, ein Buch, das etwa heissen könnte: ‹Ehelosigkeit, Ehe und Reinheit›.» (120)

«Es bedarf eines Feldzuges für Männlichkeit und Reinheit, um die verheerende Arbeit derjenigen zu durchkreuzen und auszulöschen, die den Menschen für ein Tier halten. Dieser Feldzug ist eure Sache.» (121)

«Lass dich nicht auf eine Zwiesprache mit der Begehrlichkeit ein. Verachte sie.» (127)

«Sprich nie, auch nicht um sie zu beklagen, von unreinen Dingen oder Ereignissen. Gib acht, das Zeug ist klebriger als Teer. Wechsle das Thema, und wenn das nicht geht, führe es weiter, aber sprich dann von der Notwendigkeit und Schönheit der heiligen Reinheit, einer Tugend von Menschen, die um den Wert ihrer Seele wissen.» (131)

«... die Versuchung, die ihre Unreinheit unter dem Vorwand des Künstlerischen, des Wissenschaftlichen, ja, der Nächstenliebe verbirgt.» (134)

Befriedigung (136), Versuchungen (139) sind «Abscheulichkeiten» (140).

Die Armut Einige der oben genannten Aussagen über den Menschen können gedeutet werden im Sinne der Seinsarmut. Es gehört zur Grunderfahrung christlicher Mystik, sich arm zu wissen vor Gott: Alles ist Geschenk! Nichts stammt aus eigenen Quellen! So sehr, dass der Gotterfahrene sagen kann: Ich bin nichts! Aber darf er sagen: Ich bin ein Abfalleimer!?, darf er sich vor Gott so definieren, dass er nur böse, schlecht ist, und zwar nicht im Sinne einer moralischen Qualität, sondern im Sinne seinshaft inhärenter Schlechtigkeit? Und darf er die Geschöpfe gegen Gott ausspielen? Gibt es einen anderen, direkteren Weg zu Gott als den Weg über die Geschöpfe? Diese negative Selbsteinschätzung und Schöpfungsverachtung ist doch wohl ein grundsätzliches Missverständnis und etwas anderes als die Seinsarmut, welche von Christen zu bekennen ist und die letztlich, wie das Beispiel eines Franz von Assisi zeigt, zur gelösten und frohen Verdankung der eigenen Existenz, des Daseins, des Soseins, zum Sonnengesang, zur Wertschätzung alles Geschöpflichen, ja zur universalen Geschwisterlichkeit führt!

Neben dieser Seinsarmut stellt sich natürlich die Frage der Einstellung zu den irdischen Gütern, zu Besitz und Reichtum. Dass Escrivá zu den evangelischen Räten aufmuntert, ist – allerdings an einer einzigen Stelle! – eindeutig, aber ob er sie auch im Sinne des Zweiten Vatikanischen Konzils versteht, ist zweifelhaft. Die moderne Theologie der Räte ist abgekommen von der früheren Deutung, dass es für Christen grundsätzlich zwei Wege gäbe, den «Weg der Gebote» für die breite Masse und den «Weg der Räte» für die Elite. Es gibt keine Doppelmoral! Die evangelischen Räte mit ihrer Tendenz zu einer gewissen Radikalität in der Nachfolge sind von allen Christen, wenn auch in verschiedenen Ausdrucksformen, zu befolgen. In den nachfolgenden Ausschnitten aus dem «Weg» wird deutlich, dass die Armut vor allem im Sinne innerer Loslösung verstanden wird. Doch ist das Opus Dei nicht abgeneigt, Reichtümer und Gelder, sofern sie angeboten werden, mit Freude anzunehmen und grosszügig zu verwenden. Aus der Geschichte der franziskanischen Spiritualität wissen wir, dass eine Reduktion der Armut auf eine bloss innere Losgelöstheit von den Dingen zur Farce wird.

Wenn man nun hinzunimmt, welche Gelder und Besitztümer das Opus Dei in Tat und Wahrheit besitzt und in welchem Ausmass es in wirtschaftliche Grosskomplexe[13] verwickelt ist, wird deutlich, dass auch hier wieder von einer Farce zu reden ist. Wir haben es keineswegs mit einer Armutsauffassung zu tun, die – nach der Auffassung des Zweiten Vatikanischen Konzils – auf biblische Quellen zurückgeht. S. Regli, der die diesbezüglichen Äusserungen des Konzils zusammengetragen und gedeutet hat, ist in seiner Aussage eindeutig: «Die Vertiefung und Reinigung des Kampfes gegen die Armut wird nur möglich sein durch eine treue Verwirklichung der evangelischen Armut nach dem Geist der Bergpredigt, welche gleichzeitig für die Armen ein Zeichen der Solidarität und für die Reichen eine Warnung vor der Gefahr der Versklavung durch den Materialismus und Luxus sein wird. Von der bibeltheologischen und systematischen Betrachtung der Armut her kann hier für die praktische Verwirklichung festgehalten werden, dass evangelische Armut reale Armut sein muss, die sich von einer in materiellem Reichtum realisierten, rein geistig-innerlichen Indifferenz gegenüber den irdischen Gütern, aber – im Unterschied zu einer pauperistischen Auffassung – auch von einer Situation des Elends und der Not unterscheiden wird und in frohem und mutigem Verzicht auf Sicherungen durch Besitz und Reichtum das Vertrauen auf Gott und die Bereitschaft für sein Reich lebt und bezeugt.»[14] Und er fügt hinzu, dass eine solche reale Armut nicht nur den einzelnen angeht, sondern auch die Gemeinschaft als solche. Wiederum erweist sich ein Wort im Gebrauch des Opus Dei als blosse Leerformel!

«Du weisst, es gibt die ‹evangelischen Räte›. Sie zu befolgen ist ein besonderer Ausdruck der Liebe. Man sagt, das sei ein Weg für wenige. Manchmal glaube ich, es könnte ein Weg für viele sein.» (323)
«Denke daran: Der hat mehr, der weniger braucht. Schaffe dir keine Bedürfnisse.» (630)
«Löse dich von den Gütern der Welt. Übe dich in der Armut des Geistes, und liebe sie: Sei zufrieden mit dem, was hinreicht, ein nüchternes und massvolles Leben zu führen. Sonst wirst du nie Apostel.» (631)
«Die wahre Armut besteht nicht im Nichtshaben, sondern im Losgelöstsein; im freiwilligen Verzicht auf die Herrschaft über die Dinge. Deshalb gibt es Arme, die in Wirklichkeit Reiche sind. Und umgekehrt.» (632)
«Wenn du ein Mensch Gottes bist, so setze an die Verachtung der Reichtümer den gleichen Eifer, den die anderen daransetzen, sie zu besitzen.» (633)

«Du hast den Geist der Armut nicht, wenn du die Möglichkeit hast, unauffällig zu wählen, und dir nicht das Schlechtere nimmst.» (635)
«Wenn Reichtum dir zufliesst, hänge dein Herz nicht daran. Zaudere nicht, und verwende ihn grosszügig. Notfalls sogar heroisch. Sei arm im Geiste.» (636)
«Du liebst die Armut nicht, wenn du nicht liebst, was die Armut mit sich bringt.» (637)
«Wirf diese Hoffnungslosigkeit, die aus der Erkenntnis deiner Erbärmlichkeit stammt, weit von dir. Es ist wahr: Nach deinem wirtschaftlichen Ansehen bist du eine Null; nach deinem gesellschaftlichen Ansehen wieder eine Null und noch eine nach deiner Begabung. Aber links von all diesen Nullen steht Christus. Was für eine unermessliche Zahl ergibt das!» (473)

Der Gehorsam Darüber kann kein Zweifel bestehen, dass auch «Gehorsam» zu den Bezugsgrössen gehört, die eine christliche Lebensform ausmachen.
Der Gläubige lebt in der jüdisch-christlichen Tradition in einem dialogisch verfassten Raum: Die Schöpfung, die Menschheit, das auserwählte Volk, jeder einzelne, neutestamentlich gesprochen: Maria, die Kirche, die Orden, die Jünger, die Gläubigen sind hörend und glaubend auf den sich offenbarenden Gott verwiesen. Letztlich geht es darum, dass man die ichverliebten und selbstgenügsamen Lebensentwürfe aufgibt und den Lebenssinn Jesu, die Reichgottesverkündigung zur eigenen Lebensform macht. Darum ist der Gehorsam, das verbindliche Hören, das Konstitutiv des Glaubens.
Solcher Glaubensgehorsam ereignet sich in allen Situationen und in allen sozialen Kontexten, auch in konkreten Gemeinschaften, die ihre Berufung in Form von Regeln, Konstitutionen, Satzungen und sonstigen institutionellen Elementen fixieren. Alles kann zum Gegenüber eines solchen Glaubensgehorsams werden.
Nur ist hier aufzupassen, dass sich in diesen Glaubensgehorsam nicht eine faschistische Gehorsamsauffassung mischt. Neutestamentlich gesehen kann keine gesellschaftliche oder kirchliche Instanz die Stelle Gottes einnehmen und darum absoluten Gehorsam für sich beanspruchen, wie eine exegetisch saubere Arbeit über die evangelischen Räte zeigt[15]. Keiner, der im Sinne des Neuen Testamentes ein Glaubender ist, darf seine kritische Instanz, die Vernunft opfern und die

Befehle eines Menschen kritiklos übernehmen. Die Geschichte des zwanzigsten Jahrhunderts hat uns für diese Unterscheidung von biblischem Glaubensgehorsam und faschistischem Ordnungsgehorsam den Blick geschärft. Niemand kann seine Verantwortung an die Befehlenden abgeben, jeder muss beurteilen, ob eine Anordnung dem Evangelium entspricht, das Heil der Seele fördert, von oben kommt, um Aspekte einer «Kritik» des Gehorsams aufzugreifen, wie sie zum Beispiel in der Regel des heiligen Franz von Assisi angegeben werden. Die «Gabe der Unterscheidung» (=«Kritik») ist ein Postulat des biblischen Gehorsams, nicht sein Widerspruch. Ein auf die Obern, die «Führer», fixierter Gehorsam entspricht weder der Tradition der abendländischen Ordensgemeinschaften, für die der Gehorsam gegenüber den offiziellen Organen immer eingebettet war in das gegenseitige Hören aufeinander (vgl. Benediktregel 72, nichtbullierte Regel des heiligen Franz 4–6), noch der Auffassung des Konzils beziehungsweise der darauf aufbauenden Deutungen der nachkonziliaren Zeit[16].

Wenn man sich die nachstehenden Texteinheiten aufmerksam zu Gemüte führt, entdeckt man dagegen, dass sie eine kritiklose, blinde Übernahme von Anordnungen fordern. Sie liegen darum nicht auf der Linie einer genuin biblischen Gehorsamsauffassung. Sie setzen Menschen auf ein göttliches Podest, das ihnen nicht zukommt. Man vergleiche nur einmal den hybriden Abschnitt: «Wenn deine Demut dich dahin bringt, dich als Unrat, als einen Haufen Unrat zu erkennen, können wir aus all deiner Erbärmlichkeit noch etwas Grosses machen.» (605) Das gleiche gilt bezüglich der sogenannten «geistlichen Führung». Es dürfte sich von selbst verstehen, dass der Mensch in bestimmten Phasen seines Lebens, meinetwegen auch über lange Strecken seiner Biographie, auf eine Art Seelenführung und wohl auch immer auf eine kritische Lebensbegleitung angewiesen ist. Doch widerspricht es der neutestamentlichen Mündigkeit und Freiheit der Kinder Gottes, Gläubige grundsätzlich in Abhängigkeit zu halten und einem dauernden klerikalen Regime zu unterwerfen. Eine solche Auffassung kommt von einer integralistischen Auffassung des Christentums[17] her, nicht aber aus dem befreienden Ereignis der Menschwerdung Gottes.

Nach dem Zweiten Vatikanischen Konzil, das die Autonomie der verschiedenen Lebensbereiche und die Würde des Laien, die der Taufe

und der Firmung erwächst, postuliert, ist eine so grundsätzliche und bleibende Unterwerfung des Laien unter den Priester nicht mehr denkbar, sollte man meinen.
Ebenso verwunderlich ist, dass ein solcher Drang nach Führung und Macht in den Opus-Dei-Mitgliedern vorhanden ist, was bereits in «Der Weg» angelegt ist. Wenn man die Ordensregeln der grossen Stifter kennt, weiss man, dass dieses Streben nach Führung und Macht gerade das Kriterium eines ungeistlichen, geistlosen Lebens ist. Franz von Assisi zum Beispiel zitiert das Evangelium vom Jüngerstreit um Macht und Vorherrschaft (Mt 20,25ff.) und folgert: «Kein Bruder soll Macht oder Herrschaft ausüben, vor allem nicht unter den Brüdern selbst.» (Nichtbullierte Regel 5,9) Franziskus begreift, dass mit Jesus Christus neue Beziehungen entstehen sollen, ein Raum, der nicht mehr von der Logik der Macht und der Herrschaft bestimmt ist, sondern von Güte, Liebe, Dienen, eine Kirche, die nicht mehr nach weltlichen Organisationsmodellen gestaltet ist.[18] Das Opus Dei erweist sich mit diesem Machtstreben und mit dem innewohnenden Führungsanspruch nicht als Werk Gottes, sondern als Opus mundi, ein Werk der Welt.
«Bei der Arbeit im Apostolat gibt es keinen Ungehorsam, der geringfügig wäre.» (614)
«Gehorcht, wie ein Werkzeug in der Hand des Künstlers gehorcht, das nicht danach fragt, warum es dies oder jenes tut. Seid überzeugt, dass man euch nie etwas auftragen wird, das nicht gut ist und nicht zur Ehre Gottes gereicht.» (617)
«Initiativen. Du sollst sie in deinem Apostolat innerhalb der Grenzen des dir Aufgetragenen entwickeln. Wenn sie über diese Grenzen hinausgehen oder du im Zweifel bist, dann frage deinen Vorgesetzten, ohne deine Gedanken einem anderen mitzuteilen. Behalte stets im Auge, dass du nur Ausführender bist.» (619)
«Wenn der Gehorsam dir keinen Frieden gibt, dann bist du hochmütig.» (620)
«Hierarchie. Jeder Teil an seinem Platz. Was würde aus einem Bilde von Velasquez, wenn jede Farbe ihren Platz verliesse, wenn sich jeder Faden aus der Leinwand löste, wenn jedes Holzstück des Rahmens sich vom anderen trennte?» (624)
«Gehorchen – sicherer Weg. Den Vorgesetzten mit rückhaltlosem Vertrauen gehorchen – Weg der Heiligkeit. Gehorchen in deinem Aposto-

lat – der einzige Weg, denn in einem Werk Gottes muss dies der Geist sein: dass man gehorcht oder geht.» (941)
«Du Egoist. Immer erpicht auf ‹das Deine›. Anscheinend fehlt dir jedes Gespür für die Brüderlichkeit Christi. Du siehst in den anderen nicht Brüder – du siehst in ihnen Sprossen. Ich fürchte, du wirst schweren Schiffbruch erleiden. Und dann, wenn du gescheitert bist, verlangst du von andern jene Liebe, die du ihnen heute versagst.» (31)
«Was not tut, ist viel Gehorsam gegenüber dem Leiter und viel Fügsamkeit gegenüber der Gnade. Denn wenn man die Gnade Gottes und den Rat des Leiters nicht in sich wirken lässt, kann das Profil nicht hervortreten, das Bild Jesu Christi, das der heilige Mensch annimmt.» (56)
«Du sollst dir die bewährte Erkenntnis vor Augen halten, dass der eigene Verstand ein schlechter Ratgeber und ein schlechter Lotse ist, wenn es darum geht, die Seele durch die Böen und Stürme und Klippen des inneren Lebens zu steuern. Deshalb ist es der Wille Gottes, dass ein Kundiger die Führung des Schiffes übernimmt und uns mit seinem Licht und seinem Wissen in einen sicheren Hafen führt.» (59)
Je grösser die Bedeutung, der Rang, das Alter... «Gerade deshalb bedarfst du mehr als andere eines geistlichen Leiters.» (63)
«Eine Leiter, ein Architekt ist notwendig. Du kannst es nicht.» (60)
«Wenn ein Laie sich zum Sittenrichter aufspielt, irrt er nicht selten. Laien können da nur Schüler sein.» (61)
«Kritik aufschreiben und dem Leiter geben, der die Standesgnade hat und damit machen kann, was er will: aufheben oder in den Papierkorb werfen.» (53)
«Übe keine negative Kritik. Wenn du nicht loben kannst, dann schweige.» (443)
«Ein Leiter. Du brauchst ihn. Um dich hinzugeben, um dich zu verschenken, im Gehorsam. Ein Leiter, der dein Apostolat kennt und weiss, was Gott will ...» (62)
«Der Priester, wer auch immer, ist stets ein zweiter Christus.» (66)
«Auch wenn du es schon weisst, will ich dich stets aufs neue daran erinnern, dass der Priester ein zweiter Christus ist. Und dass der Heilige Geist gesagt hat: ‹Nolite tangere Christos meos› – niemand soll ‹meine Gesalbten› anrühren.» (67)
«Priester kommt von Presbyter. Das bedeutet Ältester. Wenn schon dem Alter Verehrung gebührt, bedenke, wieviel mehr du den Priester ehren sollst.» (68)

«Der Priester darf nicht zur Zielscheibe des Scherzes und des Spottes gemacht werden.» (69/70)
«Wie sehr müssen wir die priesterliche Reinheit bewundern. Keine Macht der Welt kann der Kirche jemals diese Krone entreissen. Sie ist ihr Schatz.» (71)
«Bringe den Priester nicht in eine Lage, in der er seine Würde verlieren könnte. Sie ist eine Tugend, die er frei von Steifheit besitzen soll. Wie flehte jener junge Kleriker, unser Freund, darum: ‹Herr, gib mir die Würde eines Achtzigjährigen!› Bitte auch du darum, für alle Priester, und du hast ein gutes Werk getan.» (72)
«Schmerz, wenn man schlecht über Priester redet, ein Kriterium des Geistes.» (73)
«Gott lieben und den Priester nicht verehren – das gibt es nicht.» (74)
«Wie die guten Söhne des Noe sollst du mit dem Mantel der Liebe die Erbärmlichkeiten zudecken, die du an deinem Vater, dem Priester, bemerkst.» (75)
«Wer bist du, dass du über Entscheidungen deines Leiters urteilst? Siehst du nicht, dass ihm mehr Gesichtspunkte für sein Urteil zur Verfügung stehen als dir, mehr Erfahrung, bessere, einsichtigere und vorurteilslosere Ratgeber, vor allem aber mehr Gnade, spezielle Gnade, Standesgnade, welche Licht und mächtigen Beistand Gottes bedeutet?» (457)
«Du bist zur Führung bestimmt.» (16)
«Führender Mann sein! Vermännliche deinen Willen, damit Gott dich zu einem Führenden macht.» (833)
«Wenn du die Regung verspürst, andere zu leiten, dann muss dein Bestreben sein: bei deinen Brüdern der letzte, sonst der erste.» (665)
«Wenn sie dich wanken sehen ... und du Leiter bist, ist es nicht verwunderlich, dass der Gehorsam zerbröckelt.» (383)
«Du spürst den Drang, zu wissen, zu führen, kühn zu sein? Gut, sehr gut. Aber für Christus. Aus Liebe.» (24)

Das verborgene Apostolat Dass sich das Opus Dei als Bewegung versteht, welche apostolisch tätig sein soll, ergibt sich aus allen Texten. Doch habe ich bereits darauf aufmerksam gemacht, dass nirgendwo Angaben gemacht werden über das «Was» der Sendung, sondern nur über das «Wie». Es fehlen die zentralen Gedanken der Apostolatsreden Jesu: Das Leben in Armut mit den Armen, die Gewaltlosigkeit und der Friede als Ziel und Weg, die Geschwisterlichkeit unter den Menschen ...

Dafür ist immer wieder die Rede – wo hat Jesus so gesprochen! – von «Kriegsdienst» (306f., 905), von Kühnheit und Wagnis (Musse, Müssiggang sind keine Werte für ein Opus-Dei-Mitglied!). Aber wofür? Für Christus natürlich! Aber nochmals: Was heisst das? «Der Weg» gibt keine Antwort.

Die Quelle eines solchen Apostolates ist denn auch nicht die öffentliche Wirksamkeit Jesu, sondern sein davor liegendes verborgenes Leben. Die «Kleinen Brüder Jesu» und andere moderne Gemeinschaften leben aus diesem Gedanken: das verborgene Leben Jesu leben. Dieses Ideal wird im «Weg» da und dort beschworen (vgl. zum Beispiel 840, 843). Man könnte von einem «kontemplativen Apostolat» sprechen, von einem Leben, das unverzweckt und Gott zugewandt mitten im Leben steht und die gewöhnlichen Berufe ausübt – in der Nachahmung eines supponierten Lebens Jesu in Nazareth. Im Falle der genannten modernen Gründungen kommt eine eindrückliche und faszinierende Spiritualität zustande. Man vergleiche nur etwa Charles de Foucauld, Carlo Caretto und René Voillaume und andere. Nichts von alledem bei Escrivá, der sich auf dieselbe Berufung bezieht.

Sobald man dann näher an die Texte herangeht, entdeckt man viel Widersprüchliches und Peinliches. Verschiedene Grundhaltungen werden genannt, die dem Ideal der Verborgenheit geradezu entgegengesetzt sind (neben einigen Apostolatsmethoden, die wirklich einiges enthalten). Im Widerspruch zu der Verborgenheit Jesu in Nazareth steht auch der missionarische Eifer: entweder so oder so, aber nicht beides! Und wenn Apostolat, dann in der Öffentlichkeit und vor allem mit klaren Zielen. Das Opus Dei hat – mit ganz wenigen Ausnahmen – kleine klaren Vorstellungen von dem, was christliches Apostolat eigentlich ist, es hat bloss Wege, aber keine Sache, die auf diesen Wegen zu erreichen ist.

«Du willst Märtyrer werden. Ich will dir ein Martyrium in deiner Reichweite zeigen: Apostel sein und dich nicht Apostel nennen; Missionar mit Sendung sein und nicht Missionar heissen; Mensch Gottes sein und als Mensch der Welt erscheinen: verborgen bleiben.» (848)

Nicht eine vergoldete Wetterfahne sein wollen, sondern «ein alter Quaderstein, verborgen im Fundament». (590)

«Du, Weiser, Berühmter, Beredter, Mächtiger: Wenn du nicht demütig bist, taugst du nichts. Beschneide dein alles überwucherndes Ich, reiss es aus, Gott wird dir helfen. Dann kannst du beginnen, für Christus zu arbeiten – an der letzten Stelle seines Apostelheeres.» (602)
«Diese falsche Demut ist Bequemlichkeit: Wenn du dich so klein machst, gibst du Rechte auf – die Pflichten sind.» (603)
«Verwechseln wir nicht die Rechte unseres Amtes mit denen unserer Person. Auf die ersteren dürfen wir nicht verzichten.» (407)
«Offenbare nicht ohne Grund das Vertrauliche deines Apostolates; siehst du nicht, dass die Welt voller egoistischer Verständnislosigkeit ist?» (643)
«Es gibt viele Leute, auch heilige, die deinen Weg nicht begreifen. Mühe dich nicht damit ab, ihn ihnen begreiflich zu machen. Du verlierst nur Zeit und gibst Raum für Indiskretionen.» (650, vgl. auch 651)
«Tilge durch dein Leben als Apostel den zähen Unrat, den die verseuchten Prediger des Hasses verbreitet haben.» (1)
«Deine Zeit und deine Kraft gehören Gott. Vergeude sie nicht damit, die Hunde, die dich auf dem Wege anbellen, mit Steinen zu bewerfen. Beachte sie nicht.» (14)
«Der Krieg. Der Krieg hat ein übernatürliches Ziel, sagst du, das der Welt verborgen ist: der Krieg ist für uns. Der Krieg ist das grösste Hindernis für einen bequemen Weg. – Aber schliesslich werden wir ihn lieben müssen wie ein Mönch seine Bussgeisseln.» (311)
«Klein beigeben? Der Ausdruck stammt aus dem Wortschatz der Bequemen, der Opportunisten und der Feiglinge, jener Menschen also, die den Kampf scheuen, ‹besser klein beigeben›. Sie geben sich nämlich von vornherein geschlagen.» (54)
«Die Ebene jener Heiligkeit, die der Herr von uns erwartet, ist durch diese drei Punkte zu bestimmen: heilige Unnachgiebigkeit, heiliges Drängen und heilige Unverschämtheit.» (387)
«Die heilige Unverschämtheit ist etwas anderes als die Frechheit der Welt.» (388)
«Ein Mann – ein Ehrenmann, der nachgiebig ist, würde Jesus aufs neue zum Tode verurteilen.» (393)
«Die Nachgiebigkeit ist ein sicheres Zeichen, dass man nicht in der Wahrheit ist. Wenn ein Mensch in Dingen der Ideale, der Ehre oder des Glaubens nachgibt, dann ist dieser Mensch – ein Mensch ohne Ideale, ohne Ehre und ohne Glauben.» (394)

«Jener kampfgewohnte Gottesmann argumentierte so: Ich sei unnachgiebig? Natürlich: denn ich bin von der Wahrheit meines Ideals überzeugt. Sie dagegen sind sehr nachgiebig – glauben Sie, dass zwei und zwei dreieinhalb ist? – Nein? Nicht einmal aus Freundschaft geben Sie in dieser Sache nach!» (395)
«Die heilige Unnachgiebigkeit hat nichts mit Fanatismus zu tun.» (396)
«Entschuldige dich liebenswürdig, wie es christliche Nächstenliebe und gesellschaftlicher Umgang erfordern. Aber dann vorwärts! Mit heiliger Unverschämtheit, ohne dich aufzuhalten, bis deine Pflicht ganz und gar erfüllt ist.» (44)
«Sei unnachgiebig in der Lehre und in deiner Lebensführung. Aber sei konziliant in der Form. Eine mächtige stählerne Keule in einem gepolsterten Futteral. Sei unnachgiebig, aber nicht halsstarrig.» (397)
«Wie viele Verbrechen werden im Namen der Gerechtigkeit begangen! Wenn du Schusswaffen verkaufst, und jemand gäbe dir das Geld für eine solche und wollte damit deine Mutter töten, würdest du sie ihm verkaufen? Ja – hat er dir nicht etwa den vollen Preis bezahlt? – Professor, Lehrer, Journalist, Diplomat: Denkt nach.» (400)
«Zum Apostolat gehst du, um dich zu unterwerfen, nicht um deine persönliche Meinung durchzusetzen.» (936)
Apostolat der Diskretion und des vertraulichen Gesprächs (972f.); des Mahles (974), der Unterhaltung (975); Briefapostolat (976), Apostolat des Geistes: «Die Menschen muss man – wie die Fische – beim Kopf packen» (978), des Nichtgebens (=Forderung des angemessenen und gerechten Lohnes: 979).
«Missionar. Du träumst davon, Missionar zu werden. Du glühst wie Franz Xaver, du willst ein Reich für Christus erobern. Japan, China, Indien, Russland – die Länder des kalten Nordens, Amerika, Afrika, Australien. Entfache dieses Glühen in deinem Herzen noch mehr, diesen Hunger nach Seelen. Aber denke daran, dass du ein besserer Missionar wirst, wenn du gehorchst.» (315)
«Du bemühst dich nur, deine Bildung zu erweitern. Deine Seele sollst du erweitern. Dann erst arbeitest du richtig, für Christus. Wenn Er in der Welt herrschen soll, braucht Er Menschen, die sich mit dem Blick nach oben vorbildlich allen menschlichen Tätigkeiten widmen und dort still und wirksam ein Apostolat des Berufes ausüben.» (347)

«Zuneigung der Mächtigen als Trost? Die Mächtigen sind gewöhnlich launenhaft, du dagegen sollst beständig sein. Sei dankbar, wenn sie dir helfen, und mache unbeirrbar weiter, wenn sie dich verachten.» (478)
«Die ganze Welt ist zu klein für dein Herz, aber es muss sich bescheiden – in einer alltäglichen Kleinarbeit.» (912)
«Gott und Kühnheit: ‹Regnare Christum volumus!› » (11)
«Ein Mann – ein Ehrenmann, der nachgiebig ist, würde Jesus aufs neue zum Tode verurteilen.» (393)
«Sei kühn: Sage Ihm, dass du verrückter nach Ihm bist als Maria Magdalena, als die grosse und die kleine Theresia, noch närrischer als Augustinus, Dominikus und Franziskus, mehr noch als Ignatius und Franz Xaver.» (402)
«Ich muss Jesus in all mein Tun hineinlegen, dann gibt es in meinem Leben keine Torheiten mehr, wenn ich es ganz exakt ausdrücken soll, werde ich nicht mehr von ‹meinem› Tun sprechen, sondern von ‹unserem› Tun.» (416)
«Wer sich der Arbeit für Christus verschrieben hat, darf keinen freien Augenblick haben, denn Musse heisst nicht etwa Nichtstun: Sie ist vielmehr ein Sichentspannen bei weniger anstrengenden Tätigkeiten.» (357)
«Müssiggang ist etwas Unbegreifliches bei einem apostolischen Menschen.» (358)
«Lege ein übernatürliches Motiv in deine alltägliche Berufsarbeit, und du hast deine Arbeit geheiligt.» (359)

Die Menge Schon mehrfach habe ich von einem «faschistischen» Zug des Opus Dei gesprochen. Hier nun soll noch ein Aspekt genannt werden, der diesen Zug bestätigt: das Verhältnis des Opus Dei zur Masse beziehungsweise Menge. Auf der einen Seite steht da Verachtung und Mitleid, auf der anderen Seite der Wille, die Menge glücklich zu machen. Wie man nach den verheerenden Auswirkungen des Faschismus überhaupt noch am Begriff «Menge» beziehungsweise «Masse» als Bezugsgrösse des Apostolates festhalten kann, ist mir ein Rätsel. Gerade von der Mystik her muss man grösste Bedenken anmelden, und zwar sowohl für den, der sich einer Masse gegenübergestellt sieht, als auch für die Menge selbst. Aber abgesehen davon, sind auch andere Dinge in den nachfolgenden Texten anstössig.
Man kann sich fragen, wie Apostolat möglich ist, wenn man die Menschen von vornherein mit Kategorien aus dem Tierreich belegt. Es

handelt sich dabei nicht um einen blossen Vergleich, wie das etwa auch Jesus tut, wenn er sich als Guten Hirten bezeichnet, sondern um einen Ausdruck grosser Verachtung. Bezeichnend ist auch, dass man aus Herden Legionen und Heere machen will, also eine Massenbewegung, eine gehorsamsbereite Truppe.
Auf der anderen Seite soll man die Menge glücklich machen. Interessant ist die Feststellung, dass nicht weit von dieser Texteinheit entfernt von der Ehe die Rede ist, die nicht für die zur Führung Berufenen ist. Hier nun wird auf eine Weise von der Menge gesprochen, wie der Mann sonst von der Frau spricht: Er soll sie glücklich machen! Da ist es nicht mehr weit zur Perversion einer «faschistischen Mystik», welche Gott im Zueinander von Führer und Masse zu erleben glaubt.
«Die Menge tut einem leid. Die Hohen, die Niedrigen, die Mittleren – alle ohne Ideal. Sie machen den Eindruck, als ob sie nicht wüssten, dass sie eine Seele haben. Sie sind wie Rinderherden, Schafherden, Schweineherden. Jesus, mit der Hilfe Deiner erbarmenden Liebe wollen wir die Rinderherde in eine Legion verwandeln, die Schafherde in ein Heer – und aus der Schweineherde wollen wir die herausholen, die nicht mehr unrein sein wollen.» (914)
«Du wirst nie ein Führender sein, wenn du die Masse nur als Sprungbrett für deine Karriere betrachtest. Führender Kopf bist du nur dann, wenn du den Ehrgeiz hast, alle Menschen zu retten. Du darfst der Menge nicht die kalte Schulter zeigen. Du musst den tiefen Wunsch verspüren, sie glücklich zu machen.» (32)

Die Bildung Noch ein Punkt soll hier kurz berührt werden: die Bildung. Bereits oben wurde ein sprechender Vergleich angeführt: Der «Weg» beschreibt das Apostolat des Geistes wie folgt: «Die Menschen muss man – wie die Fische – beim Kopf packen» (978), also über den Verstand sollen die Menschen gewonnen werden. Die Bildung kann nicht hoch genug eingeschätzt werden.
Allerdings kann man in den betreffenden Stellen auch eine Angst vor dem Intellekt feststellen, die immer wieder zur Bevormundung des Bildungswesens neigt. Zwar könnte man sich im Gefolge des heiligen Bonaventura oder eines Karl Barth durchaus auch ein dialektisches Verhältnis zwischen Offenbarungswissen, Kreuzestheologie und Weisheit einerseits und Vernunftswissen und Philosophie anderseits denken. Sicher aber gibt es auch innerhalb einer solchen Dialektik immer

noch Möglichkeiten einer positiveren Einschätzung. Man vergleiche dazu etwa die grundsätzlich positive Würdigung auch des heidnischen Wortes durch Franz von Assisi, der glaubte, dass jeder Text, mag er noch so banal, noch so gottlos, noch so schmutzig sein, immer noch die Buchstaben sind, mit denen man den Namen Jesu, den Einsetzungsbericht oder gar die ganze Bibel schreiben kann.[19] Wenn er keine Bildung für sich und seine Brüder wollte, dann weil er sie als Privileg betrachtete, das den Armen vorenthalten wird. Aber es gab für ihn keine Texte oder Bücher, die er als «Schmutz» hätte bezeichnen können. Und wie unchristlich ist doch die Haltung, die in einem Andersgläubigen und Andersdenkenden immer nur Böswilligkeit und Pharisäertum sieht!

«Das Studieren, die jeweilige Berufsausbildung, ist unter uns eine schwere Pflicht.» (334)
«Eine Stunde Studieren ist für einen modernen Apostel eine Stunde Gebet.» (335)
«Du gehst oft zu den Sakramenten, betest, lebst keusch – und studierst nicht. Dann erzähle mir nicht, du seiest gut. Du bist nur gutmütig.» (337)
«Die Kirche auf allen Gebieten wissenschaftlich verteidigen.» (338)
«Du sollst Bücher nicht ohne den Rat kluger und erfahrener Christen anschaffen. Man kauft so leicht etwas Nutzloses oder Schädliches ein. Oft glauben Menschen, sie trügen unter dem Arm ein Buch – und tragen eine Ladung Schmutz.» (339)
«Bücher. Ich streckte die Hand aus wie ein Armer Christi und bat um Bücher. Bücher! Sie sind Nahrung für die katholische und apostolische Bildung vieler junger Studenten. Ich streckte die Hand aus wie ein Armer Christi – und erlebte manchen Hereinfall. Warum begreifen sie nicht, Jesus, die tiefe christliche Nächstenliebe dieser Spende, die wirksamer ist als gutes Brot?» (467)
«Vergiss nicht, vor dem Lehren kommt das Tun. ‹Coepit facere et docere›, sagt die Heilige Schrift von Christus. Er begann zu tun und zu lehren. Zuerst das Tun. Dass du und ich daraus lernen.» (342)
«Bildung, Bildung! Gut, soll uns keiner darin übertreffen, sie anzustreben und zu besitzen! Aber Bildung ist Mittel und nicht letzter Wert!» (345)

«Bleibe ruhig, wenn du eine rechtgläubige Meinung vorgetragen hast, auch wenn die Böswilligkeit deines Gesprächspartners daran Anstoss nimmt. Denn sein Anstossnehmen ist pharisäisch.» (349)

Die katholische Kirche Schliesslich sollen auch noch einige Texte zum Thema Kirche vorgestellt werden. Auch hier herrscht eine wenig pneumatische Sicht der Kirche vor: die hierarchische Struktur der Kirche, das Zeremoniell, der Papst, das Gesetz, die traditionellen Frömmigkeitsübungen, von denen verhältnismässig viel Raum für die Schutzengel (562–570) eingeräumt wird. Da gibt es keine Hierarchie der Werte, im Gegenteil!

Bezeichnend ist auch, dass Escrivá in seiner gewiss eindrücklichen Exposition über die Wortbedeutung von «katholisch» erstens nur die rühmlichen Seiten und zweitens nicht etwa der Teilkirchen, sondern der Nationen aufzählt. Vom universalen Heilssakrament, das die Kirche ist, keine Ahnung! Auch nicht von den Chancen und Forderungen, welche vom Begriff «katholisch» auf den Begriff «römisch» zu übertragen wären.

Und der Glaube der Kirche ist nicht etwa der grossartige stimulierende Impuls für das Denken, sondern eine Art Beruhigung! Ich muss gestehen: Nach allem, was ich im «Weg» feststelle und darin als Glaube vorgestellt sehe, wird mir die ernstgemeinte Frage des heiligen Anselm von Canterbury zum Seufzer: «Cur Deus homo?» Warum die Menschwerdung Gottes? Für nichts als diese Banalität von Religion, wie sie das Opus Dei vertritt? Da sind mir die Antworten von Anselm, Franziskus, Duns Skotus, von Thomas von Aquin und von den vielen, die Christus gefolgt sind, zu teuer!

«Katholisch, apostolisch, römisch! Es gefällt mir, dass du sehr römisch bist. Und dass du den Wunsch hast, eine Romfahrt zu machen, ‹videre Petrum›, um Petrus zu sehen.» (520)

«Katholisch sein heisst seine Heimat lieben, niemandem in dieser Liebe nachstehen. Und gleichzeitig, die aufrichtigen Bemühungen aller anderen Länder auch als die meinen betrachten. Wieviel vom Ruhm Frankreichs ist auch mein Ruhm! Und ebenso ist der berechtigte Stolz der Deutschen, der Italiener, der Engländer, der Amerikaner, der Asiaten, der Afrikaner auch mein Stolz. Katholisch, grosses Herz, weiter Geist.» (525)

«Wenn du keine tiefe Verehrung für den Stand der Priester und Ordensleute empfindest, liebst du ganz bestimmt die Kirche Gottes nicht.» (526)
«Dank, mein Gott, für die Liebe zum Papst, die Du mir ins Herz gelegt hast.» (573)
«Wie herrlich ist unser katholischer Glaube! Er stillt all unsere Sehnsucht, macht das Denken ruhig und füllt das Herz mit Hoffnung.» (582)

Schlussbemerkung

Die diversen internen Dokumente des Opus Dei, deren Lektüre Peter Hertel ermöglichte, sind noch weniger von geistlicher Dynamik erfüllt als «Der Weg». Jede Kritik, jeder aufgeklärte Gedanke wird als Vermummung des Stolzes hingestellt. Die Worthülsen werden weitergeschleppt, sie sind noch leerer geworden. Es gibt eine klare Mentalität, die aber nicht nur keine christliche Spiritualität, sondern in einem eindeutigen Widerspruch zu ihr steht. Was in diesen Werken «christlich» ist, sind Worte, die nicht mehr ihre ursprüngliche Bedeutung haben. Das Opus Dei lässt sich insofern mit New Age vergleichen: das christliche Vokabular ist Garnitur für einen anderen Logos[20].

Anmerkungen

[1] Vgl. M. Galli, Gelebte Zukunft: Franz von Assisi, Luzern/Frankfurt 1970; – ein Buch, das mehr die Vorgänge am Konzil als den historischen Franziskus zum Gegenstand hat; vgl. auch die Aussagen der Würzburger Synode: Unsere Hoffnung III, 2. Dazu Th. Schneider in der Einleitung: «Manchen Synodalen erschienen die hier gebrauchten Formulierungen einseitig und überzogen. Die Aussage, dass die Armen und Kleinen von Jesus bevorzugt waren und deshalb die ‹Privilegierten in seiner Kirche› sein müssen, stiess auf erheblichen Widerstand. Gewiss zeigte sich hier, dass ein Nerv unserer deutschen Kirche getroffen war. Aber es sprach sich wohl auch die Sorge aus, hier würde folgenlos nur eine romantische Utopie beschworen. Immerhin erreichte die zum Teil leidenschaftliche Debatte, dass die eindeutige Aussagen vorangestellt wurde: Jesu Zuwendung meint alle, deshalb darf auch die Liebe der ihm Nachfolgenden niemanden ausschliessen. Dennoch bleibt bemerkenswert, dass die Mehrheit der Synodalen zwar bereit war, zur Abwehr möglicher Missverständnisse Verdeutlichungen vorzunehmen, aber darüber hinaus die Aussagen dieses Abschnittes nicht abschwächen wollte und sich zur anstössigen ‹Einseitigkeit› der biblischen Aussagen (vgl. Prot. VII, 39–42) bekannte»; in: Gemeinsame Synode der Bistümer in der Bundesrepublik Deutschland. Offizielle Gesamtausgabe, Freiburg 1976, 77.

[2] «Latinamerica Press verbreitete einen Artikel, in dem Eduardo Colombani die Meinung vertrat, dass Opus-Dei-Mitglieder hoffen, jene Sektoren der Kirche isolieren zu können, die für eine vorrangige Option für die Armen eintreten», Missionsdienst 11/91, 13.

[3] J. E. Balaguer, Der Weg, Köln 1977.

[4] Nach Kirchenbote Nr. 34, Wochenzeitung für das Bistum Osnabrück, S. 4.

[5] Balthasar, Hans Urs von: Friedliche Fragen an das Opus Dei, in: Der christliche Sonntag Nr. 15 (1964) 117f.; vgl. zur Position von Balthasar, die hier referiert wird, auch: Ders.: Integralismus heute, in: Diakonia 19 (1988), 121–129. Ders.: Integralismus 1. Grundsätzliches, in: Wort und Wahrheit 18 (1963) 737–740; Integralismus 2. Beispiele, in: Wort und Wahrheit 18 (1963), 740–744.

[6] Hertel, P., Hans Urs von Balthasar und der «Integralismus» (Leserbrief), in: Christ in der Gegenwart, Nr. 36, 1991, 295.

[7] Crónica, zit. nach Hertel, P., Für eine offene Kirche. Was steckt hinter den Konflikten in der katholischen Kirche. Eine Analyse, in: Publik-Forum-Materialmappe 1990, 17.

[8] Vademecum für die Örtlichen Räte (Rom, 19. März 1987). Eine Zitierung des Werkes ist äusserst schwierig, da ihm eine klare, numerierte Gliederung fehlt. Der Autor hatte freundlicherweise Einsicht in dieses geheime Dokument im Privat-Archiv des deutschen Journalisten und Publizisten Peter Hertel.

[9] Hier wird deutlich, dass die Schriften des jetzigen Oberen und die Schriften des Gründers gleichermassen Quelle sind. Damit wird aber eine Nivellierung des Gründers vorgenommen.

[10] The Tablet vom 27. Juli 1991.

[11] S. 19.

[12] Vgl. dazu: W. Egger, Nachfolge als Weg zum Leben. Chancen neuerer exegetischer Methoden dargelegt an Mk 10,17–31, Klosterneuburg 1979.

[13] Vgl. Michael Meier, «Octopus Dei» an der Limmat – spanischer Import. Wie ein natürliches Werk in der Hochfinanz operiert. Tages-Anzeiger Zürich, 10. Juli 1990, S. 2.

[14] S. Regli, Das Ordensleben als Zeichen in der Kirche der Gegenwart. Eine pastoraltheologische Untersuchung, Freiburg 1970, 256.

[15] Vgl. dazu T. Matura, Suivre Jésus. Des conseils de perfection au radicalisme évangélique. Problèmes de vie religieuse, Paris 1983.

[16] Vgl. S. Regli, ebda. 218–236.

[17] Als Beispiele für den Integralismus können folgende Zitate dienen: «Auch wenn die Gewerkschaften nur katholische Mitglieder aufwiesen, die Leitung aber einem Arbeiter zuwiesen, müssten wir sie bekämpfen. Alles kommt darauf an, dass die Geistlichen die katholischen Arbeiter in der Hand behalten.»: Bischof Michael Felix Korum (1840–1921), zit. nach P. Hertel, Für eine offene Kirche. Was steckt hinter den Konflikten in der katholischen Kirche. Eine Analyse, in: Publik-Forum-Materialmappe 1990, 8. «Die schönste, die segensreichste, gottgefälligste Friedenskirche aber wäre ohne Zweifel die nach christlichen Grundsätzen eingerichtete Gesellschaft, die Gesellschaft unter der Leitung der Kirche, die Verwirklichung des Gottesreiches auf Erden.»: Albert Maria Weiss OP (1844–1925), ebda.
Benigni, der Begründer der Geheimorganisation unter Pius X: «Es gibt in Deutschland

eine Rechtsrichtung – diese stützen wir; es gibt aber auch eine Linksrichtung – alles, was politisch, sozial, literarisch, religiös dahin wirkt, werden wir aufs äusserste bekämpfen; denn es ist höchste Zeit, zumal wenn in Deutschland die Bischöfe nicht eingreifen; es gibt auch unter diesen eine Linksrichtung, die Kölner Richtung; wir beobachten Deutschland ganz scharf.»: ebda 11. – Alle diese Einstellungen verbinden sich mit dem Opus Dei.

[18] Vgl. A. Rotzetter, Kontemplation und Gehorsam, in: Leidenschaft für Gottes Welt. Aspekte einer zeitgemässen Spiritualität, Zürich 1988, 59–75.

[19] Vgl. A. Rotzetter, Franziskus. Ein Anfang und was davon bleibt, Zürich 1981, 149f.

[20] Für die Kriterien einer christlichen Spiritualität vgl. A. Rotzetter; Leidenschaft für Gottes Welt. Aspekte einer zeitgemässen Spiritualität, Zürich 1988, 31–38; ders., Die Neue Innerlichkeit und die christliche Tradition, Mainz 1992.

Urmisstrauen in den Menschen

Peter Schellenbaum

Anmerkungen zu «Weg»-Weisungen Escrivás aus psychotherapeutischer Sicht

Die Opus-Ideologie als Totengräberin der Kirche In der Ideologie des Opus Dei kommt schmerzlich scharf zum Ausdruck, was die heutigen Menschen der katholischen Kirche seit dem Pontifikat des derzeitigen Papstes Johannes Paul II. entfremdet, paradoxerweise, weil in unserer Zeit partnerschaftliche Mitmenschlichkeit und ein dialogisches, nicht hierarchisches Verständnis von Nächstenliebe an Verbreitung zunimmt. Unter dem direkten oder indirekten Einfluss des Opus Dei entwickelt sich die offizielle Kirche zu einem Gegenzeugnis des Menschlichen, zu einer starren Bastion, in der die wunderbare Lebendigkeit des Lebewesens Mensch erstickt.

Auch ohne kirchenrechtliche Deklaration erlebt die Kirche heute das wohl tragischste Schisma ihrer Geschichte, das Schisma nämlich zwischen einem wichtigen Teil ihrer geistlichen Führer und dem Volk Gottes, und zwar nicht aufgrund gegensätzlicher Meinungen zu irgendeinem peripheren Glaubensdogma, sondern einer zutiefst pessimistischen, oft dualistisch anmutenden Auffassung über die zentrale Glaubenswahrheit der Menschwerdung Gottes bei den erwähnten geistlichen Führern. Diese provozieren dadurch eine Spaltung nicht nur von der christlichen Botschaft, sondern auch allgemeiner von dem, was der heutige Mensch fühlt, ahnt, ersehnt, ist. Dass die Ideologie des Opus Dei dadurch zur eigentlichen Totengräberin der Kirche wird, ist für die bisher loyalen Kirchenangehörigen tragisch. Dass sie die menschliche Entfaltung an den wundesten Punkten behindert, trifft und betrifft auch solche Menschen, die der katholischen Kirche ferne stehen.

Der Beitrag «Urmisstrauen in den Menschen» von Peter Schellenbaum erschien erstmals in «Aufbruch extra» über das Opus Dei, 1990 (November), Nr. 14. Der zweite unveränderte Abdruck erscheint mit freundlicher Erlaubnis der Redaktion «Aufbruch».

Die verheerenden Folgen einer falsch verstandenen Demut *Mein* Kommentar zu einigen Passagen aus dem Hauptwerk des Opus-Dei-Gründers soll aus tiefenpsychologischer Sicht das Urmisstrauen des Opus Dei in den Menschen aufzeigen. Anstelle eines konstruktiven, dialogischen Verhältnisses des Menschen zu sich selbst – C. G. Jung würde sagen: des Ich zum Selbst –, beschwört diese Schrift eine unüberwindbare Feindschaft des Menschen zu sich selbst: «Dein grösster Feind bist du selbst.» An den wegen seiner dualistischen Verachtung von Leib und Materie von der Kirche verurteilten Philosophen Plotin gemahnt der Satz: «Du bist schmutziger, herabgefallener Staub.» Der Mensch ist «ein Kehrichteimer», «Unrat», ein «Haufen Unrat», «Erbärmlichkeit». Eben diese Tatsache zwingt ihn zu dem, was «Der Weg» «Demut» nennt.

Demut als Einsicht in die eigene Begrenzung, als Öffnung hin auf Lebensimpulse, die nicht aus dem kleinen Ego stammen, sondern uns von aussen oder aus unserer Tiefe ansprechen – solche Demut ist eine befreiende Tugend. Doch um welche «Demut» geht es hier? Offensichtlich um die Zerstörung von Selbstvertrauen und spontaner Lebenslust. Was geschieht im Innern von Menschen, die einer solchen falsch verstandenen «Demut» zum Opfer fallen? Wenn sie nicht depressiv werden, suchen sie die Abhängigkeit von starken Führerfiguren, an deren Macht sie partizipieren, um die eigene vermeintliche Ohnmacht verdrängen zu können. Gleichzeitig üben sie unbewusst repressive Macht über andere aus, zum Beispiel indem sie ihre «Liebe» davon abhängig machen, ob der andere den eigenen Glauben teilt oder nicht. Aus solcher «Demut» kann nur Zerstörung kommen: Selbst- und Fremdzerstörung. Es sind solche Menschen, die innerhalb ihres Systems nach Macht streben und zur Macht gelangen. Es sind solche Menschen, die in der heutigen kirchlichen Situation Würdenträger (!) werden wollen und es oft auch werden. Was sie als geistliche Berufung erleben, ist die Erlösung vom unerträglichen Druck der eigenen Selbstvernichtung. Sie können nicht anders, als mit den ihnen anvertrauten Menschen in einer glatten, lächelnd jovialen Unsensibilität umzugehen. Ich kenne in unserer Zivilisation keine andere Gattung Mensch, die in bezug auf die eigene Psyche von einer so totalen Unbewusstheit ist wie diese.

Die wenigen Träume, die mir von solchen Klerikern bekannt sind, sind von fürchterlichen Ängsten und primitiver Sinnlichkeit geprägt: Das

Ausgeklammerte kann sich nur im Traum ausdrücken, und es äussert sich negativ, weil die Einstellung zu den dunklen Bereichen der Psyche die einer völligen Abspaltung ist. Wer wie ich von Berufes wegen mit Träumen arbeitet, kann sich der Evidenz des Zusammenhangs von falsch verstandener Demut und Machtkomplex nicht entziehen. Nur ein Machtapparat wie der der offiziellen Kirche kann einzelne Kleriker davor bewahren, sich dieser Evidenz zu stellen und dadurch zu einer wirklichen, belebenden Demut zu gelangen.

Tödliche Unsensibilität gegenüber dem Leib Wenn jemand sein eigener Feind ist, so gilt das insbesondere in bezug auf die leibliche Existenz. Gesunde, aus dem Selbst quellende Lebenslust wird zur Lüsternheit degradiert: «Lass dich nicht auf eine Zwiesprache mit der Begehrlichkeit ein: verachte sie!» Die Existenz eines Menschen aus Fleisch und Blut ist verächtlich. Daher: «Viele leben mitten in der Welt wie Engel. Du – warum du nicht?» Gnostisch dualistische Einflüsse sind unverkennbar. Wenn das Opus Dei sagt, wir seien unsere eigenen Feinde, so meint es eigentlich unseren Leib. Die Folge davon ist tödliche Unsensibilität gegenüber dem eigenen Leib und dem Leib anderer. Diese Gefühllosigkeit verrät sich bei eher weichen, passiven Männern durch eine gepolsterte Leiblichkeit, die an einen gefederten Gummiball erinnert, bei eher harten, zum Heroischen neigenden Männern in der panzerartigen Starrheit ihres Körpers. Beide fallen übrigens unter den von Wilhelm Reich geprägten Begriff des Charakterpanzers. Wer erkennt in diesen beiden Bildern nicht die Ausformungen des klerikal entleiblichten Menschen? Vor allem der zweite Typus wird sich in folgender Frage wiedererkennen. «Wenn du begriffen hast, dass der Leib dein Feind und Feind der Verherrlichung Gottes ist, warum fasst du ihn so weich an?» Doch auch der erste Typus empfindet ungesunde Lust bei der Vorstellung dieses faschistischen Männlichkeitsideals.

Ohne Bejahung des Leibes gibt es keine wirkliche Freude. Es ist deshalb nur folgerichtig, dass die Freude aufs Jenseits verschoben wird. Wie unecht und unehrlich dieses Hinausschieben ist, zeigt sich im Kitsch der folgenden Leidensverherrlichung: «Wir wollen in dem armen gegenwärtigen Leben den Leidenskelch bis zum letzten Tropfen leeren. – Was bedeuten zehn, zwanzig oder fünfzig Jahre Leid…, wenn dann die Herrlichkeit kommt, für immer, für immer, für immer?»

Die dreifache larmoyante Wiederholung des «für immer» dient der Vertuschung der eigenen Lebenslüge. Die verachtete Lust erscheint einerseits in der Projektion auf ein primitiv anthropomorph verstandenes Jenseits, andererseits auch in der Perversion eines infantilen Masochismus: «Noch eine Viertelstunde Bussübung für die Seelen im Fegfeuer, noch fünf Minuten für deine Eltern, weitere fünf für deine Brüder im Apostolat», nach dem Muster, wie man Kinder zum Einnehmen einer bitteren Medizin verlockt.

Die Destruktivität des martialen Männlichkeitskultes Der extreme Männlichkeitswahn, der an Kunst und Literatur im Faschismus erinnert, führt zu einem triumphal autoritären Empfinden und Denken, das sich in der postulierten hierarchischen Struktur niederschlägt: «Dutzendmensch werden? Du ... zum grossen Haufen gehören, der du zur Führung geboren bist?» Ein grösserer Widerspruch in Geist und Ton zur Bergpredigt lässt sich nicht vorstellen. Der pubertär grossmaulige Stil zeigt, wie die unterdrückte sexuelle Lust in den Kanal der Machtgelüste umgeleitet wird. Heute wissen wir um die verheerende Destruktivität des martialen Männlichkeitskultes. Dass gerade die Führungsequipe der Kirche als einzige in der zivilisierten Welt noch diesem Ideal verfallen sein soll, stimmt traurig: «Stähle deinen Willen, vermännliche deinen Willen: er soll mit der Gnade Gottes ein stählerner Sporn sein.» – «Sei männlich. – Und dann ... sei ein Engel!»
Der stählerne Sporn der Macht ist das Symbol eines zur Waffe pervertierten «Phallus» beim männlichen Kleriker, der seinen Leib als verächtlich und böse von sich abspaltet und so zum «Engel» wird. Anstelle der Verkündigung der klaren und offenen Nächstenliebe tritt eine machiavellische Kampfesideologie: «Sei unnachgiebig in der Lehre und in deiner Lebensführung. – Aber sei konziliant in der Form. – Eine mächtige stählerne Keule in einem gepolsterten Futteral.» Wiederum diese phallisch aggressive Ausdrucksweise! Nächstenliebe wird in die Nähe einer blossen Umgangsform gerückt: «Entschuldige dich liebenswürdig, wie es die christliche Nächstenliebe und gesellschaftlicher Umgang erfordert. – Aber dann vorwärts! Mit heiliger Unverschämtheit, ohne dich aufzuhalten.»

Wider die Opus-Ideologie! Im Namen der christlichen Liebesbotschaft und der Menschenwürde dürfen wir uns mit dieser heiliggesprochenen Unverschämtheit, mit dieser dummdreisten Menschenverachtung nicht arrangieren. Wer das Opus Dei zur Leitschnur seines Glaubens, Denkens und Handelns macht, stellt sich gegen das Wertvollste, was in der menschlichen Seele schlummert: gegen die Begabung zur Liebe, gegen Mitmenschlichkeit, Partnerschaftlichkeit, Dialog.

«Opus Dei» in uns

Psychogramm einer kollektiven Zwangsstruktur

Sturmius-M. Wittschier

Bericht einer psychoanalytischen Forschungsreise mit Christine F.

Als Psychoanalytiker interessiert mich die Seelenbewegung des einzelnen und die Seelenbewegungen des Kollektiven und deren Miteinander. Und da sehe ich viel (manchmal viel zu viel) Schmerz. Es scheint mir möglich, ihn hier und da zu mildern – nicht zuletzt auf humorvolle Weise. Dafür setze ich mich ein. Auch hier.

Ich werde Ihnen im folgenden von einer Forschungsreise erzählen: von einem therapeutischen Geschehen (denn jedes therapeutische Geschehen ist eine Forschungsreise). Dies ist für mich die einzig mögliche Weise, mich als praktizierender Analytiker dem Phänomen «Opus Dei» zu nähern. Es ist die zweijährige Entwicklungsgeschichte einer deutschen Frau.
Ich lade alle Menschen guten Willens herzlich ein, sich auf diese Forschungsreise einzulassen, in der es darum geht, Zwanghaftes *in uns* zu entdecken und aufzuweichen.

Tollwütiger Fuchs und peinlichst aufgeräumter Schlafzimmer-Schrank. Christine Friedemann kommt in die Analyse

Es schellt. Ich öffne. Eine Frau um die Fünfundvierzig steht vor mir. «Guten Tag Frau Friedemann.» «Guten Tag, störe ich? Es ist noch nicht ganz 14 Uhr.» «Aber so gut wie», sage ich. «Ich sagte Ihnen ja am Telefon, dass Sie ruhig schellen könnten, wenn Sie da sind, weil ja keiner vor Ihnen bei mir ist.» Erleichterndes Atmen. Im Analysezimmer lasse ich meine Besucherin unter den drei Sitzgelegenheiten wählen. «Soll ich wirklich wählen? Wo sitzen Sie denn?» Ich: «Sie dürfen ruhig wählen.» Mit einem: «Ja, dann gehe ich hierhin» setzt sie sich auf den geraden Stuhl, ich auf das gegenüberstehende Sofa; der gemütliche Lehnsessel bleibt leer.
Sie müsse jetzt mit jemandem reden. Sie schlafe schlecht, habe ständig Schmerzen im Rücken. Ihr Mann werfe ihr vor, dass sie den Haushalt vernachlässige. Dabei sei sie sonst schon fleissig, bemühe sich zumindest. Aber immer komme was dazwischen. Vor allem Leute aus

der Gemeinde. Die wollten dies oder jenes. Aber auch nichts Richtiges. Und ihren beiden Kindern, zwanzig und zweiundzwanzig, könne sie es auch nicht recht machen. Der Junge verlange von ihr, dass sie ihm die Turnsachen von heute auf morgen wieder wasche. Sie habe ja ihre Kinder gerne. Aber so schnell könne sie das nun auch nicht. Und die Tochter nehme ihr die Pralinen oder Schokolade, die sie geschenkt bekommen habe, aus ihrem Schlafzimmer und auch die Tampons. Sie habe ja nichts dagegen, wenn sie nur nichts durcheinander brächte; sie könne im Dunkeln die Sachen im Schrank finden; sie habe das gerne, diese Übersicht; aber wenn die Tampons oder die Schokolade zu Ende seien, dann sollte die Tochter es doch wenigstens sagen. Ich frage: «Ihre Tochter darf an Ihre privaten Sachen gehen?» «Ja, warum denn nicht. Ich habe sie doch gern. Und eine Mutter muss das doch können.» Sie könne so nicht mehr weiter.

In den nächsten Stunden kommen wir dann auf ihre Mutter zu sprechen: «Ja, sie ist gut katholisch gewesen und hat mich auch so erzogen. Aber sie war sehr streng mit uns Kindern. Und ich wollte das nicht mehr so machen. Meine Grossmutter mütterlicherseits war genau das Gegenteil. Sie war sehr fromm. Sie ging täglich in die Messe und mindestens einmal in der Woche zur Beichte. Mein Vater ist gefallen, kurz bevor ich auf die Welt kam. Und meine Mutter musste hart arbeiten, um meine beiden älteren Brüder und mich nach dem Krieg durchzukriegen. Sie hat nie mehr geheiratet. Sie wollte ihrem Mann treu bleiben, das hat sie ihm auch noch beim letzten Sehen gesagt (hat sie mir erzählt). Und plötzlich ist sie dann in Tränen ausgebrochen. Und wusste gar nicht, warum. Ich hab sie nie vorher weinen gesehen. Damals war ich sechzehn, und sie wollte mich vor den Männern warnen, die ja immer nur das Gleiche wollten.» Frau F. kratzt sich am Handrücken. Da sind kleine Krusten, unter denen jetzt rote Haut erscheint. Ich spreche sie darauf an: «Haben Sie sich verletzt?» «Ja, ich verbrenne mich immer wieder. Ich kann es schon gar nicht mehr zählen: am Ofen, mit Zigaretten, beim Anzünden der Kerzen. Und manchmal gibt es eben kleine Wunden mit Krüstchen.» Ich bin erschrocken und spiegele dies wohl im Gesicht. Sie: «Ja, mich erschrickt das auch. Mein Mann schimpft dann los, ob ich denn nicht aufpassen könne. Und ich fühle mich so ohnmächtig.»
Wir schweigen eine gute Weile gemeinsam…

In einer der nächsten Stunden erzählt F.
«Ich hab nämlich immer wieder einen Traum, der sich leicht verändert: Erst war es ein tollwütiger Fuchs, der mich beissen wollte. Mich ekelte schon bei dem Gedanken, der könnte mich berühren. Aber dann hat er mich gebissen. Ich rannte in Panik umher. Schrie nach einem Arzt. Rannte zu meinem Hausarzt in der Siedlung. Der war gerade auf Visite. Zum anderen, der hatte einen Operationstermin. Es war wahnsinnig.
In manchen Träumen war es ein anderes Tier: ein Wolf vielleicht, eine Schlange oder so etwas Ähnliches. Aber meist ein tollwütiges Tier; und diese Panik am Ende, keinen Arzt finden zu können.»

Reflexion Ich dachte an das andere Extrem zum tollwütigen Tier: den zwanghaft aufgeräumten Schrank, wo sich Frau F. im Dunkeln zurechtfindet, an die sehr beichtfreudige Grossmutter, die innerlich alles extrem aufräumen wollte. An die gestrenge Mutter, die ihre Kinder wohl sehr sauber, vielleicht viel zu sauber erzogen hat. Und an den gewählten geraden Stuhl. Das Bild vom tollwütigen Tier liess mich auch fragen nach unbewusster, untergründiger Wut, Wut gegen sich selbst (sichtbar jetzt auch in den Verbrennungen und Kratzwunden), Wut gegen die Kinder, vielleicht auch gegen die Mutter, die Männer.
Aber der Traum stimmte mich froh. Denn die natürliche Gegenstimme zum Zwanghaften machte sich hör- und sichtbar, nämlich im tollwütigen Tier: die Stimme der natürlichen Wildheit. Sie ist hier allerdings noch ganz furcht- und ekelerregend: Sie erscheint als reines Gift, angesichts dessen keine Heilung zu bestehen scheint. Der Traum ruft nach dem Arzt.
Es ist wohl verständlich: Je stärker das Zwanghafte einen Menschen im Griff hält – und das vor allem wie selbstverständlich, wie hier bei Frau F. –, desto weniger kann sich die natürliche Wild-Seite zeigen, tobt aber um so mehr im Unbewussten, zum Beispiel in Träumen, die aber noch nicht erinnert werden können. Aber sie will ihr Recht auch im Bewussten und bricht sich Bahn, wo wir es nie vermuten, zum Beispiel in Selbstverletzungen, Schlafstörungen, Rückenschmerzen und anderem. Hier nun erscheint das Wilde in der Traumerinnerung. Und das heisst: Hier nun wird das Zwanghafte in seiner selbstverständlichen Überherrschaft ganz langsam in Frage gestellt. Wirklicher Anlass zur Freude.

Ich sage Frau F., dass ich mir vorstellen könnte, dass der Fuchs durch einen guten Jäger seine Tollwut verlieren und dann so hilfreich werden könnte wie der Fuchs im Märchen «Der goldene Vogel» (Kinder- und Hausmärchen – Grimm, Nr. 57). Sie lächelt.
Frau F. spricht mich am Schluss der Stunde noch auf Eugen Drewermann und sein gerade erschienenes Buch «Kleriker» an, den sie wirklich verehre, und auf die rigiden Massnahmen in Köln bei der Bischofsbesetzung und sonstwo in der Kirche. Was da geschehe! Auch die Sache mit dem Opus Dei, das der Papst unterstütze. Ich mache sie auf einen Wochenendkursus über Eugen Drewermann an der Studentengemeinde aufmerksam, in dem ich auch psychodramatisch arbeiten würde. «Denn ich könnte mir vorstellen», sage ich, «dass ein Zusammenhang besteht zu Ihrem Traum-Fuchs und – Ihrem so aufgeräumten Schrank.» Unten bei der Türe erst reagiert Frau F.: «Sie meinen, dass Eugen Drewermann ein gefährlicher Fuchs ist?» Ich lache und sage, sie könne ja kommen und sehen.

Eugen Basis und Romano Opus-Dei. Ein Psychodrama*

Frau F. kommt wirklich zum Kurs. In dem Kurs geht es um die Spannung zwischen Eugen Drewermann (als einem Vertreter von Basis) und Rom (der offiziellen Amtskirche, gipfelnd im Opus Dei). Im ersten Teil der Tagung (Freitag abend und Samstag morgen) werden in Kurzvorträgen und der Lektüre der wichtigsten Dokumente die beiden Seiten vorgestellt und bekannt gemacht, wobei Texte aus «Der Weg» und dem gerade erschienenen Buch von Drewermann «Kleriker» den Höhepunkt bildeten. Im zweiten Teil (Samstag nachmittag bis Sonntag mittag) spielen wir psychodramatisch.
Es kommt zunächst zu einem Gruppenspiel: Sechs Teilnehmer(innen)

---

* Psychodrama ist eine gruppentherapeutische Methode, die ihr Begründer, J. L. Moreno (1892–1974), dem Kinderspiel abgeschaut hat. Durch freies dramatisches Spiel soll die Spontaneität gelockert, die augenblickliche Seelen-Landschaft oder -Bühne sichtbar gemacht («ach, so sieht es in mir aus») und bei Konflikten und Krisen eine neue Möglichkeit gefunden werden. Die Teilnehmer(innen) werden aufgefordert, Szenen aus dem Alltag, aber auch Träume, Märchen oder biblische Texte (Bibliodrama) mit Hilfe der anderen Gruppenmitglieder darzustellen und danach ausführlich zu besprechen.

sind Drewermann-Anhänger, sieben spielen die «Römer», die Konservativen mit dem Papst an der Spitze. Die Drewermann-Anhänger stellen ein geballtes, zusammengepresstes Gebilde dar, welches dann explodiert. Die «Römer» sitzen an einem viereckigen Tisch und zwingen sich selbst und gegenseitig zu vollkommener Beherrschtheit: kein böses Wort, keine unüberlegte Handlung. Viel Lächeln und Freundlichkeiten über dem Tisch, aber auch schon einige Tritte unter dem Tisch.
Beim Wechsel soll die Gegenpartei «überspitzt» dargestellt werden. Und jetzt liegen die Drewermann-Anhänger wie in einer Haschisch-Höhle gelangweilt herum und faseln etwas von «psychischer Erlösung», decken sich mit vielen Büchern zu. Die Römer machen sich gegenseitig «fertig»: Sie ziehen in die Kirche ein. Drei vorne unterdrücken die anderen drei mit Vorwürfen, bis diese zum Teil wirklich zu Boden gehen; dann plötzlicher Wechsel, so dass die drei Unterdrücker jetzt die Unterdrückten sind, und das alles durch Worte.
Im nachfolgenden Aufarbeitungsgespräch war vor allem wichtig, dass es für viele angenehm war, sich unterdrücken zu lassen. «Besser lasse ich mich unterdrücken, als dass ich nicht dazugehöre.» Und: «Es ist eigentlich gleich, wo ich stehe: ob oben oder unten. Ich habe den gleichen Druck auf mir gespürt.»

In der nächsten «Runde» am Abend meint Franz, ein dreiundzwanzigjähriger Student: «Ich fühle mich zu beiden hingezogen, zu Drewermann und zu den Römern, ja, zum Opus Dei, bei denen ich auch Freunde habe; ich bin eigentlich beides.» – Ein anderer: «Eugen und Romano.» Lachen – ja, und er wolle dieses Zerren spielen zwischen beidem, um zu wissen, wohin er gehöre. Es kommt also zu einem Protagonistenspiel, das heisst, es geht um den Konflikt in einer Einzelseele, aber gespiegelt im Aussen von realen Personen und Personengruppen.
Franz wählt für die «Romano»- und die «Opus Dei»-Seite einen grossen Mann mit liebem, fast kindlichem Gesicht; der steht rechts. Er möchte ihm noch jemand dazugeben und wählt eine stattliche Kollegin; auf die Frage, wie die heisse, platzt er nach einem kurzen ernsten Schweigen lachend hervor: «Maria.» Die beiden stehen da wie ein «Herrscherpaar» (so ein späterer Kommentar von Frau F. und ich: «wie ein Doppelschrank»).

«Eugen» wird dann von einer dunkelhaarigen, vitalen kleineren Frau gespielt und soll sich links auf den Boden setzen. Auch er bekommt einen Gefährten, einen jüngeren, pfiffigen Mann, der sogleich leicht knurrend mit seinem Kopf den Eugen anschubst («wie ein Wolf», meinte später jemand im Gespräch; und ich zu Frau F. oder jetzt Christine: «Fuchs und Wolf. Ein gutes Gespann.» Christine lächelte.) Er heisst «Joschua» («wie der alttestamentliche Führer», kommentiert Franz).
Dann werden alle vier Figuren «eingedoppelt», das heisst, Franz stellt sie uns nacheinander in der Ich-Form vor: «Ich bin der Romano [die Maria, der Eugen, der Joschua] und bin so und so und stehe zum Franz und den anderen so und so...» Und jetzt beginnt das Spiel; jederzeit kann Franz eingreifen und es so in der jeweiligen Rolle darstellen, wie es für ihn stimmt.

Zunächst unterhalten sich Eugen und Joschua über die römische Opus-Dei-Seite. Der Höhepunkt ist folgendes:
Joschua: «Du hasst den Romano.»
Eugen: «Ich weiss nicht.»
Joschua: «Mensch, hab dich nicht so. Ich weiss es.»
Leiter doppelt Eugen, das heisst gibt einer inneren Stimme von ihm Ausdruck: «Aber als Christ darf man ja nicht hassen.»
Eugen: «Ja.»
Joschua: «Also, du hasst ihn doch?»
Eugen: «Der regt mich halt auf.»
Joschua, sehr erregt: «Ich will dir mal ganz ehrlich sagen, wie ich das sehe: wie der da mit seiner Maria schon so zwanghaft steht, wie Mumien, genau seinen Rubriken folgt, alles genau weiss und einfach hybride, einfach hybride ist und dabei den dummen Esel spielt. Das kotzt mich an. Das hält doch keiner aus. Ich sag dir, nichts, nichts ist an dem echt. Faschistisch bis in die Knochen. Und wenn man den packen will wegen seinen Geldgeschichten, entzieht der sich: Er sei eben nur religiös. Scheissmethoden wie von Guru-Leuten.»
Eugen bedächtig und leicht beschämt: «Ja, ich gebe es zu: Ich muss auch immer an Hitler denken. Das haut mich um. – Das, das kann ich nicht zulassen, solch eine Vision.» Leiter doppelt: «Ja, ja, wenn wir Wut und Hass zulassen...» Eugen: «dann ... haut der Joschua rein...»
Franz bestätigt überrascht: «Genau, so ist es.»

Jetzt unterhalten sich Romano und Maria über die Eugen-Seite:
Romano: «Ja, der mag mich wirklich nicht. Aber er beneidet mich auch. Der sehnt sich auch nach Klarheit und Glauben.»
Maria: «Aber dieser ekelige Typ bei ihm.»
Romano: «Bitte, Maria, und das aus deinem Mund.»
Maria: «Entschuldigung.»
Romano, erst leise, dann lauter: «Man soll es ja nicht so laut sagen: Aber nachdem die Kommunisten zurückgehen, kommen um so mehr im Inneren Maulwürfe als deren Nachfolger. Diese Bande, die wollen uns das Heiligste, Reinste, Hehrste rauben: den Glauben. Aber sie werden ihn nicht erschüttern, sie werden ihn nicht zu Fall bringen. Darauf kannst du dich verlassen. Der ist so fest verwurzelt in uns. Und so ein paar lächerliche Maulwurf-Kommunisten, die jetzt auch noch dicke grosse Bücher schreiben. Gott wird sie selbst bestrafen. Und am Ende bleiben wir. Wir ganz allein, wir retten die Menschheit, lassen sie retten durch unseren Herrn. Wir und keiner sonst. Das ist unser Werk. Ja, unser Werk.» (Romano ist immer erregter geworden.)
Maria sichtlich nervös: «Du darfst dich nicht so gehenlassen, Romano.»
(Später kommentiert einer mit einem Zitat aus «Der Weg», Nr. 397: Es sei die «mächtige stählerne Keule», die Maria in das empfohlene «gepolsterte Futteral» zurücksteckt.)

Franz möchte jetzt, dass die beiden Parteien sich offen gegenseitig die Meinung sagen, und sie sollten näher zusammenrücken – drei Meter Abstand, alle auf Stühlen. «Sagt, was ihr wirklich denkt», unterstreicht Franz. Dabei sollen nur Eugen und Romano reden, können aber von Joschua und Maria gedoppelt werden. Franz geht immer wieder mal in die Eugen- oder Romano-Rolle oder hört auch zu. Hier wieder der Höhepunkt:
Joschua doppelt Eugen (durch Franz selbst vertreten) und platzt gegen Romano: «Du mit deinem Weg, du spinnst ja, das ist die reine Macht. Ihr seid die Aufgipfelung dessen, was über 2000 Jahre an Unterdrückung, Inquisition, Verbrennungen, Folter im Christentum gelaufen ist. Nur, ihr armen Irren: Ihr merkt gar nicht, wie ihr das alles auch gegen euch richtet. Ihr Sadomasochisten.»
Joschua ist aufgesprungen. Eugen hält ihn fest.
Romano gelassen: «Gut, dass du endlich die Katze aus dem Sack

lässt. Jetzt wissen wir, wo wir dran sind. Aber das wussten wir auch vorher.»
Und Romano zu Maria: «Wir müssen diese Verleumdungen auf uns nehmen: als Leiden. Jesus ist auch in den Kreuzigungstod gegangen.»
Maria doppelt Romano: «Wenn ihr wirklich leiden würdet, dann hörten eure Begierden auf.»
Joschua doppelt Eugen noch wütender: «Seid ihr eigentlich verrückt, ihr mit eurer Leidensideologie? Wollt ihr euch und die anderen noch mehr kaputtmachen? Haben wir nicht genug Leid auf der Welt?»
Romano (jetzt durch Franz vertreten): «Es hat keinen Sinn, mit denen zu streiten.» (Franz geht aus der Rolle und schaut zu.)
Romano weiter: «Die da drüben sind der Schandfleck der Schöpfung, ein elender roter Fleck, ein stinkender Fleck. Ich sehe rot. Gelüste. Freiheit nennen sie es. Nichts als losgelassene Sinnlichkeit, tollwütiges Vieh. Mich ekelt vor dem Gedanken, die könnten mich berühren.»
Eugen: «Na bitte, das nenne ich Nächstenliebe.»
Romano leicht verbissen weiter: «Und wir werden kämpfen, für die Nächstenliebe, bis auf unser Blut, wir werden so überleben. Wir sind klug. Und wir schaffen es. Wir sind das Werk. Merk dir das, Eugen. Und das blöde zigbändige Werk, das du da produzierst, es ist nicht einmal ein Scheissdreck wert gegenüber der Grösse unseres Werkes: unseres ist gottgewollt.»
Eugen: «Jetzt wird der grössenwahnsinnig. Identifiziert sich mit Jesus und sogar mit Gottvater selbst im Himmel. Wollen die ganze Welt erobern, wie die Kommunisten.»
Joschua klopft Eugen anerkennend auf die Schulter.
Romano versucht sich zu beherrschen: «Und dein Saugebilde von Kleriker-Buch. Lächerlich, lächerlich. Wie ein Fuchs, der bellt und bellt und beisst und beisst: ins Leere. Du bist nichts als ein lächerlich furzendes Arschloch. Stänkerst nur herum. – Und vom heiligen Thomas. Keine blasse Ahnung.»
«Du, mit deiner ‹Schablonenexistenz›, die wir sein sollen. Du bist doch selbst nichts anderes als die Schablonenexistenz eines Kritikers. Nichtssagend. Leer. Ausgehöhlt. Kein Funke von Glauben. Höchstens da an deinen Psycho-Gott. Reine Menschlichkeit. Nichts von Göttlichem.»
Eugen: «Aber mein Gott degradiert mich nicht zum sinn- und

sinnenlosen Etwas, zum fügigen Werkzeug, wie euer Super-Geist-Gott. Der befiehlt: Hasse deinen Leib. Quäl dich! Hurra. Und du tust es. Lässt dich dann noch zum Zuchtvieh degradieren. Soviel Würfe es gerade geht. Der Generalstab braucht keine Kinder zu zeugen. Ist sich zu schade dafür. Genau wie bei Hitler und anderen totalitären Staaten. Spezielle Zuchtstellen für die reine Rasse.»
Es entsteht ein kleiner Tumult. Leiser Protest auch von einigen übrigen Gruppenmitgliedern, denen das zu weit geht, Eugen, wirklich wütend geworden, und Romano, etwas bleich vor Erregung, wollen aufeinander los (halb im Spiel, halb im Ernst). Franz schaut erst eine Weile dem Gerangel der beiden zu, dann sagt er «Stopp».

Er will sich jetzt (in der Schlussphase) selbst mit diesen beiden Seiten auseinandersetzen.
Zu der Romano-Seite (die jetzt wieder steht) sagt er:
«Ich mag euch, eure Freundschaft, aber ihr sitzt mir ganz schön im Nacken. Ordentlich mein Studium machen, sauber sein, rein, sexuell vor allem. Glauben. Ich habe immer Angst, dass ihr mir mein Leben letztlich vermiest.»
Leiter: «Willst du zeigen, wie sie dir im Nacken sitzen.»
Franz: «Ja, ... aber das müssen mehr sein.»
Und er bittet noch drei Leute zu Romano und Maria hinzu. Er selbst geht auf alle viere und sagt, Maria und Romano sollten sich auf ihn setzen. Das tun die auch. Die anderen drei stehen um ihn herum und halten ihn an den Kleidern. Franz: «Ich habe nie gespürt, was das für ein Druck ist.»
Leiter doppelt: «Das hält der beste Esel nicht aus.»
Franz beginnt sich zu bewegen. Die anderen verstärken den Druck und das Festhalten.
Franz keucht: «Das ist ja nicht zum Aushalten.»
Und klappt resigniert zusammen.
Leiter: «Könntest du dir vorstellen, dass du wenigstens einen abschütteln könntest, dann wüssten die anderen, dass sie auch bald nichts mehr zu bestellen hätten?»
Franz: «Ich will's versuchen.»
Romano, der sehr schwer ist, setzt sich Franz allein auf den Rücken. Ein richtiger Kampf entsteht. Die vier Romano-Anhänger unterstützen Romano durch Zurufen, alle anderen, insbesondere die Eugen-Seite,

unterstützen Franz. Franz wird immer wütender, und schliesslich, nach zwei Anläufen, schafft er es unter Aufbietung seiner letzten Kräfte, Romano abzuschütteln, und läuft blindlings zu Eugen und Joschua, wirft sich ihnen in die Arme. Eugen und Joschua sind etwas überrascht. Nach einer Weile setzt sich Franz den beiden gegenüber und sagt: «Ich fühle mich bei euch auch nicht so wohl, wie ich dachte.» Und schon kommen die Romano-Leute, zerren ihn unter Johlen zur anderen Seite, streicheln ihn: «Ja, bei uns hast du es doch am besten. – Der reumütige Sünder ist heimgekehrt.» Franz liegt etwas apathisch da: «Nein: das stimmt überhaupt nicht.» Und der Leiter fragt ihn, wohin er denn gehen wolle. Franz geht dann in die Mitte, schaut nach links (zur Eugen-Seite), dann nach rechts (zur Romano-Seite) und geht dann zum Fenster und schaut hinaus. «Hierhin.» – Das Spiel ist zu Ende.

Im nachfolgenden Gespräch, das länger dauert als das ganze Spiel, wird deutlich: Nicht nur in Franz tobt dieser Streit, sondern bei fast allen, mehr oder minder stark. Fast alle beginnen: «Das kenne ich...» Franz fühlt sich jetzt nicht mehr allein. Christine bringt ihrerseits das Doppelbild vom tollwütigen Fuchs (für die Eugen-Seite) und vom aufgeräumten Schrank (für die Romano-Seite) ein und sagt zu Franz: «Du hast das alles für mich gespielt.» Sie ist erschüttert, steht auf und umarmt Franz; das ist ungeheuer viel für sie. Wichtig war auch: Einige Teilnehmer sagten zu Joschua und Eugen: «Ich bin so froh, dass endlich jemand einmal für mich die Wut gegen die Opus-Leute und Römer so herausgebrüllt hat. Es war so wohltuend. Immer dieses Softe, das kotzt mich an.» Und zu Romano und Maria sagten einige: «Ihr habt für mich etwas herausgespielt, was ich nie zugeben würde: Ich halte viele von der Basisbewegung wirklich für bloss furzende Löcher. Aber in der Regel halte ich mich genauso cool mit verbissenen Zähnen zurück wie ihr und lasse das höchstens mal in unkontrollierten Momenten gedanklich zu.» Der Romano-Spieler war im ersten Teil der Tagung angesichts der Opus-Dei-Texte über den Kommunismus erschüttert und jetzt noch erschütterter, dass sie so emotional aus seinem eigenen Munde kommen konnten: «Ja, das bin ich auch.» Franz sagt: «Für mich war der Schluss so wichtig. Der Blick aus dem Fenster in die Nacht. Ich weiss, dass es da einen Weg gibt; weder zu Romano noch zu Eugen. Ich sehe ihn nur noch nicht.»

Reflexion

1. Zwanghaftes als allgemeines Phänomen In jedem Menschen gibt es die Spannung von natürlicher Wildheit und natürlicher Fügung. Meist ist diese Spannung aber ver-spannt. Bisweilen kommt es zur regelrechten Perversion: Dann wird die Wildheit zur Tollwut und die Fügung zum Zwang. Das Verrückte aber ist: *Je mehr Zwang, desto schlimmer tobt untergründig die Tollwut, die dann aber um so rigider unterdrückt werden muss. Das ist das Zwangsphänomen.* Wird die Tollwut befreit und als Wildheit zugelassen, geht auch der Zwang zurück.

Es gibt auch das umgekehrte Phänomen: wenn die Wildheit zur offenen Tollwut wird: Dann tobt eben jemand in der Gegend herum, kennt keine Grenzen, keine Scham. Bei ihm wird jede Fügung sofort negativ bewertet und als «Zwang» abgedrängt; um so mehr ist sie gerade untergründig am Werk; indem zum Beispiel jemand genau zählt und Buch führt, wie viele Leute er an einem Tag, in einer Woche «angeschissen» oder «vernascht» hat.

Der tollwütige Mensch kommt in der Regel mit der öffentlichen Ordnung in Konflikt bzw. wird schneller hospitalisiert als der zwanghafte. Denn: Zwang ist gesellschaftsfähiger (siehe unten).

Franz leidet (wie Christine) unter dem Zwanghaften, schwankt aber schon zwischen Zwang und Tollwut hin und her. Das nennt man ein neurotisches Phänomen. Es ist aber ein gutes Indiz dafür, dass ein Heilungsprozess sich durchsetzen möchte. Das neurotische Phänomen ist ein Indikator für Gesundungsmöglichkeiten.

2. Die Steigerung des Zwanghaften im Religiösen Das allgemeine Zwangsproblem (für Christine: Schrank gegen tollwütigen Fuchs) erhält nun im Religiösen eine besondere Zuspitzung (Romano gegen Eugen). Nach Helmut Harks[1] Umfrage sind 73% der an Zwangsproblematik Leidenden religiös erzogen worden und wollen auch ihre Kinder religiös erziehen. Das hat unter anderem darin seinen Grund, weil im Religiösen der Zwang «gottgewollt», das heisst von einer absoluten, dem Menschen entzogenen Instanz abgesegnet werden kann. Das Problem wird in die Transzendenz hineindelegiert: Soll sich der liebe Gott damit herumschlagen. Der will es ja so. – Und ich brauche mich dann ja nicht zu verändern.

Auch bei Franz und Christine ist das allgemeine Zwangsphänomen durch das religiöse Erbe verschärft. Deshalb konnte Christine ja auch sofort ihre Fuchs-Schrank-Geschichte in der Eugen-Romano-Szenerie verschärft wiederfinden («Das hast du alles für mich gespielt»).

3. Individuelle und kollektive Zwangsstruktur und ihr gegenseitiges Sichverstärken Das, was sich in der Einzelseele jedes Menschen abspielt, hat seine Entsprechung in der kollektiven Wirklichkeit, wie auch umgekehrt. Der kollektive Gruppenkampf (wie offen oder geheim er sich ausnimmt) zwischen bürgerlicher Ordnung und alternativem Aussteigen (bzw. zwischen Opus Dei als Spitze des zwanghaften «Integralismus» und der Drewermann-Bewegung als Ausdruck von Basis-Wildheit) wird immer auch im einzelnen ausgetragen; und umgekehrt speist dieser persönliche Kampf den kollektiven. Ja, es kommt zu einer gegenseitigen Verstärkung von individuellem und kollektivem Austrag. Das ist zwar bei allen Problemen so, nur hier bei unserem Thema des Zwanges übermächtig: Als Franz der Romano-Macht entkommen will, stürzen deren Vertreter(innen) hinter ihm her, binden ihn um so fester ein, um so auch die Angst zu bannen, «es könnte ja alles nicht [so] richtig sein», wie ein Mitspieler sagte. Und das ist zentral: Weder der depressive noch der schizoid-narzisstische, noch der hysterische Typos bedarf so sehr des Kollektivs wie der zwanghafte. Und kein Kollektiv saugt den einzelnen so aus und an wie gerade das zwanghafte. Zwang ist das kollektivste aller Phänomene. Dem entspricht, dass Franz für die ihn bannende Romano-Seite noch drei Kräfte hinzubat, die ihn dann auch wirklich wieder einholten.

4. Gibt es eine Hilfe zur Lösung? Die Szenerie zeigt auch, wo vielleicht der Lösungsweg hindurchgehen könnte. Und dies natürlich zunächst nur individuell: durch Akzeptieren, wie sehr der Zwang uns im Nacken drückt, wie sehr wir leiden, welche ungeheure Wut in uns hockt und wie sehr wir die wilde Seite in uns unterdrücken. Und dazu gehört ungeheuer viel Mut und das, was ich Lebensspiel-Begeisterung oder Forscherdrang nennen möchte. Es erweist sich allerdings als so schwierig wie der Auszug aus Ägypten. Wie vieler Anläufe, wie vieler Plagen bedurfte es, bis der entscheidende erste Schritt getan werden konnte. «Die Seele geht amöbenhaft langsam», meinte mein Analytiker aus Deutschland.

Der kleine «Opdei» von damals. Erschütterung in der Supervision

Ich frage Christine, ob ich einmal mit unseren Erfahrungen zu einer Supervisorin gehen dürfe. Es ist eine Frau, die als unbestechlich gilt und humorvoll sofort interveniert, wenn ihr etwas nicht passt. Ich hatte zuvor noch Literatur konsultiert[2] und folgendes im Kopf:
Das Über-Ich (das Gewissen) wird durch eine rigide Mutter und strenge Erziehung ab dem ersten Lebensjahr selbst sehr rigide. Unduldsamkeit mit sich und anderen ist die Folge. Affekte werden grundweg als böse, als Sichgehenlassen ideologisiert. Sexualität ist Notdurft. Das Kind, wie der Erwachsene später, spürt sich nicht, lehnt seine Leiblichkeit und Sinnlichkeit völlig ab, bis dahin, dass er sich selbst Verletzungen – bis hin zu Entleiblichung – zufügt oder in die Somatisierung (Kopfschmerzen, Migräne, Rückenschmerzen, Ekzeme u.a.) geht. Eine aus dem Ei gepellte Kleidung verdeckt dies meist. Die Angst vor der Veränderung ist immens. Negativer Mutterkomplex, der die Autorität des Vaters übernimmt. Extreme Ich-Schwäche bei Grössenwahn...

Ich erzähle der Supervisorin von Christine und dem Psychodrama-Wochenende und füge immer wieder das psychologische Wissen ein. «Das mag ja alles gut und schön sein», meinte sie, «aber Herr Wittschier, Sie gebrauchen allgemeine Begriffe und meinen damit die Probleme verstanden zu haben. Ehrlich, Sie müssen sich doch fragen, wieweit Sie selbst dem Zwangskomplex aufgesessen sind. [Bravo.] Meinen Sie denn, Sie wären viel weiter und dürften sich über Christine erneben? Wenn Sie diese Begriffe gebrauchen, spüre ich weder etwas von Christine noch von Ihnen. Bei dem Erzählen vom Spiel, da habe ich etwas gespürt... Erinnern Sie sich doch an Ihre Kindheit...» Ich tue das in einer aktiven Imagination und nenne mich «Opdei» (und füge lächelnd hinzu: «Als Rheinländer: Immer op de Kopp, opdei»).

Es gibt Stunden, in denen sich langjährige Mühe und Erfahrung verdichten, zusammenballen. Das Elend der Kindheit konnte in dieser einen Stunde gebündelt zu Wort kommen, Gestalt finden: die Angst, die Gebote, die Not, der Sexualität ausweichen zu müssen, die Gewissensqualen, die wahnsinnigen Kopfschmerzen, die ich von der Mutter

«geerbt» hatte. Die ständig reissenden Hände. Mein Drang, Priester werden zu müssen. Und ich weinte und redete meine Eltern an: «Ihr, ihr, ihr habt es fertig gebracht. Von früh auf. Von der Geburt an.» Es war wie ein Bergsturz. Ich spürte den unendlichen Schmerz, meine vitale, wildnaturhafte Seite immer unterdrücken zu müssen. Ich spürte, wie unendlich lange ich mich nicht als Leib spüren durfte. Wie fürchterlich mir meine Sexualität zertrümmert worden war...
All dieser Schmerz kam jetzt in gute Hände...
Ich kann und will diese Stunde im einzelnen nicht hier ausbreiten. Aber: Von diesem Zeitpunkt an spürte ich Christine ganz intensiv. Denn ich spürte mich wieder als das verletzte Kind von damals. Und ich spürte auch, dass nicht meine konkreten Eltern angeklagt werden müssen, sondern dass ich vielmehr meine inneren Eltern-Bilder, den Pharao, den Papst und die Mutter Maria in mir noch weiter aufweichen müsse und gerade dadurch auch Christine bei demselben helfen könnte.

Aschenputtel, Kehrichteimer und Welteroberung. Warum Christine Ministerin werden will

Christine bringt einen Traum, in dem sie Ministerin geworden ist und hohe Ehrungen empfangen hat. Sie erzählt dann über ihren ursprünglichen Wunsch, als Dozentin an die Universität zu gehen, worauf sie eben um der Familie willen hätte verzichten müssen. Der Wunsch hätte in ihr aber um so mehr gearbeitet. Und plötzlich: «Ich bin ja auch nichts Besseres wert. Ich bin eben das Aschenputtel.» In einem Monodrama[3] lasse ich Christine diese innere Stimme spielen, die so in ihr ständig spricht. Und dabei kommt die Mutterstimme zutage: «Gott hat mich mit dir gestraft. Womit habe ich das verdient?» Und die Vaterstimme: «Arbeite erst einmal. Bisher hast du nur gekostet.»

Reflexion Es ist allzu verständlich, wenn der Traum diese ständige Ich-Verletzung, diese Ich-Erniedrigung durch die innere Stimme «kompensiert» durch Grössenphantasien. Auch das bedeutet Opus Dei in uns: Der und die einzelne soll sich (so ausdrücklich nach «Der Weg») zum «Kehrichteimer» (592), zum «schmutzigen Staub» (599), zu einem «Haufen Unrat» (605), märchenhaft: zum Aschenputtel erniedrigen (lassen); aber um so mehr wird diese Erniedrigung kompensiert in den

Grössenphantasien wie: Minister-Herrschaft, Welteroberung, Vergöttlichung des (Lebens-)Werkes. Wenn ich schon nichts wert bin, dann aber das Werk. Eine solche Kompensation ist Ausdruck eines Selbstheilungswillens und gerade nicht wieder zu verteufeln, sondern Anlass dazu, humorvoll und kreativ mit solchen Phantasien umzugehen. – So malt sich Christine als Ministerin – mit einem ganz grossen knallroten Hut und einer langen zarten Feder daran.

Feuerwunden, Marathon und Stachelband. Warum Christine sich Schmerz zufügt

Nach den Ferien kommt Christine und erzählt: Sie habe zum erstenmal ihren Schlafzimmer-Doppelschrank ganz bewusst aufgemacht, sich davor gestellt und sich gefragt: Warum eigentlich dieser Aufwand? Ihr seien Gespräche mit Freundinnen in den Sinn gekommen, in denen diese von ihr als «überkorrekter» Frau gesprochen hätten. Sie habe das als höchstes Lob gehört. Jetzt habe sie Zweifel. Es könne ja auch negativ gemeint sein. – Schweigen.

«Ja, und dann habe ich meinem Mann das mit den Schmerzbändern und dem Schlagen erzählt – wie heisst das noch?...» Ich: «Flagellatio.»

Sie: «... also das mit dem Sichschlagen erzählt. Der war völlig baff. Er hat das nicht glauben wollen. Und ich hab ihm dann gesagt: Weisst du, das mit deinem Marathonlauf und Training ist doch auch ein Sichabquälen. Davon wollte er nichts wissen.» «Das ist rein zum Vergnügen», hat er gesagt. Und ich meinte dann: «Du hast mir selbst einmal gesagt, du brauchst das, mit dem Rennen; das sei wie Alkohol.» «Ja», hat er gemeint, «da hatte ich eine schlechte Phase.» Er mache ja nicht den Blödsinn von Triathlon und jetzt Meggathon. Grenzen müsse es ja auch geben. Schweigen.

Plötzlich: «Weisst du, ich hab das beobachtet. Ich habe mich in den letzten zwei Wochen nicht mehr verbrannt.» – Das war ein Gefühl in mir, wie wenn ein Kind etwas ganz ganz Schönes erlebt hat und es erzählt. Ich drückte meine Freude aus.

Reflexion Körperliches Sichquälen ist ein ganz weitverbreitetes Phänomen. An den vieldiskutierten Schmerzbändern und dem Sichschlagen von Opus-Dei-Mitgliedern wird sichtbar, was jede(n) von uns

betrifft. Christines Beispiel zeigt: Das Sich-selbst-Züchtigen geschieht oft unbewusst. Ob bewusst oder unbewusst: Es ist die Reaktion auf einen ungeheuren Leidensdruck; aber dieser überschwemmt uns im Unbewussten. Ich versuche zu veranschaulichen: Eine von Migräne immer wieder überfallene Freundin hat mir einmal gesagt: Sie wünschte, sich einen Reissbrettstift in den Kopf zu schlagen, um den diffus unerträglichen Schmerz der Migräne zu ertragen. Der Migräneschmerz ist hier der unerträgliche Schmerz im Unbewussten. Und wenn der uns überschwemmt, schreit es in uns nach einem Gegenschmerz im Bewusstsein: dem selbst zugefügten Reissbrettstift-Schmerz (oder die Flagellatio, das Schmerzband oder jedwede Kasteiung).
Vor allem aber: Sich bewusst oder unbewusst Schmerzen zufügen rührt auch aus dem ganz tiefliegenden Erlebnis, sich selbst nicht als Leib spüren zu können. Die Sinnlichkeit ist gestört und damit die Menschlichkeit.
Ich weiss es aus eigener Erfahrung. In meiner dunkelsten Zeit bin ich extrem viel gelaufen. Und der Analytiker, zu dem ich dann kam, sagte zu mir: «Laufen Sie ruhig weiter. Da spüren Sie sich doch wenigstens.» Ich sagte ganz spontan und freudig: «Ja.» Und als ich dann die wirklich erste gute Liebe erfuhr, in der ich mich auch körperlich zum erstenmal ganz angenommen fühlte, da brauchte ich von heute auf morgen nicht mehr zu laufen.

Ich habe das auch mit Christine einmal angesprochen. Und sie gestand, dass es mit der Zärtlichkeit zwischen ihr und ihrem Mann wahrhaftig nicht gut bestellt ist – und auch nie so richtig war. Schlagen wollte sie ihre Kinder ja nicht, aber so knubbeln, wie sie das vor kurzem noch bei einer Freundin, genauer bei deren Mann, gesehen und doch komisch fand, das habe sie nie gekonnt. Eigentlich habe sie ihrem Mann meist etwas vorgespielt, dass es «schön» gewesen sei im Bett. Geniessen? Nein, nie so richtig. «Ich bin ja keine Feministin, aber manchmal wünschte ich mir ein eigenes Schlafzimmer. Oder...» Pause.
Ich sage: «Oder eine ganz heisse Nacht, wo du dich rundum spüren darfst und kannst.»
Sie: «Woher weisst du das?»
Ich: «Wenn du dich so viel verbrennen musstest.»
Wir mussten beide herzhaft lachen.

Ich sage: «Ein Sich-Schmerz-Zufügen ist ein Symptom, das uns zeigen kann, was uns ganz innen weh tut und was uns fehlt, was uns guttun könnte.»
Beim nächsten Mal bringt sie völlig überraschend den Jesus-Spruch: «Ich bin gekommen, um Feuer zu bringen, und ich will, dass es brenne.» Sie lächelt verschmitzt und zugleich schamhaft: «Es war schön. – Ich habe mich nicht wiedererkannt.»

Eltern-Klemme und Gewissens-Fleischwolf. Wie Christine beim Exodus scheitert

Aber das war vielleicht zu früh des Guten. Denn: In der nächsten Stunde ist Christine wegen eines Traumes beunruhigt:
«Ich bin in einem dunklen Gewölbe wie in einer verkommenen grossen Krypta. Es ist Krieg. Als ich die Treppe hochgehe in den oberen Raum (es ist eine Art leere Verkaufshalle), kommen mir meine Eltern hastig entgegen und winken, ich solle zurück, der nächste Bombenalarm sei ausgelöst. Ich hatte nichts davon gehört und gehe, wenn auch etwas unsicher und hastig, hinaus auf den Hof, der von Mauern umgeben ist, um mich zu vergewissern. Dort sind Parkplätze. Mein Wagen steht in der Ecke, und ein anderer Wagen steht ihm so ins Heck hinein, dass ich ihn trotz vieler Versuche nicht herausbekomme. Es ist der Wagen meines Mannes, den wir bei der Hochzeit von den Eltern übernommen haben. Meine Mutter ist in der Halle geblieben. Aber mein Vater kommt hinter mir her und stellt sich hinter meinen Wagen, so dass ich ihn, selbst wenn ich herauskäme, überfahren müsste.»

Reflexion In der Seele von Christine regt sich die Möglichkeit eines Ausbruchs aus dem (kirchlichen) Zwang. Aber so leicht geht das nicht. Die inneren Eltern, Mutter Kirche, Vater Papst (eigentlich schon, wie Krypta und Halle, als überholt und leer empfunden), warnen, ja, setzten das Ich, das Auto, die Pferdestärken fest, auch vermittelt durch den Ehemann. Ausweichen würde nichts nützen. Warum, weil die Gewissensbisse oder -einklemmungen jetzt einsetzen. Wer sich aus dem Gefängnis des Zwanges zu befreien versucht, dem geht es so wie Israel mit den Streitwagen des Pharaos und Christine im Spiel: Er wird von den Opus-Kräften eingeholt. Und das Schicksal eines solchen Menschen ist schlimmer als zuvor. Er wird im wahrsten Sinne des Wor-

tes «zwischengenommen». Und dabei sind die Stimmen aus der Gemeinschaft nur deshalb so wirksam, weil sie genau den inneren Stimmen entsprechen. Das macht die geistige Tortur aus, der Kinder von ihren Eltern und Erziehern, aber auch Mitglieder in Zwangskollektiven ausgeliefert sind.
Diese konzertierenden Stimmen klingen etwa so: «Du kannst uns doch nicht verlassen: Vater und Mutter haben dich gut katholisch erzogen. Deine Mutter ist eine fromme Frau. Höre, höre auf uns, dich wird der Teufel verfolgen. Die Strafe wird furchtbar sein. Es wird Bomben auf dich hageln. Der Weg, den du jetzt mit uns gehst, ist der einzig wahre. Wenn du weggehst, dann bist du eigentlich nichts mehr und – völlig allein. Schau mal: Ist das nicht herrlich, dieser aufgeräumte Lebensschrank, diese Klarheit, diese Ordnung, dein Lebenssinn. Und du willst alles durcheinanderbringen, alle reine Wäsche besudeln. Dein bisheriges Lebenswerk zusammenkrachen lassen. Dein Schrank wird dich dabei erschlagen. Der Fluch Gottes wird dich treffen.» – So oder ähnlich raunen die Opus-Stimmen in uns und ausserhalb von uns – und nicht zuletzt wohl auch in Menschen, die sich von der gesellschaftlichen Grösse «Opus Dei» gelöst haben oder lösen wollen.

Was sich hier abspielt, ist letztlich eine Tortur, ein Terror. Und Christine hat immer wieder grässliche Tagträume: Sie soll in einen riesigen Fleischwolf hineingeworfen werden, in dem die menschlichen Leiber langsam bei lebendigem Leibe untergehen. Sie soll hinter anderen hineinkommen. Und sie betet, dass sie mit dem Kopf zuerst hineingerät, damit sie sofort tot ist.
Das ist die Tortur eines Menschen, der sich vom Zwang befreien will. Noch einmal wird deutlich, warum angesichts solcher Schmerzüberflutung im Unbewussten auf der bewussten Ebene der lindernde Gegenschmerz gesucht wird: in Brandwunden, Marathon und Schmerzbändern.
Allerdings: Hier darf für Christine die Realität der unbewussten Tortur ins Bewusstsein kommen. Endlich. Und bei allem Erschrecken zeigt sie beim Erzählen eine entspannte Haltung. Das ist ein weiterer Heilungsschritt.

Macht, Geld und Kommunismus. Warum Christine sich selbst und ihre Kinder betrügt

Ein solches Ereignis des Bewusstwerdens hinterlässt seine Spuren. Und einige Zeit später kamen wir auf Kindererziehung zu sprechen. Christine meinte, dass sie ja keinen Druck auf ihre Kinder ausüben wolle, das sei ja nicht erlaubt. Macht ist nicht erlaubt, ebenso wie Lust, Wut, Losheulen.
Ich: «Und du lässt dir auf der Nase herumtanzen.»
Christine: «Eigentlich nicht.»
Ich: «Aber Schokolade und Tampons darf deine Holde nehmen; und die Turnsachen deines Sohnes müssen von heute auf morgen sauber sein.»
Christine: «Du, ich weiss mich schon zu wehren.»
Ich: «Wie?»
Christine: «Ja, ich kann das.»
Nach einer längeren Pause: «Eigentlich bin ich darüber stocksauer. Und wenn ich ehrlich bin, als Entschädigung möchte ich genau wissen, mit wem sie ausgehen, wohin sie am Abend gehen, wieviel Geld sie ausgeben. Als Begründung gebe ich an, es sei ja heute so gefährlich; und ich wolle ihnen ja auch helfen, keine Schulden zu machen wie der Vater. Das ist es ja auch. Das leuchtet denen ein, oder sie schlucken es. – [Dann bedächtiger] Das war bisher auch meine ehrlich gemeinte Begründung. Aber es macht mir auch – wenn ich ehrlich bin – irgendwo Spass. Es ist meine geheime Rache dafür, dass ich für sie schuften muss. Und das Merkwürdige: sie funktioniert. Mein Mann sagt immer: Und mir sagen die beiden nichts, und ist beleidigt, weil er sich benachteiligt fühlt. Wenn der wüsste.»
Ich: «Was?»
Christine: «Wenn der wüsste, dass die Kinder mir das irgendwie gar nicht freiwillig sagen. Die spüren doch ganz genau: Wenn wir das nicht erzählen, dann gibt uns die Mutter keine Zuwendung mehr, und dann ist es auch aus mit der Bequemlichkeit. Dann hört das Familienglück, das Familienspiel auf.»
Ich: «Ende mit den Fleischtöpfen von Ägypten!»
Christine: «Ja, ich habe sie mir schon recht zurechtgefüttert.»
Nach einer guten Weile Schweigen:
«Es ist eigentlich ein furchtbarer Selbstbetrug. Einerseits will ich mei-

nen Schrank so extrem aufgeräumt haben, und andererseits betrüge ich mich selbst – und meine Kinder.»
Ich: «Dein Schrank muss vielleicht auch deshalb so aufgeräumt sein, damit du das innere Durcheinander in dir ertragen kannst, dieses Dich-selbst-Täuschen.»
Christine: «Soll ich ihn durcheinanderschmeissen?»
Ich etwas erschrocken: «Nein, nicht so schnell. Das gibt sich mit der Zeit. Es gibt bessere Lösungen.»

Reflexion Christine handelt wie eine gute Kommunistin: Alles soll allen gehören, es gibt keine Hierarchie. Aber hinten herum übt sie Druck und Zwang aus. Und vor allem: Sie führt irre, weil sie ahnt, dass ihr «System» nicht stimmt. Auch das gehört zum Opus Dei in uns (und als gesellschaftliche Grösse): die Verschleierung (Geheimhaltung und Verunklarung). Psychologisch steht dahinter folgendes: Einerseits herrscht eine Angst und Unsicherheit, das Ganze mit dem System stimme nicht; und anderseits wagt man aber nicht, das System in Frage zu stellen. Es kommt zur quasireligiösen Verbrämung. Wohin aber mit der Angst und Unsicherheit: Sie wird nach aussen verlagert: Man verunsichert den anderen, führt diesen in die Irre, lässt ihn auch ein bisschen im Dämmerlicht tappen, spielt mit Geheimhaltung. (Grossartig dargestellt ist dieser psychologische Mechanismus in Franz Kafkas Erzählung «Beim Bau der chinesischen Mauer».) – Als Christine wahrnimmt, dass ihr System nicht stimmt, möchte sie am liebsten das Hauptsymbol ihres Zwangssystems, den Schrank, stürzen. Wer aber weiss, wie lange es dauert, bis ein totalitäres System wirklich von innen her stürzt, wird warnen müssen.

Es gehört für mich zum gesunden Menschen, dass er zu seiner Macht offen steht und auch offen gesteht, dass er sie will und gebrauchen möchte. Dass er Geld und Ansehen in der Öffentlichkeit haben möchte. Zwanghafte Menschen können nicht dazu stehen. Ich wähle den Politiker, der klar sagt, dass er die Macht will. Ich schätze den Analytiker, der sagt, dass er Geld verdienen möchte. Ich achte den Redner, der sich offen über seinen Erfolg freuen kann. Ich finde es herzerfrischend, wenn mir jemand sagt: «Du, ich möchte dich für meinen Kreis mit dem Namen XY mit den und den Zielen gewinnen, das kostet dich im Monat soundso viel Stunden Zeit und soundso viel

Beitrag; die mögliche Freude oder den möglichen Kummer kann ich dir nicht bemessen.» Da weiss ich mich als Mensch ganz ernst genommen. Ich fühle mich frei. Ich spüre eben keine Unsicherheit, die Unsicherheit eines Systems, keine innere Infragestellung. Es ist einfach klar, wohltuend und sicher für mich.

Heiliger Egoismus und heilende Teufels-Schlange. Wie der Fuchs in Christines Schlafzimmerschrank kam

Christine beginnt sich über den Betrug an ihren Kindern bewusst zu werden und darin zugleich über ihren Selbstbetrug. Jetzt geht es überhaupt erst wirklich an die Substanz des anfänglich in Frage gestellten Zwangssystems.

Immer wieder sprechen wir über Nächstenliebe – und kommen nicht weiter. Immer dieselbe Leier:

Christine: «Ich bin eine gute Christin.»

Ich: «Will ich meinen, bei deinem Namen.»

Christine: «Und als Christin darf man einfach nicht egoistisch sein.»

Eines Tages aber meint Christine: «Meine Mutter hat sich auch für uns aufgeopfert.»

Ich: «Und war die glücklich?»

Christine: «Ich weiss nicht mehr. Seit dieser Sache, wo sie zum erstenmal geweint hat. Mein Gott, so lange nicht geweint, bei all dem Elend, was die erlebt hat. Nein. Nein.»

Ich sage wieder, wie wichtig es sei, für sich Raum, Leben und Zeit in Anspruch zu nehmen. Die Menschenrechte plädierten schon dafür. Es sei eine der schlimmsten Irrlehren, dass der Mensch zum Dienen dasei. Zum Leben sei er da. Zu nichts Geringerem. Und mir sei ein Mensch, der seine Ansprüche klar geltend mache, ganz liebenswert. Der ist sich nämlich selbst etwas wert. Der achtet sich selbst. Und in seiner Gegenwart fühle ich mich dann auch wert und geachtet. Es gäbe den «heiligen Egoismus».

Diesmal springt Christine ein: «Ja, das ist eigentlich wahr. Es ist verrückt. Meine beiden Kinder werden immer ärgerlich, wenn ich ständig um sie herum bin, um ihnen zu helfen.» Und nach einer Weile: «Eigentlich gefällt mir das.» Und – auch humorvoll herausfordernd: «Kann ich heute eine Viertelstunde länger bleiben? Ich bin mit dem Bus da, und der fährt erst später ab. Hast du noch Zeit?»

Ich sage:
«Leider geht es heute nicht, denn ich brauche für die Vorbereitung eines Vortrages wirklich meine Zeit und Ruhe. Aber du kannst dich gerne im Malzimmer aufhalten.»
Wir lachen.
Wieder einige Zeit später erzählte sie einen Doppeltraum, der mich die Kraft des «heiligen Egoismus» als Gegengift spüren liess:
(1) «Der Papst, es kann auch unser neuer Bischof gewesen sein, kommt, ich finde das lächerlich. Und doch gehe ich auf die Strasse. Er kommt vorbei und winkt, ich meine auch ganz speziell mir. Ich lächle und winke zurück, empfinde aber dabei, dass er mich doch eigentlich übertölpelt habe.»
(2) «Ich bin im Gespräch mit meinem Vater. Ich bin sehr erregt. Ich sage ihm, dass er einfach ungerecht handle, Unrecht habe, dass er mich völlig falsch einschätzt. Ich muss mir eingestehen, dass mein Widerstand zwar da, aber doch noch etwas zu schwach ist. Mein Vater wehrt sich auch, aber auch nur schwach. Es fällt mir schwer, mich durchzusetzen, aber ich bin innerlich entschlossen. Ich schaffe es, wenn auch ganz knapp, weil der Widerstand meines Vaters überraschenderweise eben auch nicht so gross ist wie sonst. Ich kann es gar nicht glauben.»

Im ersten Traum zeigt sich die Seele zwar noch vom inneren Papst recht abhängig, vernimmt aber bereits, dass diese Abhängigkeit letztlich ein Sich-übertölpeln-Lassen bedeutet. Angesichts des zweiten Traumes war Christine sehr erstaunt, so klar von ihrem Vater geträumt zu haben, obwohl sie ihn doch nur von Fotos her kennt. Das zeigt schon: Es geht um das innere Vater-Bild als wirksame Grösse in uns. Anstelle des Papstes ist jetzt der persönliche Papa getreten. Und sein Zwingen kann – zum erstenmal – knapp überwunden werden. Es ist fast nicht zu glauben, empfindet das Traum-Ich. Aber es geht. In der Tat: Es ist eines der (kleinen) Wunder des göttlichen Wirkens in uns, das auch mir immer das Herz öffnet.

Ein paar Sitzungen später erzählt mir Christine folgenden Traum:
«Die Teufelsschlange: Ich komme mit Leuten von einer ins Mittelmeer hineinragenden Klippe zurück Richtung Land. Links und rechts und hinter uns blaues Meer. Plötzlich sehe ich auf der linken Seite in dem

Klippengeklüft eine Schlange sich wärmen. Die andern gehen weiter. Ich bleibe stehen und betrachte das Tier in der Sonne. Es ist ganz schwarz mit roter Zackenmusterung. Die Schlange kommt, als sie mich sieht, hoch und auf mich zugekrochen. Ich bleibe vor Angst stehen. Sie kriecht an meinem Bein empor. Ich denke, beweg dich nicht, dann lässt sie von dir. Sie aber wird grösser und grösser, umwindet meinen Oberkörper. Ich weiss, dass es eine Mittelmeerviper ist. Ich denke: Wenn sie mich nur nicht in die Halsschlagader beisst, dann geht das Blut sofort ins Herz; das könnte tödlich sein. Ich halte mich starr. Die Schlange aber geht hinunter und beisst mich im Lendenwirbelbereich. In dem Augenblick lässt meine Erstarrung nach, und es geht eine Ruhe durch meinen Körper. Ich packe die Schlange, die jetzt wieder kleiner ist (einen halben Meter lang), presse ihr das restliche Gift aus und nehme sie mit in unser Lagerhaus. Ich weiss, dass der Biss nicht tödlich ist und ein Arzt mir sagen kann, was ich tun muss. Deshalb nehme ich ja auch die Schlange mit. Im Lagerhaus brauche ich kaum auf den Arzt zu warten. Er ist sofort da und klärt alles mit mir in Ruhe.»

Ich strahle. Christine merkt das und ist zunächst überrascht. Als ich sie aber an ihre früheren Fuchs-, Wolfs- und Schlangenträume erinnere, in denen sie in Panik nach dem Arzt rennt, da beginnt sie zu ahnen: Jetzt kann sie das Wilde (als Gegengift gegen den Zwang) wirklich vertragen. Jetzt ist es eben kein unverträgliches Tollwutgift, sondern ein Heilserum: gegen den Zwang. Jetzt ist der Arzt schon zur Stelle und braucht auch nur zu unterstützen.
Ich sage: «Jetzt werden auch deine Rückenschmerzen aufhören. Achte einmal auf die Rückenzeichnung der Schlange: schwarz-rot ein Teufelszeichen. Was für den Zwanghaften vom Teufel ist, wird für den Exodus-Mutigen zum Heil.» Und ich erinnere sie an den «eisernen Willen», den «stählernen Sporn» oder die «stählerne Keule» im Opus Dei: statt dessen eine bewegliche, ganz sinnliche Schlange, die sich auch immer wieder neu häutet. «Seid klug wie die Schlangen», schmunzelt Christine.
Das nächste Mal bringt Christine mir ein Geschenk mit: Es ist ein alter Puppenkleiderschrank aus ihrer Kindheit, den ihr Sohn als Bastler wieder in Form gebracht hat. Christine sagt, ich solle ihn öffnen. Und da liegt in der Ecke ein kleiner Stoff-Fuchs.

Schluss und Zusammenfassung: Göttliches Wirken und Opus Dei in uns

Christine Friedemann – das könnte jede(r) von uns sein. Wir alle kennen irgendwie den aufgeräumten Kleiderschrank und zugleich den Wild-Fuchs, die Schlange; die Ordnung oder Fügung einerseits und die Vitalität, Spritzigkeit, Verrücktheit andererseits – oder christlich: Eugen - Joschua und Romano - Maria. Aber meist ist die Spannung zwischen diesen beiden Seiten verspannt. Fügung wird zum «Zwang», Wildheit zur «Tollwut». Und beides verteufelt sich so gegenseitig.

Dass es ein Opus Dei in der Gesellschaft gibt, dafür bin ich als Analytiker insofern dankbar, als uns damit im Aussen gezeigt wird, was in uns vorhanden ist: die Sehnsucht nach klarer Sinn-Fügung; aber immer auch leider ist: der friedlos fesselnde Zwang.
Dass es die Basis, hier dargestellt an der Eugen-Bewegung, gibt, dafür bin ich als Analytiker insofern dankbar, weil damit im Aussen sichtbar wird, was in allen leben will: das Wilde, Schäumende, Bebende; aber immer auch leider ist: die Tollwut.
In beidem: in friedlosem Zwang wie in der Tollwut wird das göttliche Wirken, das wirkliche Leben verhindert. Leben, göttliches Wirken, ist ein völliges Überraschen und Überraschtwerden. Hans Urs von Balthasar hat einmal die göttliche Trinität, also das Bild von Leben schlechthin, als das beständige Sichüberraschen und Überraschtsein-Wollen umschrieben. Durch das Opus Dei (in uns und als gesellschaftliche Grösse) sehe ich das göttliche Wirken in einem Kleiderschrank-Werk gefesselt; dagegen durch die Eugen-Gruppen (in uns und als gesellschaftliche Gruppen) eher verglühen. Beides sind, wie C. G. Jung einmal grundsätzlich über die Kirchen gesagt hat, Versuche, dem göttlichen Wirken zu entkommen. Dabei ist die zwanghafte Fesselung, weil gesellschaftlich gestützt, vorherrschend.
Ganz gleich wo ich als Analytiker dem Schmerz dieser Fesselung im einzelnen begegne – bezeichne er sich als unreligiös oder sei er ein (ehemaliges) Mitglied von fundamentalistischen Gruppierungen (Opus Dei und anderen Bewegungen) –, so wünsche ich, dass der Schmerz sich mildere, wie bei Christine.
Ich wünsche, dass sich die berechtigte Sehnsucht nach Sicherheit,

Klarheit, Fügung stärke, und zwar genau dadurch, dass die andere Seite, die wilde, unbändige Veränderungskraft, motiviert wird; auf dass die Tollwut mehr und mehr zum wilden Heilsaft (zum dosierten Schlangengift) und der Ordnungszwang zur heilenden Fügung werde. Und dass der einzelne Mensch so immer ein Stückchen mehr zu einem «verrückten Haus» wird: zu einem «Haus aus bebendsten Steinen» (R.M. Rilke über die Musik). Das ist ein mühsamer Weg, den Christine aber wagte; vielleicht eine Christus-Nachfolge.

Das wünschte ich mir auch gesellschaftlich: Friedenswege zwischen dem realen Opus Dei und der Basis. Das aber scheint eine Utopie im Augenblick. Indes: Der Heilungsweg geht über die einzelnen, über jede und jeden von uns.

Anmerkungen

[1] Helmut Hark: Religiöse Neurosen. Ursachen und Heilung. Stuttgart [2] 1988, 78–88. 280.

[2] Stavros Mentzos: Neurotische Konfliktverarbeitung. (Fischer-TB). München 1982, 159–165. Fritz Riemann: Grundformen der Angst. Eine tiefenpsychologische Studie. [13] 178, 105–155.

[3] «Monodrama» ist ein Psychodrama mit nur einer Person und einem Leiter.

Ein unsichtbares Netz

Das Opus Dei in Zürich und anderswo – Namen, Organisationen, Verbindungen

Alois Schuler

«Geschwiegen zu haben wirst du nie bereuen; gesprochen zu haben oft.» Dieser Leitspruch findet sich im «Weg»[1], einem Ratgeber, den Josemaría Escrivá, der Gründer des Opus Dei, in den ersten Jahren des Bestehens des «Werkes» seinen «Kindern» vermacht hat. Sätze wie dieser haben die Mitglieder nicht nur zum Gebet geführt, sondern auch auf dem Weg zu Geld und gesellschaftlichem Einfluss begleitet. Der Journalist jedenfalls wäre froh, wenn sich diese Diskretion – sie «ist weder Geheimhaltung noch Geheimnistuerei; sie ist einfach: sich natürlich verhalten»[2] – nur als Stolperstein zeigen würde; oft ist sie unüberwindbarer als der versiegelte Stein vor dem Grab.
In der Schweiz hat das Opus Dei 1956 zu wirken begonnen. Obwohl es sich bis heute in über einem Dutzend Häuser niedergelassen und seine Mitglieder verschiedene Stiftungen und Vereine gegründet haben, stösst man äusserst selten auf den Namen «Opus Dei». Ja man findet ihn selbst dann kaum, wenn man ihn sucht. Kein Haus trägt diesen Schriftzug auf dem Briefkasten oder an der Klingel.
Zu finden ist die Personalprälatur Opus Dei im Personalverzeichnis des Bistums Chur[3]. Genannt werden hier neben dem in Rom residierenden Prälaten Alvaro del Portillo der Regionalvikar für die Schweiz, Augustinus López Kindler, und als weitere in der Diözese Chur tätige Priester Joseph Bonnemain, Hansruedi Freitag, Beat Müller, Fernando Orus Graf, Martin Rhonheimer, Peter Rutz und Pedro Turull. Bonnemain ist bischöflicher Offizial (Präsident des Ehegerichts) und war seit 1982 Vizeoffizial, Rutz ist auf den Herbst 1991 hin zum faktischen Leiter des Churer Priesterseminars ernannt worden, er wird im Verzeichnis 1992 aufgeführt werden.
Das Personalverzeichnis nehmen in der Regel nur Insider in die Hand. Der einzige ganz öffentliche Hinweis auf das Opus Dei findet sich im Stadtzürcher Telefonbuch: Dort ist unter «Opus Dei (Prälatur) Region Schweiz» die Adresse Restelbergstrasse 10 und eine Telefonnummer zu finden. An dieser Adresse findet man zwar die Regionalleitung, zum Pressesprecher allerdings, dem Priester Beat Müller, wird der Journalist in ein anderes Haus geschickt, ins *Studentenheim Fluntern* an die Ackermannstrasse 25, ebenfalls im Villenquartier Zürichs am Zürichberg.

«Kulturgemeinschaft» als Immobilienbesitzerin

Das Studentenheim Fluntern war das erste Haus des Opus Dei in der Schweiz. 1961, fünf Jahre nachdem die ersten Mitglieder des Opus Dei nach Zürich gekommen waren, wurde die *Kulturgemeinschaft Arbor* gegründet als Trägerverein für das im gleichen Jahr neu bezogene Studentenheim Fluntern. Als Vorstandsmitglied hatte die Kulturgemeinschaft Arbor auch Bruno Flüeler gewinnen können, den Präsidenten der Zentralkommission, der Exekutive der katholischen Körperschaft im Kanton Zürich. Er setzte sich dafür ein, dass Stadt und Kanton Zürich an den Umbau der alten Villa Subventionen von je 200 000 Franken leisteten. Hauptsächlich allerdings sei das Geld durch Spenden zusammengekommen, erklärte Carlos Schick, Opus-Dei-Mitglied, Gründungsmitglied der Kulturgemeinschaft Arbor und gegenwärtig deren Präsident, in einem Gespräch im Sommer 1990. Grosszügig erwiesen hätten sich dabei Leute, denen zehntausend Franken nicht weh getan hätten, wie der Generalunternehmer Göhner, der Discounter Eschenmoser oder Nationalrat Emil Duft.
Dass so ein Umbau einer alten Villa in ein Studentenheim keine billige Angelegenheit ist, hängt übrigens nicht nur vom Zustand der Bausubstanz und der späteren Nutzung als Studentenheim ab. Ein geistliches Zentrum des Opus Dei hat auch der im Werk ausgeprägten Geschlechtertrennung Rechnung zu tragen. In einem ausschliesslich von Männern bewohnten Haus wie dem Studentenheim Fluntern oder den Häusern der Regionalleitung an der Restelbergstrasse 10 und 12 wird der Haushalt von Frauen – nach Möglichkeit von weiblichen Mitgliedern[4] des Opus Dei – besorgt. Damit nun keine Kontakte zwischen Männern und Frauen stattfinden – die wohl die Berufung gefährden könnten –, gibt es nicht nur einen Dienstboteneingang, der von keinem «Männer-Fenster» eingesehen werden kann, es braucht natürlich auch eigene Treppenhäuser für die Frauen. Und wenn ganze Trakte unter den Boden verlegt werden – an der Restelbergstrasse 10/12 Küche und Essraum, beim Studentinnenheim Oberstrass eine grosszügige Kapelle –, braucht ein solcher Umbau Geld, wie auch der Einbau von Toilette und Dusche in jedes Zimmer (an der Restelbergstrasse). Die Numerarier, die hier wohnen, leisten allerdings finanziell auch ihren Teil: Sie haben nicht selten gutbezahlte Berufe, stellen den

Lohn aber dem Werk zur Verfügung. Und auch die übrigen der nach Angaben des Opus Dei rund dreihundert Mitglieder des Werkes in der Schweiz, die Supernumerarier und Assoziierten, aber auch die fünf- bis zehnmal zahlreicheren «Mitarbeiter» leisten ihren finanziellen Teil.

Häuser in Zürich...

In den dreissig Jahren ihres Bestehens hat die Kulturgemeinschaft Arbor folgende Häuser erworben und deren Leitung dem Opus Dei übertragen: in Zürich neben dem Studentenheim Fluntern das *Studentinnenheim Oberstrass* mit einem *Zentrum für kulturelle Bildung* an der Landoltstrasse 23; das *Studentinnenheim Sonnegg* mit einem *Lehrbetrieb für Hotelberufe* (von dem der Zürcher Hotelierverband bisher allerdings nichts wusste) an der Scheuchzerstrasse 23; das *Bildungszentrum Goldbrunnen* an der Birmensdorferstrasse 190, in dem fremdsprachige Mädchen Nachhilfestunden und Frauen Hauswirtschaftskurse besuchen können; und – ganz neu – das *Studentenheim Allenmoos* an der Allenmoosstrasse 80 in Zürich-Oerlikon.

...in Freiburg und Genf

Häuser der Kulturgemeinschaft Arbor finden sich heute auch in Freiburg im Üechtland mit dem *Foyer Bel-Praz* und dem *Alpha Club* an der rue P.-A.-de-Faucigny 7 und dem *Club Nord* an der rue Frédéric-Chaillet 7 (für Mädchen). In Genf sind es das *Centre Culturel le Rocher* mit einem *Jugendclub für Mädchen* an der rue Bellot 3 und die *Résidence Universitaire de Champel* mit dem *Jugendclub d'Arve* an der av. Beau-Séjour 18.
In all diesen Häusern wohnen neben Studenten bzw. Studentinnen, die nicht zum Opus Dei gehören müssen, Mitglieder des Werkes. Numerarier leiten das Haus, Priester stehen für Beichte und Eucharistie zur Verfügung.

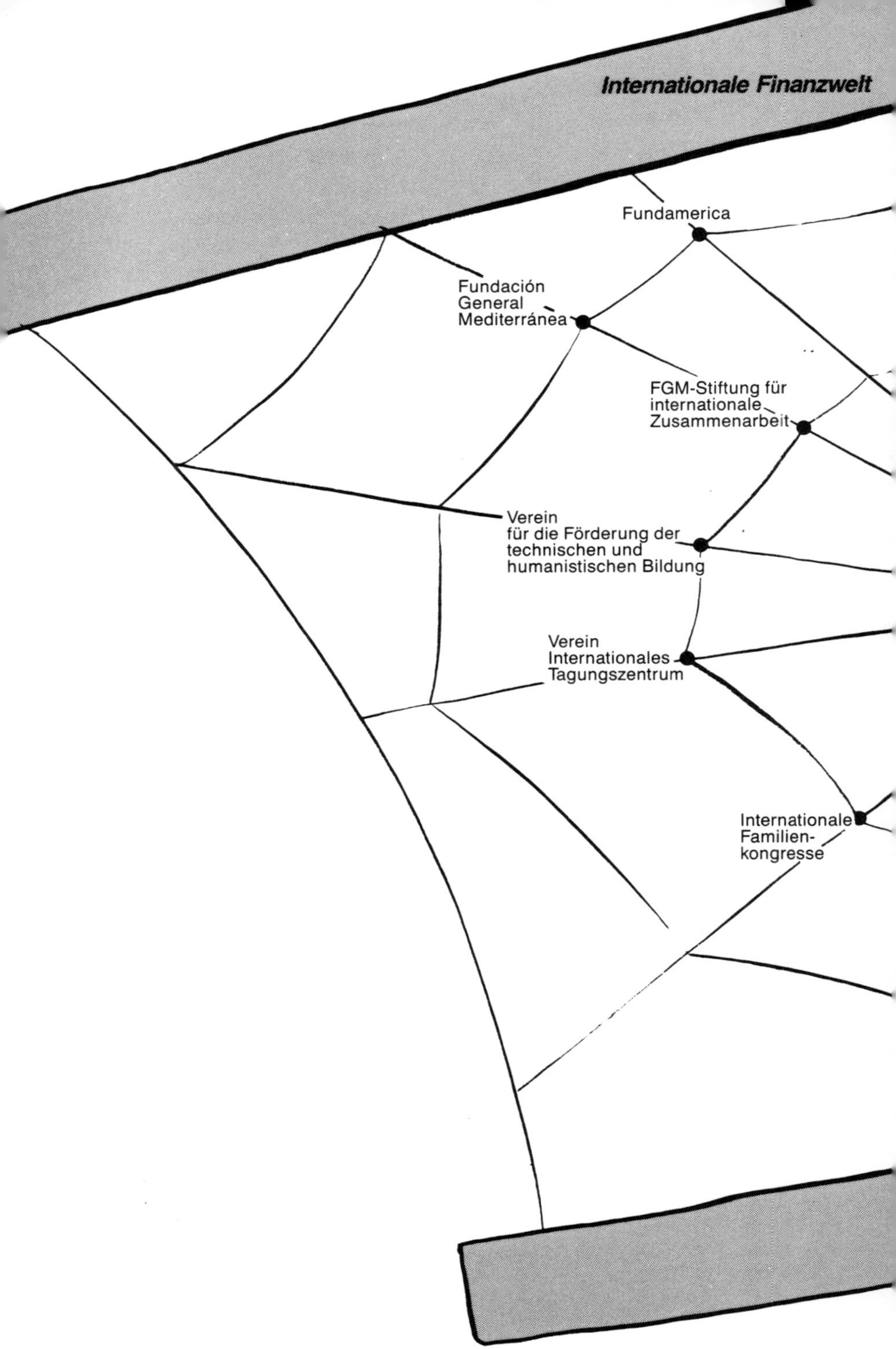
Internationale Finanzwelt
Fundamerica
Fundación General Mediterránea
FGM-Stiftung für internationale Zusammenarbeit
Verein für die Förderung der technischen und humanistischen Bildung
Verein Internationales Tagungszentrum
Internationale Familienkongresse

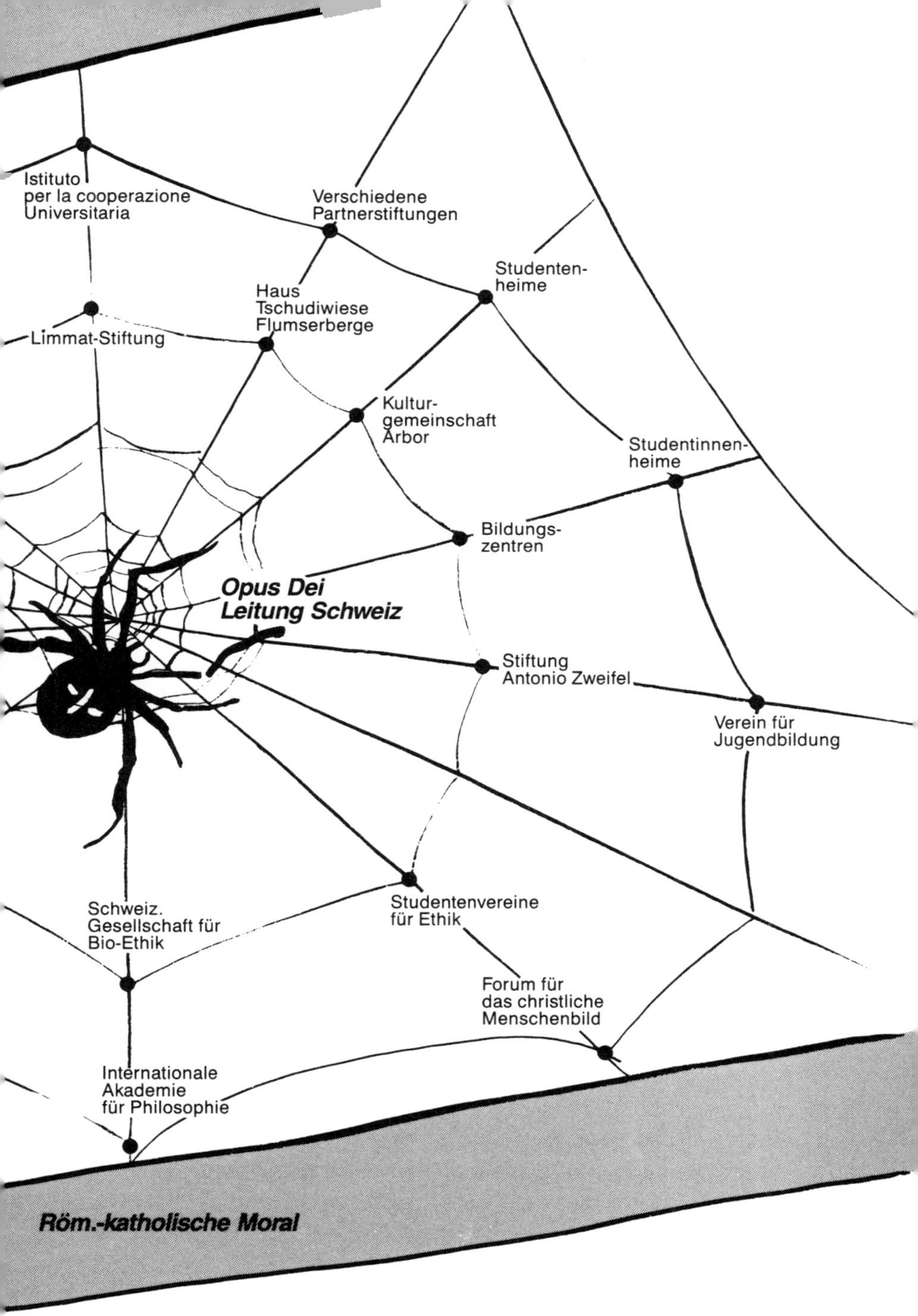
Istituto per la cooperazione Universitaria
Verschiedene Partnerstiftungen
Studentenheime
Haus Tschudiwiese Flumserberge
Limmat-Stiftung
Kulturgemeinschaft Arbor
Studentinnenheime
Bildungszentren
Opus Dei Leitung Schweiz
Stiftung Antonio Zweifel
Verein für Jugendbildung
Studentenvereine für Ethik
Schweiz. Gesellschaft für Bio-Ethik
Forum für das christliche Menschenbild
Internationale Akademie für Philosophie
Röm.-katholische Moral

Das Opus Dei als Körperschaft kirchlichen Rechts hat in der Schweiz keinen Liegenschaftenbesitz. Die Schweizer Regionalleitung ist in Häusern zu finden, die aber nicht der Kulturgemeinschaft Arbor gehören, sondern einem andern Trägerverein mit dem nicht ganz naheliegenden Namen «Verein für die Förderung der technischen und humanistischen Bildung», der sich aus fünf Opus-Dei-Mitgliedern zusammensetzt. Ihm gehören die Häuser Restelbergstrasse 10 und 12. Das Nachbarhaus Nummer 16 wurde von der Opus-Dei-Leitung dazugemietet. Die Häuser Restelbergstrasse 10 und 12 sind unterirdisch durch den Esstrakt miteinander verbunden. Das Haus Nummer 10 verfügt zudem von der Garage her über einen unterirdischen Zugang. Und auch hier ist weder am Briefkasten noch am Gartentor ein Hinweis auf die Bewohner oder ihre Vereinigung zu finden.
Anders ist das bei der *weiblichen Leitung des Opus Dei in der Schweiz*, die in einem gemieteten Haus fünf Minuten weiter oben am Zürichberg an der Susenbergstrasse 45 ihren Sitz hat. Dort findet der Briefträger den Namen Busse. Laut Adressbuch der Stadt Zürich wohnten hier 1990 neben der Ärztin Wilhelmine Busse, der Opus-Dei-Leiterin für die Schweiz, die Pharmazeutin Francesca Pedrini und die Physiotherapeutin Barbara Schibli.
Nur wenige Schritte von der Susenbergstrasse 45 entfernt, steht an der Rosenbühlstrasse 32 ein Haus, in dem viele Fäden aus allen Teilen der Welt zusammenlaufen: Hier hat die Limmat-Stiftung[5] ihren Sitz.

Eine Brücke für Geldgeber

«Die Limmat-Stiftung ist Anfang der siebziger Jahre auf Initiative von Persönlichkeiten aus Industrie, Handel und akademischen Kreisen gegründet worden. Idee der Stiftung ist es, eine Brücke zu schlagen zwischen Geldgebern und Empfängern, zwischen Donatoren und Ausführern der Projekte, um gemeinnützige Projekte in Entwicklungsländern zu unterstützen.» So umschrieb Hans Georg Rhonheimer, Präsident des Stiftungsrates der Limmat-Stiftung, in einer Sendung des Schweizer Radios DRS 2[6] den Zweck seiner Institution. Rhonheimer ist Mitglied des Opus Dei[7]. Auf die Frage, wie er das Verhältnis von

Opus Dei und Limmat-Stiftung beschreiben möchte, antwortete er damals: «Hinter dieser Beziehung sucht man etwas, das überhaupt gar nicht existiert. Es gibt ja gar nicht viel zu erklären. Bis ich Präsident wurde[8], war noch nie ein Opus-Dei-Mitglied Präsident der Limmat-Stiftung. Es waren einfach Anwälte, Ärzte, Kaufleute, die von der Limmat-Stiftung beeindruckt waren und die sich deshalb zur Verfügung stellten. Selbstverständlich sind aber die Leute vom Opus Dei, die mitarbeiten, ideale Partner, um eine solche Stiftung zu führen.»[9] 1990 waren vier von fünf Stiftungsräten sowie der Geschäftsführer der Limmat-Stiftung Mitglieder des Opus Dei. Der Aufsichtsrat der Stiftung bestand ausschliesslich aus Mitgliedern des Werkes. In den Unterlagen, die von der Limmat-Stiftung auf Anfrage verschickt werden, findet sich allerdings kein einziger Hinweis auf das Opus Dei.

Bagatellisiert wurde die Beziehung zwischen Limmat-Stiftung und Opus Dei auch von dessen Pressesprecher Beat Müller. Er erklärte[10], in der Limmat-Stiftung seien mehrheitlich Nichtmitglieder tätig. Es stimme zwar, dass der Geschäftsführer der Stiftung Opus-Dei-Mitglied sei, «aber es ist seine persönliche berufliche Arbeit. So wie ein anderes Mitglied vom Opus Dei auf einer Bank arbeitet oder sonst seinem Beruf nachgeht.» Neben dem impliziten Hinweis auf die beim Opus Dei strikte Unterscheidung zwischen geistlichen Belangen, für die das Werk zuständig ist, und weltlichen Geschäften, die immer in der Verantwortung des einzelnen Mitglieds liegen, lieferte Müller einen wohl nicht ganz unzutreffenden Hinweis auf die Art der Tätigkeit der Limmat-Stiftung.

Die Limmat-Stiftung ist am 13. März 1972 in Zürich gegründet worden. Als Stifter trat Arthur Wiederkehr (*1910), Jurist und Präsident der Zürcher Nordfinanzbank, auf. Das Gründungskapital betrug 100 000 Franken. Noch im gleichen Jahr wurde die Limmat-Stiftung durch den Kanton Zürich als gemeinnützig anerkannt und damit von den Steuern befreit. Die Stiftungsaufsicht übernahm das Eidgenössische Departement des Innern. Dieses stellte in einem Bericht im Juni 1975 ein Stiftungskapital von 9 Millionen Franken fest.

Die Limmat-Stiftung verfolgt nach eigener Darstellung ausschliesslich gemeinnützige Zwecke, und zwar sowohl in der Schweiz wie im Ausland, in Industrie- wie in Entwicklungsländern. In der Stiftungsurkunde sind die Ziele folgendermassen umschrieben:

«a) Unterstützung und Förderung der wissenschaftlichen Forschung und des Studiums der Natur- und Geisteswissenschaften.
b) Schaffung, Unterhalt und Förderung von Institutionen, die sich dem Gesundheitswesen widmen oder sich in einem medizinischen Spezialgebiet von besonderer Dringlichkeit oder sozialem Interesse betätigen.
c) Förderung und Unterhalt von Werken und Bestrebungen auf dem Gebiet der Erziehung zur Nächstenliebe.
d) Förderung des Wohlstandes des Menschen insbesondere durch Unterstützung hilfsbedürftiger Familien von Betagten und in Armut geratener Menschen.
e) Beratung und Hilfeleistung zugunsten von Personen oder Institutionen, die gleiche oder ähnliche Ziele verfolgen oder zu verfolgen wünschen, dies um ihnen die Schaffung, Organisation und Verwaltung von Stiftungen oder ähnlichen Organismen mit gemeinnützigem Zwecke zu ermöglichen oder zu erleichtern.»

Teil eines internationalen Netzes[11]

Die Limmat-Stiftung ist nicht nur in besonderem Mass auf die internationale Zusammenarbeit mit andern Stiftungen angelegt, sie kennt unter der Bezeichnung «Sonderpatronate» eigentliche Stiftungen innerhalb der Stiftung: «Die Stiftung kann Zuwendungen mit oder ohne die Verpflichtung, sie einem bestimmten Sonderzweck innerhalb der von ihr verfolgten Ziele dienstbar zu machen, entgegennehmen. Für die Verwaltung und Verwendung von zweckbestimmten Mitteln kann in Übereinstimmung mit dem Willen des Geldgebers ein Sonderreglement geschaffen und ein spezielles Patronatskomitee gebildet werden, dem auch Personen angehören können, die nicht Mitglieder des Stiftungsrates sind.»[12]
Dem Aufsichtsrat der Limmat-Stiftung gehörten seit 1972 an: Arthur Wiederkehr[13], sein Sohn Alfred Wiederkehr und die Opus-Dei-Mitglieder Alberto Pacheco aus Mexiko, Antonio Zweifel aus Zürich[14] und Umberto Farri aus Rom[15].
Der Stiftungsrat bestand 1975 aus Edwin Zobel, der das Präsidium

führte, Alfred Wiederkehr und den Opus-Dei-Mitgliedern Umberto Farri, Antonio Zweifel und Hans Thomas[16]. Wiederkehr und Zobel wurden 1986 durch Hans Georg Rhonheimer und den Arzt Fritz Tschui ersetzt. Tschui ist gegenwärtig der einzige Stiftungsrat, der nicht dem Opus Dei angehört. Immerhin hat er aber eine Tochter, die Numerarierin ist. Antonio Zweifel, der Geschäftsführer der Limmat-Stiftung, starb 1989. Seine Funktion übernahm François Geinoz, ebenfalls ein Mitglied des Werks. Arthur Wiederkehr hat 1986 auch das Präsidium im Aufsichtsrat abgegeben, und zwar an das Opus-Dei-Mitglied Edgardo Giovannini[17]. Das Sekretariat im Aufsichtsrat fiel von Zweifel an Francisco Benito, auch er Opus-Dei-Mitglied.
In den ersten Jahren ihres Bestehens hatte die Limmat-Stiftung im offiziellen Namen den Zusatz «für Bildung und Wohlfahrt». In einem Prospekt aus dem Jahr 1977 werden verschiedene von der Limmat-Stiftung unterstützte Projekte vorgestellt. So beispielsweise Studien am Institut für Verhaltenswissenschaft an der ETH Zürich zum Funktionsbegriff bei Kindern und Jugendlichen. Die Limmat-Stiftung wurde später als Förderin durch die «Stiftung Volkswagenwerk» abgelöst. In der Broschüre nicht erwähnt wird, dass an der Studie Mitglieder des Opus Dei mitwirkten. Beschrieben werden im gleichen Heft aber Elternbildungsveranstaltungen in verschiedenen Städten Europas und Ausbildungsprojekte in Entwicklungsländern sowie das Jugendheim Tschudiwiese, ein ehemaliges Hotel in den Flumserbergen, das – aber das wird nun nicht erwähnt – an die Kulturgemeinschaft Arbor vermietet ist, die es den vom Opus Dei geleiteten Studentenheimen und andern Gruppen unter Opus-Dei-Leitung zur Verfügung stellt. Ein Bild in der Broschüre der Limmat-Stiftung zeigt in einer Gruppe junger Menschen die beiden heutigen Opus-Dei-Priester Beat Müller und Martin Rhonheimer.

Madrid–Caracas–Zürich

Das gleiche Heft weist noch auf ein weiteres Engagement der Limmat-Stiftung hin: «Am 8. Februar 1977 gründete die Limmat-Stiftung, in Zusammenarbeit mit der Fundación General Mediterránea, Madrid, in

Caracas (Venezuela) die Fundación General Latinoamericana (Fundamérica), eine Stiftung mit einer breiten Zielsetzung und einem ersten Schwerpunkt im sozialen Wohnungsbau.» Nur knapp zwei Jahre später, am 19. Januar 1979, wurde in Zürich die *«FGM-Stiftung für internationale Zusammenarbeit»* gegründet – und damit ein weiterer Faden ins Netz gewoben:

Das Stiftungskapital von 427 000 Franken kam folgendermassen zusammen:

164 500 Franken durch den Stifterverband für die Deutsche Wissenschaft, Essen.

1700 Franken durch Mariano Blanco Diaz, Madrid.

78 600 Franken durch die Vernard van Lerr-Foundation, Den Haag.

15 800 Franken durch Fundamérica, Fundación General Latinoamericana, Caracas.

1500 Franken durch Riccardo Diez Hochleitner, Madrid.

1500 Franken durch Jaime Vicens Carbonell, Madrid.

163 400 Franken durch die Fundación General Mediterránea, Madrid.

Stiftungsräte sind die Opus-Dei-Mitglieder Riccardo Diez Hochleitner, Madrid, und Peter Kopa, Zürich. Der Geschäftssitz ist beim Anwalt Kopa in Zürich. Bis 1983 gehörte auch Arthur Wiederkehr dem Stiftungsrat an. Dann wurde er durch Balz Hotz (Erlenbach bei Zürich) ersetzt. Im Aufsichtsrat nahmen 1979 Riccardo Diez Hochleitner, Jaime Vicens Carbonell und Mariano Blanco Diaz Einsitz.

Der Zweck der «FGM-Stiftung für internationale Zusammenarbeit» wurde folgendermassen umschrieben: Sie «verfolgt im In- und Ausland ausschliesslich gemeinnützige Ziele mit Schwerpunkt auf Projektstudien, Koordinierung und Zusammenarbeit gegenüber den Initiativen von (natürlichen und juristischen) Drittpersonen, um die Wirksamkeit jedes einzelnen Beteiligten mittels einer konzertierten Aktion zu verbessern. Der geographische Rahmen dafür umfasst in erster Linie die europäischen und lateinamerikanischen Länder. Die Tätigkeitsbereiche der Stiftung liegen hauptsächlich in der allgemeinen und beruflichen Ausbildung, der Entwicklungshilfe für die Dritte Welt, der wissenschaftlichen (insbesondere der medizinischen) Forschung, dem Know-how-Transfer, dem Sozialwohnungsbau, der Behindertenfürsorge und der Hilfe an die Familie und die Jugend.» Über die konkrete Arbeit der Stiftung ist wenig in Erfahrung zu bringen. Laut Geschäftsführer Peter Kopa hat die Stiftung nichts mit dem Opus Dei zu tun, was juristisch gesehen ja sicher stimmt. Im übrigen schweigt Kopa lieber. Gemäss der von Swissaid im Auftrag des Bundes geführten Statistik über die schweizerische Entwicklungshilfe unterstützte Kopas Stiftung 1988 in Argentinien ein Projekt für Studenten für 234 000 Franken und in Bolivien ein Projekt für 59 000 Franken. 1985 hatte eine Schule in Ecuador 228 000 Franken aus dieser Quelle erhalten.[18] Erst das Wissen um andere Aktivitäten würde aber klarmachen, weshalb von Opus-Dei-Leuten in Zürich neben der Limmat-Stiftung eine weitere Stiftung – über die Latinoamericana eine Enkelin, über die Fundación General Mediterránea eine Nichte – gegründet werden musste. Am Anfang war bei beiden Arthur Wiederkehr dabei, und die Geschäftsführer von Limmat-Stiftung und FGM Zürich, François Geinoz und Peter Kopa, wohnen[19] an der gleichen Adresse: am Sitz der Regionalleitung Schweiz des Opus Dei, an der Restelbergstrasse 10. Weshalb die Spanier Interesse hatten, von der Fundación General Mediterránea aus stärkere Seile nach Zürich zu spannen, mag folgende Geschichte rund um den Fall Ruiz Mateos verdeutlichen, die hier nur nacherzählt[20] werden kann und die, so phantastisch sie auch tönen mag, sich auf nicht wenige Fakten stützen kann.

Besuch aus Madrid

Der Aufsichtsrat der Limmat-Stiftung hatte in seiner Sitzung vom 17. Februar 1975 zwei Gäste: José Ferrer Bonsomos und Pablo Bofill, beide aus Madrid, wie eine Akte im Zürcher Handelsregister festhält. Die beiden waren die Gründer des Banco Atlantico, in dessen Verwaltungsrat auch Arthur Wiederkehr sass, und sie waren Mitglieder des Opus Dei. Der Banco Atlantico war Teil der Rumasa, Spaniens grösster Holding, bis dieser Konzern 1983 vom Staat aufgelöst werden musste, weil er überschuldet war.

Die Rumasa hatte ihren Namen von ihrem Chef: José María Ruiz Mateos, Mitglied des Opus Dei. Und von der Rumasa bestanden verschiedene Verbindungen zur Limmat-Stiftung. Ein Jahr bevor der Chef der Zürcher Nordfinanzbank, Arthur Wiederkehr, die Limmat-Stiftung gründete, wurde in Madrid durch die Gruppe Atlantico-Bankunion die

Fundación General Mediterránea errichtet. Zusammen haben die beiden 1977 die Fundamérica in Caracas gegründet. Kurz nach der Enteignung der Rumasa berichtete die Londoner «Sunday Times», Arthur Wiederkehr und sein Sohn Alfred seien an der Spitze der «Multinvest UK», einer Londoner Rumasa-Tochter, gestanden. Die beiden hätten zudem mehrere jener panamaischen Gesellschaften geleitet, die Roberto Calvi – der in London unter ungeklärten Umständen ums Leben gekommene Chef des 1982 bankrott gegangenen Banco Ambrosiano – aufgebaut hatte, in Zusammenarbeit mit dem Istituto per le opere religiose, der Vatikanbank. Arthur Wiederkehr jedenfalls war bis 1980 Honorarkonsul Panamas, wie er offenbar bestätigt hat[21]. Und Wiederkehrs Nordfinanzbank war die Schweizer Hausbank des Rumasa-Konzerns.[22]

Die Enteignung des Rumasa-Konzerns kratzte auch am Erscheinungsbild des Opus Dei. Gemäss «El País» vom 19. Juni 1986 behauptete der nach einer Flucht von Deutschland an Spanien ausgelieferte Ruiz Mateos, rund 6,5 Millionen Dollar an eine Schweizer Bank auf die Namen Alejandro Cantero und Juan Francisco Montuenga, Direktoren im Rumasa-Konzern, transferiert zu haben, als Schenkung an das Opus Dei. Am Tag darauf, am 20. Juni 1986, berichtete «La Vanguardia», gestützt auf Fotokopien der Transfers, das Geld sei zwischen 1979 und 1982 über die Nordfinanzbank und die Schweizerische Bankgesellschaft transferiert worden.[23] Noch einen Tag später, am 21. Juni, gab es einen Wechsel an der Spitze der Limmat-Stiftung. Wie im Protokoll einer Aufsichtsratssitzung von diesem Tag festgehalten wird, traten Edwin Zobel, bisheriger Präsident, und Arthur Wiederkehr «altershalber» aus dem Stiftungsrat zurück. Wiederkehr gab gleichzeitig auch das Präsidium im Aufsichtsrat ab. Ersetzt wurde der damals 76jährige durch den 77jährigen Edgardo Giovannini. Hans Georg Rhonheimer, Wiederkehrs Nachfolger als Präsident des Stiftungsrates, betonte im Herbst 1990 an einer Tagung der Paulus-Akademie Zürich über das Opus Dei, der Rücktritt von Wiederkehr sei lange im voraus geplant gewesen. War es ein Zufall, dass «La Vanguardia» ausgerechnet am Vortag dieses Schrittes berichtete, Ruiz Mateos habe Wiederkehr vor Jahren mit dem Aufbau eines Netzes von Zweckgesellschaften beauftragt? «La Vanguardia» schrieb weiter, Wiederkehr habe in den sechziger und siebziger Jahren mit den Finanzgesellschaften des Opus Dei in Spanien zusammengearbeitet, insbesondere mit dem Banco Atlantico, der damals von José Ferrer Bonsomos, Pablo Bofill und Casimiro Molins, «alle vom Opus Dei», geleitet worden sei.[24]

Deutlicher als bei den Finanzgeschäften ist das Zusammenwirken von Limmat-Stiftung und Opus Dei in der Projektarbeit im Bildungsbereich. So ist im Jahresbericht 1988 der Limmat-Stiftung von der Unterstützung der «in einem Arbeiterquartier Roms gelegenen Berufsschule» Centro Elis die Rede. Im Projektbeschrieb wird zwar kein Hinweis auf das Opus Dei gegeben. Im «Informationsblatt Nr. 1» der Vizepostulation des Opus Dei in der Schweiz aus dem Jahre 1976 wird das Centro Elis aber als korporatives Werk des Opus Dei bezeichnet. Und es wird voll Stolz erzählt, dass Papst Paul VI. 1965 bei der Einweihung zu Escrivá gesagt habe: «Tutto, tutto qui è Opus Dei. Hier ist alles Opus Dei.» In der bereits erwähnten Sendung des Schweizer Radios[25] erklärte Hans Georg Rhonheimer, der Präsident der Limmat-Stiftung, auf eine entsprechende Frage: «In den Projekten in den verschiedenen Ländern, in den Stiftungen dort, wirken sehr oft Opus-Dei-Mitglieder.» Das sei halt eine Sache der Gesinnung.

So muss es nicht verwundern, dass auch die Partner der Limmat-Stiftung bei einem von der Schweizerischen Eidgenossenschaft unterstützten Projekt Mitglieder des Opus Dei sind. Es geht dabei um die Ausbildung von Hauswirtschaftslehrerinnen in den Philippinen. Nach Angaben der Limmat-Stiftung steht auf dem Fächerplan «Berufsethik» an zweiter Stelle, vor Kostenberechnung und Ernährungswissenschaft – und das bei einer Hauswirtschaftsschule. Und Hans Georg Rhonheimer erzählte im Sommer 1990 voll Freude, in einem Bericht der beim Bund zuständigen Direktion für Entwicklungszusammenarbeit und humanitäre Hilfe sei «in höchsten Tönen von der Gesinnung, vom Ethos und von der Moral, die hinter der ganzen Sache steckt, gesprochen» worden. Nicht zuletzt wohl aufgrund der Tatsache, dass Jean-François Giovannini, der Sohn des Präsidenten des Aufsichtsrates der Limmat-Stiftung, Vizedirektor in dieser Direktion ist – allerdings in einer andern Abteilung–, kam es im Nationalrat im Herbst 1990 zu einer Anfrage, auf die Bundesrat René Felber erklärte, die Direktion für Entwicklungszusammenarbeit und humanitäre Hilfe habe von Anfang an um die Bindungen zwischen der Limmat-Stiftung und dem Opus Dei, «einer von der römisch-katholischen Kirche anerkannten Organisation», gewusst. Der Aussenminister versicherte der Fragestellerin,

dass im Rahmen dieser Entwicklungsprojekte keine religiöse oder gesellschaftliche Indoktrination betrieben werde.
«Die Limmat-Stiftung ist politisch und konfessionell unabhängig.»[26] Das schreibt sie ja schliesslich selbst. Ob da Escrivá Freude, uneingeschränkte Freude hätte? «Konfessionslosigkeit. Neutralität. Alte Mythen, die sich immer neu aufputzen wollen. Hast du schon einmal darüber nachgedacht, wie absurd es ist, dass man aufhört, katholisch zu sein, wenn man in der Universität, der Berufsorganisation, der wissenschaftlichen Tagung, dem Parlament auftritt, so als gäbe man seinen Hut an der Garderobe ab?»[27] Trotz der bundesrätlichen Erklärung gibt es keinen Grund anzunehmen, dass Opus-Dei-Mitglieder in Manila ihr Apostolat schlechter ausüben als ihre Brüder und Schwestern in London, Köln oder Zürich.
Weil es aber keine handfesten Gründe für eine Ablehnung gab, unterstützt der Bund in der Zwischenzeit ein weiteres analoges Projekt der Limmat-Stiftung auf den Philippinen mit 199 000 Franken in den Jahren 1991 und 1992.
Die Limmat-Stiftung hatte 1990, so Rhonheimer, «eine grössere zweistellige Millionenzahl»[28] Franken im Einsatz, in der Regel als zinslose Darlehen. Nach der Swissaid-Statistik betrieb die Stiftung 1988 für 793 000 Franken Entwicklungshilfe. Empfängerländer waren dabei neben den Philippinen die Dominikanische Republik, die Elfenbeinküste und Peru. Fast immer ging es um Bildung.

Bildung, Bildung[29]

Die Bildung hat sich auch der bereits als Hausbesitzer erwähnte Verein für die Förderung der technischen und humanistischen Bildung zum Ziel gesetzt. Nach Aussagen des Vereinspräsidenten Kuno Diethelm – wie die andern Vereinsmitglieder gehört er zum Opus Dei – veranstaltet der Verein philosophische und ethische Vorträge für Mitglieder und Mitarbeiter des Werkes. Das Haus Restelbergstrasse 10 in Zürich hat der Verein aus dem Privatbesitz von Antonio Zweifel erhalten.
Zweifel, zusammen mit andern Opus-Dei-Mitgliedern in verschiede-

nen Stiftungen und Vereinen engagiert, hat 1988 – ein Jahr vor seinem Tod – in Zürich eine Stiftung auf seinen eigenen Namen errichtet und mit 50 000 Franken dotiert. Im Stiftungsrat waren 1990 die Opus-Dei-Mitglieder Antoine Suárez, Sekretär der Opus-Dei-Regionalleitung Schweiz, Carlos Schick, Präsident der Kulturgemeinschaft Arbor, Riccardo Seitz und Antonio M. Saenz Erro vom Jugendheim Tschudiwiese. Sekretär der Stiftung war Francisco Benito, der diese Funktion auch im Aufsichtsrat der Limmat-Stiftung ausübt. Die Stiftung Antonio Zweifel hat bisher nach Aussage von Suárez den Bau des neuen Studentenheims Allenmoos in Zürich-Oerlikon unterstützt. Der Zweckparagraph der Stiftung lautet folgendermassen:
«Unterstützung von Institutionen, die sich Bildungs- und Ausbildungszwecken widmen sowie im allgemeinen die Zusammenarbeit mit Institutionen mit gemeinnütziger Zielsetzung und die Ausführung von gemeinnützigen Projekten in der Schweiz und im Ausland. Es dürfen nur solche Institutionen Unterstützung erhalten, die wegen Verfolgung von Bildungs- oder Ausbildungszwecken oder von gemeinnützigen Zwecken im Kanton Zürich von der Steuerpflicht befreit sind. Die Stiftung verfolgt keine wirtschaftlichen oder politischen Ziele. Sie arbeitet auf gemeinnütziger Basis. Alle Ämter werden ehrenamtlich geführt.»

Internationales Tagungszentrum des Opus Dei in der Schweiz

Zu den Organisationen, in denen sich Antonio Zweifel engagiert hatte, gehört auch der Verein Internationales Tagungszentrum VIT. Seit Mitte der siebziger Jahre versucht der VIT, ein Opus-Dei-Tagungszentrum zu erstellen. Hier sollten Mitglieder des Werkes philosophisch-theologisch ausgebildet werden. Man möchte sich aber auch, so der Präsident des VIT, Edgardo Giovannini, an Journalisten, Mediziner und Mütter und Väter wenden. Themen wären die Familie, natürliche Empfängnisverhütung, Schutz des ungeborenen Lebens. 1978 hatte der VIT im luzernischen Schongau einen 142 000 Quadratmeter grossen Landwirtschaftsbetrieb für knapp 1,3 Millionen Franken ersteigert[30], für den dann eine Umzonung beantragt wurde. Ein halbes Jahr nach dem Landkauf berichtete das Schweizer Fernsehen[31] aufgrund des

Zürcher Religionslehrer-Streites[32] über das Opus Dei. Darauf wurde in Schongau Widerstand wach. Die Gemeindeversammlung verlangte eine Urnenabstimmung über die Umzonung. Im März 1980 sagten die Schongauer mit 239 gegen 139 Stimmen nein zum Tagungszentrum. Und auch im freiburgischen Le Pâquier konnte es nicht realisiert werden. Im Juni 1989 sagte die Gemeindeversammlung nein zu einem Verkauf von 16 000 Quadratmeter Land für 2,5 Millionen Franken. So suchen Edgardo Giovannini und Antoine Suárez weiter nach einem möglichen Standort.

Rund um Zeugung und Empfängnis

Es ist kein Zufall, dass sich verheiratete Mitglieder des Opus Dei wie der Supernumerarier Edgardo Giovannini und zölibatär lebende wie der Numerarier Antoine Suárez in besonderem Mass mit Fragen rund um die Ehe, die Familie und die Empfängnis auseinandersetzen. Sie wissen sich in diesem Engagement auf der gleichen Linie wie Papst Johannes Paul II. Kein Zufall also, dass die Limmat-Stiftung eine Zeitschrift «Familie & Erziehung» herausgibt. Kein Zufall auch die Präsenz von Opus-Dei-Männern in der *Schweizerischen Gesellschaft für Bio-Ethik.* Sie ist 1986 – nach der Ablehnung der eidgenössischen Volksinitiative «Recht auf Leben» – in Zürich gegründet worden. Kernpunkt ihrer Grundsatzerklärung ist die Feststellung, dass der menschliche Embryo vom Zeitpunkt der Befruchtung an eine Person, ein menschliches Individuum mit allen Rechten ist, dass es also keine Abtreibung geben kann, aber auch keine Manipulation von künstlich gezeugten Embryonen. Präsident der Gesellschaft ist Edgardo Giovannini. Er ist aber nicht das einzige Opus-Dei-Mitglied. Besonders stark engagiert sich Antoine Suárez im Namen der Gesellschaft. Und als Aktuar hat die Gesellschaft bei der Gründung den Numerarier Kuno Diethelm gewählt, den Präsidenten des Vereins für die Förderung der technischen und humanistischen Bildung.
Zusammen mit dem «Institut für medizinische Anthropologie und Bioethik, Wien» hat die Schweizerische Gesellschaft für Bio-Ethik 1989 ein Buch veröffentlicht mit dem Titel «Der Status des Embryos». Unter den

Autoren findet man neben Giovannini und Suárez weitere Mitglieder des Opus Dei; so Hans Thomas aus Köln oder Johannes B. Torello, Priester in Wien. Peter Hertel hat unter den 27 Autoren des Buches mehr als 20 gefunden, die entweder dem Opus Dei angehören oder wenigstens mehrfach in Opus-nahen Einrichtungen aufgetreten seien.[33] Die Schweizerische Gesellschaft für Bio-Ethik knüpft entsprechend ihrem Zweckparagraphen Kontakte zu Wissenschaftlern und Politikern. Aktiv als Mitglied gehört der Gesellschaft beispielsweise der Basler CVP-Grossrat Guido Appius an. Appius, der kein Mitglied des Opus Dei ist, war massgeblich an der Entstehung des Basler Gesetzes für die Reproduktionsmedizin beteiligt, das unter anderem jede Befruchtung im Reagenzglas verbietet.

Die Schweizerische Gesellschaft für Bio-Ethik blickt in die Zukunft: Um künftigen Kadern Orientierung zu geben, hilft sie in der ganzen Schweiz Studentenvereinigungen auf die Beine. So hat in *Zürich* 1988 der *«Studentenverein für Ethik und Gesellschaft»* eine Tagung «zum Status des Embryos» mit Referenten der Gesellschaft für Bio-Ethik durchgeführt. Mit dabei waren Giovannini und Suárez. Damals wurde der Verein von Paul Pliska geleitet, er ist Opus-Dei-Mitglied. Jetziger Präsident ist Vuko Brigrjevic. Er ist Numerarier und wohnt im Studentenheim Fluntern.

Auch in *Basel* gibt es einen Studentenverein, der sich mit ethischen Fragen befasst. Er heisst *«Würde und Verantwortung 90»*. Gegründet wurde er von Martin Gencik, der mindestens gute Kontakte zum Opus Dei hat. Als Referent wirkte in seinem Verein auch schon François Geinoz, der Geschäftsführer der Limmat-Stiftung.

Im Dezember 1990 lud der *«Berner Studentenverein für Fragen der Gentechnologie und Reproduktionsmedizin»* zu einer ersten Veranstaltung ein. Referenten waren Edgardo Giovannini und Antoine Suárez. Die beiden waren im übrigen auch 1988 bei einem Symposion an der Universität Genf dabei, das von der *«Association Dignité et Progrès»* organisiert worden war.

Antoine Suárez ist wie Edgardo Giovannini ein vielbeschäftigter Mensch. Suárez, Physiker und Philosoph, ist Sekretär der Regionalleitung Schweiz des Opus Dei, daneben aktiv in der Schweizerischen Gesellschaft für Bio-Ethik, Präsident der Stiftung Antonio Zweifel, und er hilft Giovannini bei der Suche nach einem Standort für ein Internationales Tagungszentrum. In den vergangenen Jahren war Suárez aber auch regelmässig Referent beim «Forum für das christliche Menschenbild». Dieses Forum ist wie das «Engadiner Kollegium» vom Zürcher Psychiater Balthasar Stähelin gegründet worden und wollte das christliche Menschenbild in die Universität Zürich hineintragen. In Räumen der Uni fanden deshalb regelmässig Vorträge und jährlich Tagungen statt. Suárez referierte 1987 unter dem Titel «Ich denke – also ist Gott», 1990 über «Empfängnisverhütung und Menschenrechtsgesellschaft». Auch bei diesem Forum war Suárez aber nicht das einzige Opus-Dei-Mitglied. Als Referenten wirkten in den letzten Jahren auch Carlos Schick, der Präsident der Kulturgemeinschaft Arbor, oder Hans Thomas aus Köln. 1990 war übrigens unter den Referenten auch Christoph Casetti zu finden, der von einer Mehrheit der Zürcher Katholiken nicht akzeptierte Generalvikar von Bischof Wolfgang Haas für den Kanton Zürich. Casetti ist nach eigenen Angaben mit Opus-Dei-Priestern befreundet, und er ist als Moraltheologe Spezialist für natürliche Empfängnisverhütung. Casetti wirkt als Seelsorger regelmässig im Fürstentum Liechtenstein. Und ins Ländle weisen weitere Namen in den Programmen des Forums für das christliche Menschenbild.

Erkenntnis des Seins statt subjektiver Wahrnehmung

Zu den Referenten gehörten da beispielsweise Josef Seifert und Josef Schmucker von Koch. Josef Seifert ist Rektor der Internationalen Akademie für Philosophie IAP in Schaan. Schmucker von Koch gehört dem Lehrkörper der Akademie an. Diese private philosophische Hochschule ist von Prinz Niklaus von Liechtenstein ins Fürstentum geholt worden. Er ist selber Präsident der Trägerstiftung. Sowohl Prinz Niklaus wie auch Josef Seifert weisen eine Zugehörigkeit zum Opus Dei von sich. Tatsache ist aber, dass Seifert und andere Professoren des IAP regelmässig in Opus-Dei-nahen Einrichtungen oder zusammen mit Opus-Dei-Mitgliedern auftreten. So waren gleich vier von ihnen Autoren im erwähnten Buch der Gesellschaft für Bio-Ethik über den Status des Embryos, nämlich Prorektor Rocco Buttiglione, John Crosby, Josef Schmucker von Koch und Wolfgang Waldstein. Das phi-

losophische Programm der IAP besteht nach Aussagen von Rektor Seifert in der kritischen Auseinandersetzung mit Kant und in der Hinwendung zur Erkenntnis objektiver Wahrheit.[34]
Als, kurz nachdem in Feldkirch mit Klaus Küng der Regionalleiter des Opus Dei in Österreich Diözesanbischof geworden war, in Chur mit Wolfgang Haas ein betont konservativ und zentralistisch ausgerichteter Mann Bischof wurde, begann sich der Blick der Öffentlichkeit in diese Gegend, und damit auch nach Vaduz, zu richten. Die Fürstenfamilie hat dementiert, auf die Ernennung ihres Bürgers Haas zu ihrem Bischof Wolfgang Einfluss genommen zu haben. In der Zwischenzeit hat Haas den Einflussbereich des Opus Dei vergrössert, indem er den bisherigen Vizeleiter des Werkes in der Schweiz zum Leiter des Priesterseminars gemacht hat. Seit Haas' Amtsantritt ist aber auch deutlich geworden, welch zentrale Rolle Bischof Johannes Vonderach bei der Ernennung seines Nachfolgers gespielt hat, auch bei der bisherigen Entfaltung des Werkes im Bistum Chur. Die ersten offiziell in der Diözese wirkenden Opus-Dei-Mitglieder hatten ihr Amt durch Vonderach erhalten: Joseph Bonnemain, Arzt, Priester und Kirchenrechtler, ist neben seiner Arbeit als Spitalseelsorger im Limmattal-Spital Präsident des Churer Ehegerichts, des Offizialates. Pedro Turull, ebenfalls Priester des Werkes, ist unter den weiteren Richtern zu finden. Und unter den drei «zugelassenen Parteibeiständen» figurierte schon zu Vonderachs Zeiten Riccardo Seitz, ein Jurist, der als Numerarier im Studentenheim Fluntern wohnt. Und wenn man nun noch Christoph Casetti dazunimmt, der am Offizialat als «Ehebandverteidiger» wirkt, dann weht bei den Ehenichtigkeitsprozessen im Bistum Chur – ohne dass das im Personalverzeichnis der Diözese Chur deutlich wird – seit einigen Jahren auf allen Seiten der Geist des Opus Dei.

Anmerkungen

[1] Josemaría Escrivá. Der Weg. Adamas Verlag Köln. Nr. 639, zitiert aus der 3. Auflage 1967.

[2] Der Weg. Nr. 641.

[3] Personalverzeichnis Bistum Chur 1991. S. 142. Bezug über die Bischöfliche Kanzlei Chur.

[4] Das Opus Dei kennt für Frauen neben den «Numerarierinnen» den Status der «Hilfs-Numerarierin». In Zürich wohnen diese Hausangestellten und Hauswirtschafterinnen im Bildungszentrum Goldbrunnen an der Birmensdorferstrasse 190.

[5] Die Limmat-Stiftung hat ein Pendant in Deutschland, die Rhein-Donau-Stiftung im bayrischen Starnberg. Ihr Generalsekretär ist das Opus-Dei-Mitglied Werner Schmidt, Geschäftsführer ist Opus-Dei-Mitglied Hans Thomas, Präsident ist Fritz Pirkl, der gleichzeitig bei der CSU-nahen Hanns-Seidel-Stiftung den Vorsitz führt (vgl. Hertel S. 53 und 64). Das Pendant in London ist die Netherhall Educational Association.

[6] Schweizer Radio DRS 2, «Religion heute» vom 20. Juli 1990.

[7] Hans Georg Rhonheimer (*1918) ist der Vater des Opus-Dei-Priesters Martin Rhonheimer.

[8] Rhonheimer wurde 1986 Präsident des Stiftungsrates der Limmat-Stiftung.

[9] Schweizer Radio DRS 2, «Religion heute» vom 20. Juli 1990.

[10] Schweizer Radio DRS 2, «Religion heute» vom 13. Juli 1990.

[11] Vgl. Der Weg. Nr. 480: «Sieh es dir an: Viele einzelne Drähte, gut miteinander verflochten, ergeben dieses starke Drahtseil, das enorme Belastungen aushält. Du und deine Brüder. Wenn ihr zusammenhaltet, um den Willen Gottes zu erfüllen, werdet ihr fähig sein, alle Hindernisse zu überwinden.»

[12] Artikel 6 der Stiftungsurkunde.

[13] Arthur Wiederkehr hat wiederholt gegenüber Journalisten erklärt, dass er kein Mitglied des Opus Dei sei.

[14] Antonio Zweifel war damals Leiter des Studentenheims Fluntern.

[15] Umberto Farri ist Generalsekretär des Istituto per la Cooperazione Universitaria, einer Partnerorganisation der Limmat-Stiftung. Im Opus Dei ist er für das Apostolat unter der Jugend, für «St. Raphael», zuständig.

[16] Hans Thomas gehört zu den führenden Opus-Dei-Leuten in Deutschland. Er ist Direktor des Lindenthal-Instituts in Köln.

[17] Edgardo Giovannini (*1909), alt Rektor der Universität Fribourg. 1990 war er auch Präsident des Vereins Internationales Tagungszentrum und Präsident der Schweizerischen Gesellschaft für Bio-Ethik. Im Opus Dei ist er Supernumerarier.

[18] Schweizerische Hilfe für Entwicklungsländer. Jährlich herausgegeben von Swissaid. Bern.

[19] Adressbuch 1990 der Stadt Zürich.

[20] Dieser Abschnitt stützt sich auf die Recherchen von Peter Hertel, «Ich verspreche euch den Himmel», Düsseldorf 1990, S. 54 bis 67, und von Michael Meier, «Octopus Dei» an der Limmat. Tages-Anzeiger vom 10. Juli 1990, Zürich, S. 2. Die wohl umfassendste Darstellung des Falles Ruiz Mateos bietet Ernesto Ekaizer in José María Ruiz Mateos, El Ultimo Magnate, Barcelona 1985.

[21] Michael Meier, «Octopus Dei» an der Limmat. Tages-Anzeiger Zürich, 10. Juli 1990, S. 2.

[22] Hertel. S. 59.

[23] Meier a. a. O.

[24] Meier a. a. O.

[25] Schweizer Radio DRS 2, «Religion heute», 20. Juli 1990.

[26] Limmat-Stiftung. Zusammenfassender Bericht über die Tätigkeiten im Jahre 1988. Zürich.

[27] Der Weg. Nr. 353.

[28] Hans Georg Rhonheimer in «Religion heute», 20. Juli 1990.

[29] Vgl. Der Weg. Nr. 345: «Bildung, Bildung. Gut, soll uns keiner darin übertreffen, sie anzustreben und zu besitzen. Aber Bildung ist Mittel und nicht letzter Wert.»

[30] Tages-Anzeiger Zürich, 28. Februar 1990.

[31] Schweizer Fernsehen DRS, Blickpunkt, 11. April 1979.

[32] Hertel. S. 22f.

[33] Hertel. S. 184.

[34] Schweizer Radio DRS 2, «Religion heute», 27. Juli 1990.

Die geheime Sehnsucht nach Rückkehr ins Ghetto oder Glaubensverrat?

Anmerkungen zur Zukunftsfähigkeit der Kirche

Kurt Koch

Welche Kirche hat Zukunft? Diese Frage lässt sich nicht beantworten, ohne jenen Dreischritt zu vollziehen, der in der medizinischen Praxis selbstverständlich angewendet wird. Wer in der Medizin Therapievorschläge macht, ohne eine Anamnese der Krankheitsgeschichte und eine Diagnose des Krankheitsbildes vorzunehmen, betreibt letztlich «Treupelmedizin», die bekanntlich nur die Symptome bekämpft, dem Krankheitsherd nicht aber an die Wurzel greift. In Kirche und Theologie verhält es sich nicht anders. Wer nur an den Symptomen der gegenwärtigen «Kirchengrippe» herumkuriert, aber keine Diagnose der eigentlichen Infektion stellt und keine Anamnese der Krankheitsgeschichte wagt, betreibt «Treupelpastoral». Demgegenüber lassen sich Anmerkungen zur Zukunftsfähigkeit der Kirche nur machen, wenn sie dem Dreischritt von Anamnese, Diagnose und Therapie beziehungsweise von Sehen, Urteilen und Handeln folgen.

Anamnese: kontroverse Lektüre des Zweiten Vatikanischen Konzils

Man trägt ohne Zweifel Eulen nach Athen oder Wasser in die Limmat, wenn man die Feststellung trifft, dass die katholische Kirche in der Schweiz gegenwärtig von grossen Fieberanfällen betroffen ist, mit denen nicht selten Schüttelfrost einhergeht. Die Ereignisse rund um die Ernennung von Wolfgang Haas zum Bischof von Chur präsentieren ein solches Kirchenfieber. Ablesen lässt sich dies vor allem daran, dass es üblich geworden ist, die kirchlichen Probleme der Gegenwart auf seine Person zu projizieren und in diesem Sinne zu personalisieren. Den einen dient er als apokalyptisch anmutende Projektionswand, auf die alle Ängste und Sorgen um die Zukunft der Kirche, aber auch alle negativen Erfahrungen in und mit ihr geworfen werden, so dass er zum kirchlichen Sündenbock hochstilisiert zu werden droht. Die anderen erblicken in ihm in einer quasi-messianischen Hoffnung den wahren Retter der katholischen Kirche, der jene Substanz des Glaubens schütze, die sich in der Schweizer Kirche seit langem in einer schweren Krise befinde. In diesem Sinn meinte der Freiburger Theologe Christoph von Schönborn, in der Ernennung von Bischof

Haas die verheissungsvolle Startzündung für einen kirchlichen «Klärungsprozess» erblicken zu müssen, und zwar dahingehend, dass die Quellschutzgebiete des katholischen Glaubens, nämlich Eucharistie, Marienverehrung und Gehorsam zum Papst, durch Bischof Haas in der katholischen Kirche der Schweiz gerettet würden.

Wer in dieser Stossrichtung die gegenwärtigen Probleme in der Kirche einzig an der Person von Bischof Haas festmacht, dürfte der Versuchung verfallen sein, Wirkung und Ursache und damit Fieber und Grippe zu verwechseln. Sieht man aber genauer zu, erweist sich der gegenwärtige Kirchenkonflikt als Fieber einer kirchlichen Grippe, die viel tiefer liegt und die man in Augenschein nehmen muss, um die gegenwärtigen Auseinandersetzungen in der katholischen Kirche verstehen zu können. Dann aber kommt man zum Urteil, dass Bischof Haas nicht nur Polarisierungen provoziert, wiewohl er dies in ausreichendem Masse tut, insofern er nicht in der Lage zu sein scheint, zwischen den polarisierten Fronten Brücken zu bauen, sondern sie gerade verweigert und deshalb die «Pontifex»-Arbeit des Bischofsamtes verspielt. Noch mehr aber wird man urteilen müssen, dass an seiner Person und in diesem Zusammenhang auch an der Personalprälatur Opus Dei jene Polarisierungen überdeutlich sichtbar werden, die schon längst im kirchlichen Untergrund schwelen. Präzis an dieser Stelle liegt das Problem, die eigentliche Kirchengrippe, die allerdings erst dann zutage treten kann, wenn man auf die äusserst verwickelte Situation der Interpretation des Zweiten Vatikanischen Konzils blickt.

Verworrene Wirkungsgeschichte des Zweiten Vatikanischen Konzils Wie verworren diesbezüglich die Wirkungsgeschichte dieses Konzils ist und wie schwer sich dementsprechend der Versuch einer Anamnese der Krankheit der gegenwärtigen Kirche ausnimmt, ist bereits daran abzulesen, dass sich in den vergangenen Jahrzehnten ein folgenschwerer Wandel in der Einstellung zu diesem Konzil ergeben hat. Seit dem Ende des Konzils gehörte es zum signifikanten Inventar der konservativen und reaktionären Mentalität, die Schuld für die Wandlungen und Spannungen, Veränderungen und Konflikte in der nachkonziliaren Phase der katholischen Kirche eingleisig dem Konzil selbst zuzuweisen. Umgekehrt war die progressive und weltoffene Mentalität bestrebt, solche Schuldzuweisungen an das Konzil zu be-

streiten, dieses zu entlasten und die Schuld weitgehend entweder der vorkonziliaren Situation oder den nachkonziliaren Reaktionen zuzuschreiben.
Es ist aber nicht uninteressant festzustellen, dass sich in den letzten Jahren die Beurteilungssituation wesentlich verschoben, wenn nicht gar umgekehrt hat. Die konservativ-reaktionäre Mentalität, die über zahlreiche nachkonziliare Entwicklungen beunruhigt ist, diagnostiziert deren Ursachen jetzt mehr in der nachkonziliaren Zeit und beruft sich für ihre kritische Beurteilung auf das Konzil selbst, wie beispielsweise das Buch von Nikolaus Lobkowicz mit dem suggestiv-fragenden Titel «Was brachte uns das Konzil?» zeigt.[1] Umgekehrt entdeckt die progressiv-weltoffene Mentalität die Ursachen für die Hindernisse sowohl auf der theologischen als auch auf der institutionellen Ebene, die einer weiteren Entfaltung der dynamischen Neuansätze des Konzils im Wege stehen, neuerdings weniger in der nachkonziliaren Entwicklung als vielmehr im Konzil und seinen Texten selber. Dementsprechend richtet sich die kritische Aufmerksamkeit vornehmlich auf jene blinden Flecke, die der Nijmegener Kirchenrechtler Knut Walf die «Lakunen und Zweideutigkeiten in der Ekklesiologie des II. Vatikanums» genannt hat[2] und die offensichtlich zu Verhaltensweisen Anlass geben, die dem tieferen Sinn des Konzils widersprechen und die besorgten Fragen provozieren, ob das Zweite Vatikanische Konzil im nachhinein zum Scheitern verurteilt sein soll und ob etwa die Verabschiedung der Konzilstexte auch eine endgültige «Verabschiedung» des konziliaren Aufbruchs gewesen sein soll oder ob das Konzil nicht doch ein verheissungsvoller Anfang oder gar der «Anfang des Anfangs» gewesen ist, wie zu betonen Karl Rahner nicht müde wurde.[3]

Zwei Ekklesiologien Auf diese alles entscheidende Frage wird beim dritten Schritt der Therapievorschläge nochmals zurückzukommen sein. An dieser Stelle aber ist genauer auf die Lakunen und Zweideutigkeiten in der Ekklesiologie des Zweiten Vatikanischen Konzils einzugehen. Es macht zweifellos das grosse Verdienst dieses Konzils aus, dass es mit seiner grundlegenden Definition der Kirche als «Communio» im Sinne der Gemeinschaft der Glaubenden wie der Gemeinschaft der durch die Eucharistie begründeten Ortskirchen eine zentrale Dimension der Alten Kirche aufgegriffen hat. Und ebenso zweifelsfrei steht fest, dass das Konzil mit diesem innovatorischen, beziehungsweise und besser: renovatorischen Rückgriff auf die Communio-Ekklesiologie des ersten Jahrtausends auch die einseitige juristische, hierarchische und zentralistische Einheitsekklesiologie des zweiten Jahrtausends, die ihren Höhepunkt auf dem Ersten Vatikanischen Konzil gefunden hat, kritisch zu korrigieren und damit die Ekklesiologie überhaupt aus dem geschichtlich bedingten und verengenden Korsett einer reinen «Hierarchiologie» zu befreien vermochte, um auf diesem Weg Lebensraum für eine legitime Vielfalt der Ortskirchen innerhalb der grösseren Einheit im einen Glauben, in denselben Sakramenten und Ämtern zu ermöglichen.

Wie verheissungsvoll dieser Neuansatz war, erschliesst sich freilich erst von der Feststellung her, dass in der traditionellen Ekklesiologie überhaupt die beiden Pole der Kirche – einerseits der Heilige Geist und andererseits das Volk Gottes – von der theologischen Betrachtung weitestgehend ausgeschlossen blieben, indem sich diese ganz auf die amtliche-hierarchische Mittlerschaft konzentrierte, ohne freilich ein sensibles Gespür dafür zu entwickeln, dass die amtliche Mittlerschaft ohne die beiden fundamentalen Pole in der Luft hängt. Auf diesen blinden Fleck in der traditionellen Ekklesiologie hat Yves Congar bereits in seinem bahnbrechenden Werk «Der Laie» aufmerksam gemacht: «Der Traktat De ecclesia wurde hauptsächlich, manchmal fast ausschliesslich, eine Verteidigung und Hervorhebung der Wirklichkeit der Kirche als Verband hierarchischer Mittlerschaft der Vollmachten und des Primates des Römischen Stuhles, kurz, er wurde zu einer ‹Hierarchiologie›.»[4] Diese theologische Verteidigung der hierarchischen Struktur der Kirche, die historisch als Reaktion auf den Konziliarismus, den allein geistigen Kirchenbegriff von Wiclif und Hus und die Reformation entstanden und zu verstehen ist, hat der Mainzer Bischof Karl Lehmann mit Recht den «Geburtsfehler der Ekklesiologie in der frühen Neuzeit» genannt.[5]

Diesen Geburtsfehler versuchte erst die Ekklesiologie des Zweiten Vatikanischen Konzils zu korrigieren. Mit seinem verheissungsvollen Neuansatz ist allerdings auf der anderen Seite die Einheitsekklesiologie des Ersten Vatikanischen Konzils, die ganz vom hierarchischen Amt her konzipiert und auf den dominierenden Stellenwert des päpstlichen Primates konzentriert war, keineswegs verabschiedet worden. Sie wurde vielmehr in das Konzept der wiederentdeckten Communio-Ekklesiologie integriert, und zwar genauerhin dadurch, dass das

Zweite Vatikanische Konzil von der Kirche als einer «communio hierarchica» spricht, von einer hierarchischen Gemeinschaft mit dem Petrusamt, so dass sich dieses als «centrum, fundamentum et principium unitatis» präsentiert.[6] Diese Verbindung der traditionellen Einheitsekklesiologie mit der revitalisierten Communio-Ekklesiologie bedeutet in ihrem zentralen Kern, dass es sich beim Begriff der «communio hierarchica» um einen Ausgleichsbegriff und eine Kompromissvokabel handelt, die letztlich auf ein unversöhntes Nebeneinander von sakramentaler Communio-Ekklesiologie und juristischer Einheitsekklesiologie hinausläuft. Mit bestem Recht hat jedenfalls der katholische Theologe Antonio Acerbi mit Blick auf das Zweite Vatikanische Konzil von «Zwei Ekklesiologien» gesprochen: «ecclesiologia giuridica ed ecclesiologia di communione».[7]

Dieser beinahe helvetische Kompromiss, der in der Formel der «communio hierarchica» verdichtet ist, hat zwar während des Konzils selbst insofern gute Dienste geleistet, als er der Konzilsminorität die Zustimmung zur Kirchenkonstitution abzuringen vermochte. Auf der anderen Seite aber dürfte präzis dieses unvermittelte Nebeneinander von zwei verschiedenen Ekklesiologien mit letztlich gegenläufigen Tendenzen, das in keine Synthese überführt werden konnte, die eigentliche Ursache von zahllosen Konflikten bilden, die in der nachkonziliaren Phase aufgetreten sind, die bis heute ungelöst sind, die vielmehr gegenwärtig zwei klar umrissene Fronten aufweisen: Entweder reagiert man auf jene Probleme, die das Konzil ungelöst liess, damit, dass man mit dem verheissungsvollen Neuansatz der Communio-Ekklesiologie die Einseitigkeiten des Kirchenbildes des Ersten Vatikanischen Konzils zu überwinden intendiert, oder man versucht alles zu unternehmen, um die Communio-Ekklesiologie innerhalb der Ekklesiologie des Ersten Vatikanischen Konzils zu domestieren und sie allein innerhalb der in der Tradition fix gezogenen Grenzen gelten zu lassen.

Diagnose: katastrophaler Streit der Kirchenbilder

Ist das Zweite Vatikanische Konzil vom Ersten her zu lesen und gilt es, seine verheissungsvollen Neuansätze von ihm her beschneidend zu zähmen, oder sollen die zukunftsträchtigen Aspekte des Zweiten Vatikanischen Konzils auch wirklich in die Zukunft hinein fortgeschrieben und weiterentfaltet werden, um von daher auch zu einer kritischen Relecture des Ersten Vatikanischen Konzils anzuleiten? Diese Frage ist im Kern das Objekt jenes Kirchenstreites, den wir heute erleben, nicht jedoch die Frage, ob das Zweite Vatikanische Konzil ernst genommen wird oder nicht. Gewiss gibt es auch in der Kirchenleitung Repräsentanten, die das fatale und nur häretisch zu nennende Ziel verfolgen, das Zweite Vatikanische Konzil überhaupt rückgängig machen oder zumindest hinter dieses zurückgehen zu wollen. Doch abgesehen von solchen Extremisten können sich im gegenwärtigen Kirchenstreit beide Seiten gut auf das Konzil berufen – und sie tun es auch eifrig. Die Frage bleibt aber, auf welche Aspekte sie sich jeweils berufen: auf die rückwärtsgewandten und die Tradition festschreibenden oder auf die vorwärtsgerichteten und neue Zukunft freisetzenden Aspekte. Die Streitfrage heisst deshalb ganz einfach, ob die *rück*sichtige oder die *vor*sichtige Interpretation der Stossrichtung des Konzils wirklich gerecht wird.
In diesem Sinn zeigt die Anamnese der Krankheitsgeschichte der gegenwärtigen Kirche, dass diese ihre eigentliche Wurzel im Konzil selbst und in seiner verwickelten Rezeption in der nachkonziliaren Zeit hat. Von daher wird auch verstehbar, warum der zweite Schritt der Diagnose sich auf jene Infekte in der Kirche konzentrieren muss, die den gegenwärtigen Kirchenstreit so akut eskalieren lassen, die aber allesamt auf die vom Konzil ungelösten Probleme zurückverweisen. Diesen Kirchenstreit, der eine regelrechte Bataille zwischen verschiedenen Kirchenbildern darstellt, gibt es heute in den verschiedensten Variationen. Und diese Variationsbreite muss man wenigstens andeutungsweise durchspielen, um sich die ganze Tragweite der gegenwärtigen Kirchengrippe vor Augen führen zu können. Dabei wird sich zeigen, dass die Tendenz, belebende Polarisationen im Konzil in unheilvolle Polarisierungen zu überführen, sich wie ein roter Faden durch alle Spielarten des heutigen Kirchenstreites hindurchzieht.

Hierarchische Kirche oder Kirche als Volk Gottes? Dieses Phänomen lässt sich bereits bei der ersten Variation des Kirchenstreites feststellen. Dieser wird heute zumeist charakterisiert als Kampf zwischen einer hierarchisch verstandenen Kirche und dem Verständnis der Kirche als Volk Gottes. Wie nicht anders zu erwarten, weist dieser Kampf zwei klar umrissene Fronten auf:

Kirche als Hierarchie Auf der einen Seite sind sowohl im kirchlichen Lehr- und Leitungsamt als auch bei jener Kirchenbasis, die ihm blindlings zu folgen pflegt, massgebliche Strömungen im Aufwind begriffen, die das traditionelle hierarchische Kirchenbild derart favorisieren, dass sie Kirche mit Hierarchie identifizieren und die Kirche als ganze in der Hierarchie aufgehen lassen, so dass ein Bischof oder der Papst sagen könnten: «L'église, c'est moi.» Natürlich spricht weder der Papst noch ein Bischof dieses absolutistische Wort ungeschminkt aus. Trotzdem gibt es kirchliche Erscheinungen, die nur als Ausflüsse dieses absolutistisch-hierarchistischen (Un-)Geistes gedeutet werden können. Deren wichtigste sind der Zentralismus und der Juridismus.
Die Anhänger des hierarchischen Kirchenbildes erinnern sich erstens gerne daran, dass das Erste Vatikanische Konzil die katholische Kirche mit einer äusserst starken Zentralgewalt ausgestattet wissen wollte, nämlich mit dem universalen Jurisdiktionsprimat und der päpstlichen Unfehlbarkeit. Diese Machtbefugnis des Papstes über alle Kirchen und diejenige des Bischofs über seine Diözese werden heute in neuer Weise beschworen und praktiziert und selbstverständlich von denjenigen Katholiken freudig begrüsst, die noch immer problemlos dem traditionellen hierarchischen Kirchenbild anhängen. Dieselben vergessen oder verdrängen aber gerne die Tatsache, dass die zentrale Machtbefugnis des Papstes vom Zweiten Vatikanischen Konzil gebändigt oder zumindest ausbalanciert worden ist durch die Erklärung der Eigenständigkeit der Ortskirchen und der undelegierbaren göttlichen Würde der Bischöfe, die vom Heiligen Geist selbst mit der Leitung ihrer Ortskirche beauftragt und deshalb in keiner Weise blosse Gesandte des Papstes sind, und durch die Favorisierung eines kollegialen Führungsstiles, wie er der Kirche als Communio allein «würdig und recht» ist.
Unter Verschweigen wie Verdrängen dieser grossartigen Impulse des Konzils macht sich heute aber wieder ein Zentralismus breit wie ein Krebsgeschwür, das seine Metastasen findet vor allem in den römisch

gehandhabten «Nihil-obstat»-Erteilungen an Theologen, von denen der Rottenburger Bischof Walter Kasper unlängst betont hat, die Kirche besitze damit «ein Schwert zur Verteidigung des Glaubens», leider jedoch werde daraus «manchmal eine kleinlich herumschnipselnde Heckenschere – sehr zum Schaden der Theologie wie der Kirche».[8]
Als nicht weniger zentralistisch muss aber auch die römische Praxis der Bischofsernennungen beurteilt werden, mit denen Ortskirchen überfahren werden. Aufgrund des Ersten Vatikanischen Konzils und noch des Neuen Kirchenrechtes aus dem Jahre 1983 kann der Papst zwar die Bischöfe so ernennen, wenn er will. Nimmt man aber die vorsichtigen Aussagen des Zweiten Vatikanischen Konzils ernst, dann sollte und dürfte der Papst es so nicht mehr tun, wiewohl er es juristisch – leider – immer noch kann.
Damit ist bereits der zweite Ausfluss des hierarchischen Kirchenbildes angesprochen, nämlich der Juridismus, der sich heute ebenfalls verstärkt bemerkbar macht. Während das Zweite Vatikanische Konzil und Papst Johannes XXIII. die Kirche vor allem als «mater et magistra» betrachteten, als eine barmherzige Mutter, die die Menschen auf ihrem oft genug beschwerlichen Weg pastoral begleitet, präsentiert die Kirchenleitung sich heute wieder vermehrt als gestrenge Gesetzgeberin, die entweder direkt oder auf dem indirekten Weg von problematischen Personalentscheidungen die Ortskirchen zu disziplinieren versucht. In diesem Zusammenhang erinnert man sich sofort daran, dass die meisten pastoralen Postulate, die diözesane oder nationale Synoden als vordringlich vorgetragen haben, in Rom kaum Gehör gefunden haben, sondern abgeblockt worden sind. Zu denken ist aber auch an die Bischofssynoden, die im Grunde keine Mitentscheidungsgremien, sondern gleichsam bloss vom Weltepiskopat veranstaltete Studientage für den Papst sind, der dann allein entscheidet. Gerade an ihnen wird deshalb besonders sichtbar, wie sehr der Juridismus und der Zentralismus zwei Seiten derselben Medaille sind, nämlich eines einseitigen hierarchischen Kirchenbildes.

Authentische Kirche der Laien Immer mehr Katholiken leiden heute unter diesem Kirchenbild und vor allem der aus ihm folgenden Kirchenpraxis, und sie berufen sich auf die Würde, das Volk Gottes zu sein. In diesem neu erwachten Kirchenbewusstsein verbieten sie es der Hierarchie, allein die Kirche darstellen zu wollen, und sie betonen, dass die Hierarchie nicht die Kirche ist, sondern zur Kirche gehört, und zwar als ein wichtiger kirchlicher Dienst. Dieses Bild von der Kirche als des Volkes Gottes kann sich dabei ganz auf das Zweite Vatikanische Konzil berufen. Denn mit seiner erneuerten Lehre vom gemeinsamen Priestertum aller Getauften und mit der in dieser Lehre begründeten Betonung der «aktiven Teilnahme» des ganzen Gottesvolkes am Leben der Kirche hat das Konzil vor allem im Dekret über das Laienapostolat die Teilhabe aller Glaubenden an der einen Grund-Sendung, gleichsam am «Grund-Amt» der Kirche hervorgehoben: «Die Laien, ... die auch am priesterlichen, prophetischen und königlichen Amt Christi teilhaben, verwirklichen in Kirche und Welt ihren eigenen Anteil an der Sendung des ganzen Volkes Gottes ... Pflicht und Recht zum Apostolat haben die Laien kraft ihrer Vereinigung mit Christus, dem Haupt. Denn durch die Taufe dem mystischen Leib Christi eingegliedert und durch die Firmung mit der Kraft des Heiligen Geistes gestärkt, werden sie vom Herrn selbst mit dem Apostolat betraut.»[9] Von daher betont das Konzil folgerichtig, dass es bei allen Unterschieden in den verschiedenen Diensten und Ämtern unter allen Gliedern der Kirche «eine wahre Gleichheit in der allen Gläubigen gemeinsamen Würde und Tätigkeit zum Aufbau des Leibes Christi» gibt.[10] Diese Aussage ist sogar wörtlich in das neue Kirchenrecht aufgenommen worden, wenn Canon 208 betont: «Unter allen Gläubigen besteht, und zwar aufgrund ihrer Wiedergeburt in Christus, eine wahre Gleichheit in ihrer Würde und Tätigkeit, kraft der alle je nach ihrer eigenen Stellung und Aufgabe am Aufbau des Leibes Christi mitwirken.»

Von daher muss man es verstehen, dass Katholiken, die diese elementare Lektion des Zweiten Vatikanischen Konzils gelernt und entdeckt haben, dass ihnen eine undelegierbare Kirchenwürde zukommt, die ihnen von der Hierarchie gar nicht erst verliehen werden muss, da sie zuvor von Gott selbst gewürdigt worden sind, es sich verbieten, diese Würde durch die Praxis von Kirchenleitungen im kirchlichen Alltag wieder dementieren zu lassen. Sie leben vielmehr aus dem Bewusstsein, dass sie nicht bloss eine Sendung mit beschränkter Haftung haben und gleichsam bloss eine Kirche «GmbH» sind, sondern dass sie eine authentische, in Taufe und Firmung begründete Verantwortung tragen und dass sie selber als Gottes Volk Kirche sind, wie dies Papst Pius XII. bereits im Jahre 1946 ausgesprochen hat, als er von den

Laien wünschte, sie sollten immer deutlicher die Überzeugung gewinnen: «Wir gehören nicht zur Kirche, wir sind die Kirche.»[11]

Theologische Synodalität, nicht weltliche Demokratie Freilich darf man auf der anderen Seite nicht verkennen, dass auch in der Schweizer Kirche nicht wenige Katholiken zwar vom Volke Gottes reden, aber sich doch prioritär bloss als Volk verstehen und deshalb der Versuchung ausgesetzt sind, das Volk Gottes mit dem Schweizervolk zu verwechseln oder gar zu identifizieren. Mit Recht hat jedenfalls der Wiener Pastoraltheologe Paul M. Zulehner den eigentlichen Grund für nicht wenige unerwünschte Auswirkungen der konziliaren Leitidee des Volkes Gottes in der Nachkonzilszeit auf diese Kurzformel gebracht: «Man wollte Volk werden, vergass dabei aber, dass es ja darum ging, Volk Gottes zu werden.»[12] Während nämlich das Konzil unter dem «Volk Gottes» die um den Bischof versammelten und mit ihm Eucharistie feiernden Glaubenden einer Ortskirche verstand, wird diese konziliare Bezeichnung der Kirche als Volk Gottes gegenwärtig nicht selten dahingehend missverstanden, dass sie aus dem heilsgeschichtlichen Zusammenhang herausgelöst und im natürlichen Sinn eines politischen Volksverbandes interpretiert wird. Dabei wird der Gefahr einer Verbürgerlichung des Evangeliums und einer eindimensionalen Gleichschaltung der Kirche mit den dominierenden Tendenzen der modernen bürgerlichen Gesellschaft Vorschub geleistet, wie diese Gefahr beispielsweise in den lautstarken Debatten um die Demokratisierung der Kirche zum Vorschein kommt. In Vergessenheit gerät dabei, dass die Kirche prinzipiell keine Demokratie sein kann. Die christliche Kirche ist nicht demokratisch, sondern synodal verfasst. Denn nicht die Demokratie, sondern die Synodalität entspricht der Communio-Struktur der Kirche.[13]

Diese kritische Wahrheit müssen allerdings nicht nur die Schweizer Katholiken zur Kenntnis nehmen, sondern auch Kirchenleitungen, die sehr schnell – und durchaus mit Recht – betonen, man dürfe die Kirche nicht mit einer weltlichen Gesellschaft vergleichen und deren Leitungsformen nachahmen, die dies aber zumeist bloss mit Blick auf die Demokratie, nicht hingegen angesichts der schon längst kirchlich eingespielten «Monarchie» betonen. Deshalb sind ihre Einreden gegen die Demokratisierungstendenzen in der Kirche Schweiz nur dann glaubwürdig und ernst zu nehmen, wenn sie sich zugleich zu einem (selbst-)kritischen Urteil über jene Epochen der Kirchengeschichte und Gegenwart bereit finden, in denen das Papsttum und die Bischöfe die Feudalherrschaft und den monarchischen Absolutismus von der damaligen Gesellschaft und von dem damals dominierenden Zeitgeist übernahmen – und sie teilweise bis heute perpetuieren. Denn nicht nur die Demokratisierung der Kirche, sondern auch der päpstliche und bischöfliche Absolutismus vergangener und gegenwärtiger Spielart ist gemäss dem hellsichtigen Urteil Alois Müllers «keine Frucht des Glaubens, viel eher der Befall dieser Frucht durch einen Pilz sehr weltlicher Entwicklungen»[14].

Weder Klerikalismus noch Laizismus Von diesem Urteil her drängt sich der Schluss auf, dass bei dieser ersten Variation des Kirchenstreites auf beiden Seiten Einseitigkeiten vertreten werden. Dies ist ferner daran ablesbar, dass die grundlegende Definition der Kirche, die das Zweite Vatikanische Konzil entwickelt hat, weder diejenige der Hierarchie noch diejenige des «Volkes Gottes», sondern die der Communio ist, wobei diese als «Communio hierarchica» spezifiziert wird. Dies bedeutet, dass nur ein gesundes Zusammenwirken von Kirchenleitung und Kirche, von Amt und Kirche dem Konzil entsprechen kann. Die heutigen Erscheinungen von Hierarchismus und Laizismus weisen deshalb auf Gleichgewichtsstörungen im kirchlichen Leben hin, die jene Wahrheit vergessen lassen, die Walter Kasper dahingehend artikuliert hat, dass Klerikalismus und Laizismus «stets zwei Seiten einer Medaille» sind.[15]
Dass ein solcher «Zweifrontenkrieg» auch in der katholischen Kirche der Gegenwart schwelt, dokumentieren die heute üblichen Schlagwörter «Kirche von oben» und «Kirche von unten» beziehungsweise «Amtskirche» und «Basiskirche». Dabei handelt es sich nämlich um keine sinnvollen theologischen Begriffe, sondern um leidenschaftliche Kampfvokabeln, die allerdings verraten, wie sehr es an einem wirklich partnerschaftlichen und die kirchliche Communio lebenden Verhältnis zwischen Amtsträgern und der ganzen Kirche fehlt. Ohnehin gehört das Wort «Amtskirche», das die Wirklichkeit von Kirche und Amt ungemein verzerrt, zu jenen «verba non grata», die endgültig aus der kirchlichen Sprache verschwinden sollten. Denn es muss in der katholischen Kirche sehr wohl ein Amt geben; eine Amtskirche hingegen ist nichts anderes als ein ekklesiologischer Unsinn. Sowohl gehört die

Hierarchie zum Volk Gottes, als auch sind die Laien wirklich Kirche. Deshalb kann man nicht genug betonen, dass in den gegenwärtigen Auseinandersetzungen eigentlich kein Streit geführt wird über die Notwendigkeit und den Sinn des kirchlichen Amtes, sehr wohl aber über den konkreten Amtsstil. Nicht die Dogmatik des Bischofsamtes steht zur Disposition, sehr wohl aber stehen die Pragmatik des bischöflichen Amtsstiles und die konkrete Ausübung dieses Amtes zur Diskussion. Amtsträger stehen heute freilich nicht selten in der Versuchung, den engagierten Christen und ihren kritischen Einwendungen gegen den konkreten Amtsstil eine Bestreitung des Amtes überhaupt oder gar mangelnden Glauben zu unterschieben, um auf diesem Weg der Zuweisung des schlechten Gewissens an die anderen ihren eigenen Amtsstil nicht ändern zu müssen. Sie setzen sich dabei freilich der Gefahr aus, zusammen mit einer fatalen Pragmatik des Amtsstiles auch die Dogmatik des Amtes überhaupt als unglaubwürdig erscheinen zu lassen. Wenn nicht alles täuscht, laufen aber die gegenwärtigen Entwicklungen im Bistum Chur letztlich in völlig kontraproduktiver Weise auf eine bischöflich-triumphale Beerdigung des Bischofsamtes selbst hinaus. Und dass das Bischofsamt in einer polarisierten Kirche wie der heutigen, die eben deshalb einen erhöhten Amtsbedarf hat, sich selber dazu hergibt, das Bischofsamt in Misskredit zu bringen, dies kann man als Theologe der katholischen Kirche nur als katastrophal bezeichnen.

Uniforme Weltkirche oder autonome Ortskirche? Die erste Variation des gegenwärtigen Kirchenstreites hat sich als fundamental erwiesen. Sie entlässt deshalb weitere Facetten aus sich, die man sich ebenfalls vor Augen führen muss, um die ganze Bandbreite des gegenwärtigen Kirchenkonfliktes verstehen zu können. Ein weiterer Infekt entzündet sich heute vornehmlich an der für den katholischen Glauben charakteristischen Spannung zwischen universaler Weltkirche und eigenständiger Ortskirche. Auch diese Spannung, die einer Ellipse mit zwei Brennpunkten gleicht, wird heute nicht selten auseinandergerissen und in ihre beiden Pole auseinanderdividiert.

Kirche in den Ortskirchen Wer in der universalistischen Einheitsekklesiologie des Ersten Vatikanischen Konzils beheimatet ist, pflegt zumeist auch einen Primat der Weltkirche vor den einzelnen Ortskirchen

zu vertreten. Dementsprechend wird die katholische Kirche vor allem als Weltkirche wahrgenommen, und die Ortskirchen werden als Unterabteilungen, gleichsam als Filialen der Universalkirche verstanden. Dabei wird selbstverständlich vorausgesetzt, dass die einzelnen Bischöfe als Filialleiter sich voll und ganz nach den nicht nur dogmatisch-ethischen, sondern auch kirchendisziplinären Anweisungen des Papstes als des eigentlichen Chefs des multinationalen Unternehmens «katholische Kirche» zu richten haben. Und die notwendige wie Not-wendende Aufgabe des Petrusdienstes, für die Einheit der ganzen Kirche zu sorgen, wird sehr schnell im Sinne der Durchsetzung einer uniformistischen Einheitlichkeit missverstanden. Anders kann man jedenfalls das (Vor-)-Urteil der Bischöfe Eugenio Corecco und Wolfgang Haas nicht verstehen, die Praxis der Bussfeier, wie sie in den deutschsprachigen Bistümern der Schweiz geübt werde, entspreche nicht der universalkirchlichen Disziplin, wobei es diese Bischöfe nicht zu kümmern scheint, dass diese Aussage falsch ist, insofern die Weisungen der Schweizer Bischöfe zur Praxis des Busssakramentes bis in Einzelheiten mit Rom abgesprochen sind.
In Vergessenheit gerät bei diesem emphatisch betonten Primat der Universalkirche vor der Ortskirche und folglich auch des Primates des Papstes vor der Autorität der einzelnen Ortsbischöfe die fundamentalekklesiologische Schau des Zweiten Vatikanischen Konzils, dass die Ortskirchen weder Filialen einer Weltdiözese noch die Ortsbischöfe Delegierte des Papstes sind, sondern dass die universale Weltkirche gar nicht anders existiert als in den Ortskirchen, und zwar so sehr, dass die katholische Kirche in der einzelnen Ortskirche, verstanden als die um ihren Bischof versammelte und mit ihm Eucharistie feiernde Gemeinschaft der Glaubenden, ganz und gar verwirklicht ist: «Diese Kirche Jesu Christi ist wahrhaft in allen rechtmässigen Ortsgemeinschaften der Gläubigen anwesend, die in der Verbundenheit mit ihren Hirten im Neuen Testament auch selbst Kirchen heissen.»[16]
In diesem grösseren Kontext wird auch das eigentlich ekklesiologische Problem von Opus Dei sichtbar. Dieses liegt noch nicht in der Selbstbezeichnung, wiewohl diese bereits schwer genug wiegt. Denn non sensu positivo, sed sensu exclusivo stellt dieser Name eine ekklesiologische Arroganz dar. Da der katholische Glaube bekennt, dass die Kirche als ganze ein grossartiges «Werk Gottes» ist, ist prinzipiell nicht einzusehen, wie ein einzelnes Werk innerhalb der Kirche diese

Ehrenbezeichnung für sich allein reklamieren kann. Das eigentlich ekklesiologische Problem von Opus Dei liegt aber an einer anderen Stelle, nämlich in seinem kirchenrechtlichen Status als «Personalprälatur». Damit wird dieses Werk exterritorial zu den einzelnen Ortskirchen und von den Ortsbischöfen unabhängig und somit direkt ein Organ der Universalkirche. Diese kirchenrechtliche Regelung, die erst Papst Johannes Paul II. getroffen hat, müsste an sich – genausowenig wie bei vielen Orden und Kongregationen – keine Tragik sein, es sei denn, Opus Dei werde als universalkirchliches Instrument zur Disziplinierung der Ortskirchen und ihrer Bischöfe verstanden und eingesetzt. Aufgrund der bisherigen Erfahrungen wird man – leider – nicht sagen können, dies sei nicht der Fall.

Eigenständigkeit, nicht Partikularismus Es ist letztlich genau diese universalkirchliche Instrumentalisierung von Opus Dei, gegen die sich auch in der Schweizer Kirche Widerstand regt; und dieser Widerstand ist kirchentheologisch durchaus legitim. Wenn nämlich die Weltkirche gar nicht anders existiert als in den einzelnen Ortskirchen, dann hat jede Ortskirche auch das authentische Recht, selbstverständlich in Gemeinschaft mit dem Papst und der Ortskirche von Rom, insofern der Papst nur als Bischof von Rom auch oberster Hirte der ganzen Kirche ist, ihre eigene Glaubensphysiognomie und ihr spezifisches ekklesiales Gesicht zu entwickeln und zu entfalten. Dieses Postulat erheben jene Katholiken, die sich stark machen für die Eigenständigkeit der Ortskirchen in der Pastoral, Liturgie und Kirchendisziplin, mit Recht unter Berufung auf das Zweite Vatikanische Konzil.
Ebensowenig aber darf man verschweigen, dass dieselben Katholiken nicht selten in der Gefahr stehen, legitime Eigenständigkeit mit separatistischer Autonomie der Ortskirchen zu verwechseln. Auch an dieser Stelle manifestiert sich eine eigenwillige Umbiegung dessen, was das Konzil wirklich gemeint hat. Während dieses den Akzent eindeutig darauf gelegt hat, dass die Kirche jenes Volk *Gottes* ist, das durch die Taufe schon geeint ist und in dem der trennende Charakter der Rassen, Klassen und Geschlechter überwunden ist (vgl. Gal 3,26–28), wird heute der Akzent nicht selten auf das *Volk* gelegt und kommt gegenwärtig eine neue Begeisterung auf gerade nicht für die in der Taufe grundgelegte Einheit des Volkes Gottes, sondern für die menschlichen und soziokulturellen Unterschiede, die zudem nicht selten Anlass sind

für Konflikte und Spannungen, in die sich mitunter auch nationalistische Töne mischen. Betrachtet man jedenfalls beide Seiten im gegenwärtigen Streit der Kirchenbilder, kann man das Urteil Walter Kaspers nicht für übertrieben halten: «Ein neuer Partikularismus macht sich breit, der sich dann in antirömischen Affekten Luft macht.»[17]
Gewiss findet ein grosser Anteil des gerade in der Schweizer Kirche oft zu beobachtenden antirömischen Affektes seine Urheberschaft in Rom selbst. Auch wenn man dies unumwunden zugeben muss, kann auf der anderen Seite doch nicht verschwiegen werden, dass keineswegs alle antirömischen Affekte auf das römische Konto gehen, sondern ihre Ursachen auch haben in jenem nationalistischen Partikularismus, der sich auch und gerade in der Schweizer Kirche bemerkbar macht. Von daher drängt sich jedenfalls das Urteil auf, dass ein Krankheitsherd der Schweizer Kirche auch darin liegt, dass sie manchmal zu sehr helvetische und zuwenig katholische Kirche im ursprünglichen Wortsinn ist und deshalb eine möglichst hohe Deckungsgleichheit zwischen dem Katholiken und dem Schweizer-Bürger intendiert.[18] Ablesen lässt sich diese Krankheitserscheinung nicht nur daran, dass selbst die progressive Kirchenbasis in der Schweiz den hervorragenden sozial-ethischen und friedenspolitischen Impulsen des gegenwärtigen Papstes legasthenisch hinterherzuhinken pflegt, sondern auch daran, wie nervös in der katholischen Kirche der Schweiz jeweils reagiert wird, wenn, beispielsweise im Zusammenhang des «Fastenopfers» oder bei Stellungnahmen der bischöflichen Stabskommission «Justitia et Pax», Probleme in die Verkündigung einbezogen werden, die aus der Weltkirche auf uns zukommen, vor allem diejenigen Probleme, die mit dem Nord-Süd-Konflikt zusammenhängen, der quer durch unsere Kirche hindurchgeht, nämlich die Probleme der weltweiten Ungerechtigkeit und der ebenso weltweiten Aufrüstung.

Offene Katholizität In diesem Missverständnis der Kirche im Sinne eines nationalistischen Partikularismus liegt eine folgenschwere Abweichung von dem, was das Zweite Vatikanische Konzil mit der Würdigung der Ortskirche als Realisierungsgestalt der katholischen Kirche gemeint hat. Denn in der Tat verwirklicht sich die Kirche voll und ganz in der Ortskirche, in der eucharistischen Communio der Glaubenden am Ort, und deshalb steht heute mit Recht im Glaubensempfinden vieler Katholiken die Kirche am konkreten Ort im Vordergrund. Sie bildet das Zentrum ihres Erlebens und Empfindens von Kirche. Katholisch verdient diese Kirche am Ort aber nur genannt zu werden, wenn sie prinzipiell ein offener Ort ist; offen sowohl für die anderen Ortskirchen als auch für die Universalkirche. Dies gilt bereits für die Pfarrei. Sie präsentiert sich nur dann als katholisch, wenn sie sich nicht in einer parochialistischen Bauchnabelschau einigelt, sondern sich öffnet für die ganze Diözese. Dies gilt aber auch für ein Bistum, die Ortskirche im eigentlichen Sinn des Konzils, die sich nur dann als katholisch erweist, wenn sie sich nicht in einem nationalistischen Partikularismus verfestigt, sondern offen ist für alle anderen Ortskirchen, in denen die weltweite Dimension der Kirche erfahrbar wird. Erst dort, wo die konkrete Kirche am Ort offen ist für die Weltkirche, lebt die Kirche in einem gelungenen Zusammenspiel von Ortskirche und Universalkirche. Und nur wenn man dieses Zusammenspiel ernst nimmt, lässt sich die zweite Variante des gegenwärtigen Krieges der Kirchenbilder einer zukunftsweisenden Therapierung entgegenführen.

Spiritualistisches oder soziologistisches Kirchenbild? Mit diesem Plädoyer für eine weltoffene Katholizität der Ortskirche ist allerdings der heutige Streit der Kirchenbilder noch keineswegs ausgestanden. Ihm muss vielmehr auf den Grund gegangen werden. Dann wird deutlich, dass der schwerwiegendste Infekt des gegenwärtigen Kirchenkonfliktes in jener komplexen Wirklichkeit, die die Kirche überhaupt darstellt und die das Zweite Vatikanische Konzil unmissverständlich artikuliert hat, diagnostiziert werden muss: Da der einzige Mittler Christus seine Kirche, die Gemeinschaft des Glaubens, der Hoffnung und der Liebe, «auf Erden als sichtbares Gefüge verfasst» hat und sie «als solches unablässig» trägt, sind «die mit hierarchischen Organen ausgestattete Gesellschaft und der geheimnisvolle Leib Christi, die sichtbare Versammlung und die geistliche Gemeinschaft, die irdische Kirche und die mit himmlischen Gaben beschenkte Kirche» nicht «als zwei verschiedene Grössen zu betrachten», sondern sie «bilden eine einzige komplexe Wirklichkeit, die aus menschlichem und göttlichem Element zusammenwächst».

Das Konzil betont sogar, die Kirche sei «in einer nicht unbedeutenden Analogie dem Mysterium des fleischgewordenen Wortes ähnlich»: «Wie nämlich die angenommene Natur dem göttlichen Wort als lebendiges, ihm unlöslich geeintes Heilsorgan dient, so dient auf eine ganz ähnliche Weise das gesellschaftliche Gefüge der Kirche dem Geist Christi, der es belebt, zum Wachstum seines Leibes (vgl. Eph 4,16).»[19] Indem das Konzil die «einzige komplexe Wirklichkeit» der Kirche «in einer nicht unbedeutenden Analogie» mit dem Geheimnis der zwei Naturen in Christus vergleicht, gibt es zu verstehen, dass auch die Kirche gleichsam zwei Naturen hat, nämlich den Geheimnischarakter und den Sozialcharakter. Von daher muss man vermuten, dass sich auf der Ebene der Ekklesiologie jene beiden Häresien wiederholen, die von der Christologie her bekannt sind: einerseits ein ekklesiologischer Monophysitismus, der den Geheimnischarakter der Kirche derart verabsolutiert, dass ihr Sozialcharakter geleugnet oder zumindest unterbelichtet wird, und anderseits ein ekklesiologischer Nestorianismus, der einem eindimensionalen Soziologismus der Kirche huldigt und die Mysteriendimension der Kirche unterschlägt.[20] Präzis diese beiden ekklesiologischen Häresien sind im gegenwärtigen Streit der Kirchenbilder mit Händen zu greifen; und auch dieser Streit weist klar definierte Stossrichtungen auf.

Mysterium, aber nicht monophysitisch Die eine Seite betont sehr stark die Kirche als Geheimnis und postuliert eine Rückbesinnung auf das theologische Mysterium der Kirche, und zwar durchaus mit Recht, vornehmlich aus drei Gründen: Erstens kann in der Tat eine Kirche, der nicht mehr anzumerken ist, dass in ihrem Mittelpunkt Gott und sein Mysterium stehen, von den Menschen heute gar nicht mehr anders wahrgenommen werden denn als ein furchtbar mysteriöser Verein. Zweitens handelt die Kirchenkonstitution des Zweiten Vatikanischen Konzils bereits im ersten Kapitel vom «Mysterium der Kirche» in Gottes Heilsratschluss und erst im zweiten Kapitel vom «Volk Gottes». Deshalb kann drittens von der Kirche als dem «Volk Gottes» allererst und nur unter dem indispensablen Vorzeichen der Geheimnisdimension der Kirche recht gesprochen werden, also wirklich von der Kirche als dem Volk Gottes und nicht im Sinne eines nationalen Volkes. Mit Recht legt die Internationale Theologenkommission in ihrem Dokument «Mysterium des Gottesvolkes» ihren Finger darauf, dass im Begriff «Volk Gottes» der Genitiv «Gottes» dem Ausdruck «erst seine spezifische und endgültige Bedeutung» gibt, «indem er ihn in seinen biblischen Zusammenhang seit seinem Auftauchen und in seiner Entwicklung einordnet».[21]

Diese postulierte Rückbesinnung auf das Mysterium der Kirche ist also vollauf berechtigt und vordringlich. Nicht selten stehen aber diejenigen, die dieses Postulat lautstark vertreten, in der grossen Versuchung, die faktisch existierende Kirche und alle Phänomene und Vorgänge in ihr derart mit einem «mystischen» Schleier zu versehen, dass alles Menschliche und Allzu-Menschliche in der Kirche verdeckt und überspielt oder in einem halsbrecherisch zu nennenden Spiritualismus als direkter Ausdruck des Willens Gottes ausgegeben wird. Wenn beispielsweise die nur zu berechtigte Kritik an äusserst problematischen Vorgängen bei einer Bischofsernennung vom ernannten Bischof abgeblockt wird mit der «Begründung», er sei vom Heiligen Vater und deshalb vom Heiligen Geist direkt berufen, so verrät sich in einer solchen Aussage eine extrem spiritualistische Sicht der Kirche, die das Mysterium der Kirche gerade nicht schützt, sondern es mit mysteriösen Vorgängen bei der Bischofsernennung identifiziert und verwechselt. Oder wenn Bischof Haas auf die Anfrage nach seiner weithin nicht gegebenen Akzeptanz im Bistum mit einer spiritualistischen Weltraumrakete in die Übernatur flüchtet und betont, es gehe nicht darum, eine Mehrheit für einen Bischof, sondern eine Mehrheit für Christus zu finden, da die Kirche eine «übernatürliche» Realität sei, die sich nicht in ein von Menschen fabriziertes Korsett zwängen lasse, dann muss eine solche sich besonders fromm präsentierende Aussage als Ausdruck eines ekklesiologischen Monophysitismus in Reinkultur entlarvt werden.
Aller Erfahrung nach pflegt im heutigen kirchlichen Leben diese Häresie immer dann bemüht zu werden, wenn sie als Ablenkungsmanöver von den für die Hierarchie oft genug leidigen Strukturfragen der Kirche dient. Recht verstanden aber kann die Betonung der Mysteriendimension der Kirche die (über-)fälligen Strukturfragen nicht verdrängen. Kirchliche Struktur- und Machtfragen dürfen aber umgekehrt auch nicht mystifiziert werden. Sie müssen vielmehr mutig in Angriff genommen werden, gerade um das Mysterium der Kirche zu retten, wie der ehemalige Wiener Kardinal Franz König mit Recht einschärft: «Der berechtigte Hinweis auf Christus enthebt uns nicht der Notwendigkeit, die menschlichen Strukturen der Kirche, jene Strukturen, um derentwillen die Kirche als ‹hierarchisch› definiert wird, ständig zu reformieren, sondern verstärkt diese Notwendigkeit vielmehr. Die Arbeit, die das Konzil in dieser Richtung geleistet hat und die es

weiterzuführen gilt, ist alles andere als ein Abmühen um neue Fassaden.»[22]

Soziale Wirklichkeit, aber nicht nestorianisch In dieser Sicht erweist sich die Rückbesinnung auf das Mysterium der Kirche als vordringlich, freilich auch als keineswegs harmlos. Sie vermag vielmehr einen kritischen Massstab abzugeben für eine präzise theologische (Unter-)Scheidung zwischen dem Mysterium der Kirche und allem Mysteriösen in der Kirche. Sie erlaubt und provoziert geradezu die Frage, ob beispielsweise die heute wieder neu im Aufwind begriffenen Tendenzen eines unheilvollen Zentralismus und Juridismus, eines Papalismus und bischöflichen Absolutismus wirklich zum Mysterium der Kirche gehören oder ob es sich womöglich um mysteriöse Erscheinungen in der gegenwärtigen Kirche handelt, die den Blick auf das Mysterium gerade verstellen. Die Rede vom Mysterium der Kirche erlaubt es somit, jene stets notwendig bleibende Unterscheidung zu treffen, die Joseph Ratzinger kurz nach dem Konzil propagiert hat, nämlich die prinzipielle Unterscheidung aller «sekundären, selbstgemachten und so schuldhaften» Skandale, die beispielsweise «unter dem Vorwand, die Rechte Gottes zu verteidigen», bloss «eine gesellschaftliche Situation und die in ihr gewonnenen Machtpositionen verteidigt», von jenem primären Skandal der Kirche, der «unaufhebbar ist, wenn man nicht das Christentum aufheben will», und der darin liegt, «dass der ewige Gott sich um den Menschen annimmt und uns kennt».[23]
Vom Geheimnis der Kirche lässt sich somit nur reden, wenn man zugleich bereit ist, das Menschliche und Allzu-Menschliche in der Kirche wahrzunehmen und zu kritisieren, und mit Walter Kasper bekennt: «Ohne Zweifel ist nicht alles, was die Kirche in ihrer empirischen Gestalt ist, auch Ausdruck des Evangeliums. Es gibt auch das Un- und Antichristliche in der Kirche, welches nicht Zeugnis für das Evangelium, sondern Gegenzeugnis zum Evangelium ist.»[24] Mit diesem Bekenntnis werden sich die meisten sofort einverstanden erklären, die im gegenwärtigen Streit der Kirchenbilder nicht eine mysteriöse Kirchensicht vertreten. Nicht wenige von ihnen scheinen aber der umgekehrten Versuchung zu erliegen, den (allzu-)menschlichen Charakter der Kirche, da sie ihn gegenwärtig derart intensiv erleben müssen, zu überpointieren und deshalb zu betonen, dass ihr Glaubensblick auf das Geheimnis der Kirche und auf ihre göttliche Dimension getrübt ist.

Sie propagieren und favorisieren dann eine weithin soziologistische Sicht der Kirche, die in der faktischen Kirche nur noch eine rein menschliche und soziologisch wahrnehmbare Grösse erblickt, so dass überhaupt nicht mehr sichtbar zu werden vermag, dass die Kirche es elementar mit Gott zu tun hat und zuvor Gott mit der Kirche etwas Befreiendes vorhat. Wird beispielsweise der gegenwärtige Bischofskonflikt rein weltlich betrachtet und nicht auch (!) mit den Augen des Glaubens und werden die entstandenen Konflikte – rein nestorianisch und glaubensscheu – auf rein «weltliche», demokratische und helvetische Art zu lösen versucht, und dies heisst nach der Weise, wie Konflikte in der «Welt» gelöst oder eben perpetuiert werden, dann müssen solche Verhaltensweisen als Infektionen des Glaubensbewusstseins durch ein weithin soziologistisches Kirchenverständnis beurteilt werden. Und es verrät vollends ekklesiologischen Nestorianismus, wenn zur Lösung der entstandenen Konflikte in einer quasi-messianisch zu nennenden Hoffnung die Opposition von seiten staatlicher und staatskirchlicher Stellen beschworen und die durch Konkordate geregelten Bischofswahlrechte vorbehaltlos verteidigt werden, ohne die damit auch verbundenen Tücken wahrzunehmen.
Wenn nicht alles täuscht, läuft aber die gegenwärtige Krise im Bistum Chur auf einen neuen Kulturkampf hinaus, allerdings mit umgekehrtem Vorzeichen. Während im alten Kulturkampf Kirchenleitung und Laien gemeinsame Front gegen Übergriffe des Staates auf die Kirche gemacht haben, setzen sich im neuen Kulturkampf Domherren, Pfarrer, Laien und Repräsentanten des Staates gemeinsam gegen Entscheidungen der Kirchenleitung zur Wehr. Da eine solche nur paradox zu nennende und allein in der Situation eines kirchlichen Notstandes gutzuheissende Erscheinung sich nicht nur für die Kirche wie für den Staat, sondern auch für den religiösen und ökumenischen Frieden in unserem Land als ruinös erweist, war das Zweite Vatikanische Konzil zweifellos im Recht, als es von den Staaten wünschte, sie möchten freiwillig auf ihre geschichtlich gewordenen Privilegien bei Bischofsernennungen verzichten, wohl auch in der Überzeugung, dass ein Mitwirkungsrecht des Staates bei Bischofsernennungen noch lange keine Mitbestimmung des Volkes Gottes ist.[25] Selbstredend lässt sich dieser Wunsch des Konzils nur dann glaubwürdig vertreten, wenn in der katholischen Kirche – endlich! – Mitbestimmungsrechte des Volkes Gottes realisiert und nicht weiterhin Bischöfe gegen den Willen eines

grossen Teils der Ortskirche auf Biegen und Brechen durchgesetzt werden.

Sakramentale Dimension der Kirche In sensibler Wahrnehmung eines neu aufgekommenen soziologistischen Kirchenbildes hat die ausserordentliche Bischofskonferenz im Jahre 1985, die eine Orts- und Kursbestimmung der katholischen Kirche zwanzig Jahre nach dem Abschluss des Zweiten Vatikanischen Konzils intendierte, betont: «Wir können die falsche, einseitig nur hierarchische Sicht der Kirche nicht durch eine neue, ebenfalls einseitige soziologische Konzeption ersetzen. Jesus Christus ist immer bei seiner Kirche und lebt als Auferstandener in ihr.»[26] Diese Direktive der Bischofssynode bringt es an den Tag, dass auch in der dritten Version des gegenwärtigen Streits der Kirchenbilder die Wahrheit nicht bloss auf einer Seite liegt, sondern dass auch hier auf beiden Seiten Halbwahrheiten vertreten werden, die auseinanderreissen, was doch in der Logik des christlichen Glaubens unlösbar zusammengehört. Dementsprechend gilt es, die Kirche sowohl nach ihrer göttlichen als auch nach ihrer menschlichen Seite wahr- und ernst zu nehmen und alles zu unternehmen, damit die Kirche wieder transparenter werden kann für das göttliche Geheimnis. Diesen gesunden Mittelweg zwischen Extremen hat die katholische Kirche in ihrer Lehrentwicklung insofern eingeschlagen, als sie von der Kirche sowohl als einem Mysterium als auch von einer societas spricht, als sie sowohl die Zuordnung als auch die Unterscheidung von Mysterien- und Sozialcharakter der Kirche betont und als sie sowohl den monophysitischen Supernaturalismus als auch den nestorianischen Soziologismus wie in der Christologie so auch in der Ekklesiologie als häretisch verurteilt.
Diesen gesunden Mittelweg hat die katholische Kirche auch auf dem Zweiten Vatikanischen Konzil bewährt, und zwar dadurch, dass sie den Sakramentsbegriff, der sowohl die Einheit als auch die Unterschiedenheit von Sichtbarem und Unsichtbarem, von Menschlichem und Göttlichem, von Sozialität und Mysterium artikuliert, auch auf die Kirche angewendet hat. Von daher zeigt sich abermals, dass nicht die Kategorie des «Volkes Gottes» die wichtigste konziliare Bezeichnung der Kirche ist, sondern diejenige des «Heilssakramentes», und dass die Bezeichnung der Kirche als des «Volkes Gottes» allein von der Umschreibung der Kirche als des universalen Sakramentes des Heils für

die ganze Welt her richtig verstanden werden kann. Indem das Konzil mit der Anwendung des Sakramentsbegriffes auf die Kirche die zwei Extreme, die in der gegenwärtigen Kirche dominieren und die eine belebende Polarisation in eine unheilvolle Polarisierung überführen, nämlich die spiritualistische und die soziologistische Sicht der Kirche, zu überwinden vermochte, brachte sie auch die Kirche als eine komplexe Wirklichkeit «jenseits von Spiritualismus und Naturalismus bzw. Soziologismus» zur Geltung[27] – eine Gratwanderung, die auch heute zu bewähren bleibt.

Ghetto-Kirche oder anpassungsschlaue Kirche? Wie das Verhältnis zwischen der göttlichen und der menschlichen Wirklichkeit der Kirche eine Gratwanderung bleibt, so auch das Verhältnis von Kirche und Welt. Von daher kann es nicht erstaunen, dass auch über dem genaueren Verständnis und Vollzug dieses Verhältnisses ein Streit in der gegenwärtigen Kirche entbrannt ist, der die vierte Variation des heutigen Krieges der Kirchenbilder darstellt. Mit dem Innsbrucker Bischof Reinhold Stecher kann man diesen Streit als Kampf zwischen der Bewahrung einer «Festungskirche», «die sich in einer säkularisierten Welt fundamental bedroht weiss und darum die Bastionen auszubessern versucht», und der Konzeption einer «Anbiederungskirche», die auf grenzenlose Offenheit setzt und eine «Kirche des mühelosen Zutritts, der uneingeschränkten Akzeptanz, weitgehender Unverbindlichkeit und moralischer Billigstangebote» intendiert, namhaft machen.[28] Im kirchlichen Chinesisch der Gegenwart ist dieser Kampf eher bekannt als Streit zwischen den «Konservativen» und den «Progressiven». Da dabei ebenfalls grundverschiedene Verständnisse der Kirche und des kirchlichen Amtes eine massgebliche Rolle spielen, ist wiederum davon auszugehen, dass auch dieser Streit feste und festgefahrene Fronten kennt.

Absonderung der Kirche von der Welt Selbstverständlich beschwören die sogenannten «Konservativen» im Brustton der Überzeugung ihre treue Anhänglichkeit an das Zweite Vatikanische Konzil. Trotzdem werfen sie der Kirche, die sich mit und seit dem Konzil zur Welt hin geöffnet und sich dazu bereit erklärt hat, mit glaubensdetektivischer Sensibilität auf die Fremdprophetie des Heiligen Geistes in den Zeichen der Zeit zu hören, vor, sie habe sich allzu sehr verweltlicht

und es seien durch die geöffneten Fenster in die Kirche allzu viele Übel eingedrungen, die sich in der Welt angesammelt haben. Von daher ist es nur konsequent, wenn die sogenannten «Konservativen» die notwendige Therapie der gegenwärtigen Kirchenkrise im Schliessen der bisher erreichten Offenheit der Kirche zur Welt hin erblicken. Nicht selten schwingen in ihren Diagnosen wie Therapievorschlägen dumpfe Töne der Angst und eines übertriebenen «Böse-Welt-Komplexes» mit; und ihr Bedürfnis erscheint überdimensioniert, im kirchlichen Leben überall Betonverstärkungen anzubringen, die vor allem in der bergenden Autorität, in der sicheren Kirchendisziplin und in der quantitativ wie qualitativ vollständigen Orthodoxie gesehen werden.
Es lässt sich gewiss nicht in Abrede stellen, dass auch in dieser Position Wahrheit enthalten ist. Mit gutem diagnostischem Instinkt spüren die sogenannten «Konservativen», dass die Kunst, inmitten des grossen Pluralismus der heutigen Welt die eigene christliche und katholische Identität zu bewahren, auch von der gegenwärtigen Kirche nicht immer in genügendem Masse beherrscht wird. Die unübersehbare Versuchung der «konservativen» Position aber liegt darin, die eigene Identität der Kirche allein auf dem Weg der Absonderung der Kirche von der Welt und der Errichtung einer kirchlichen Sonderwelt, gleichsam eines ekklesiologischen «Naturschutzparkes» mitten in der weltlichen Welt retten zu wollen, ohne freilich zu merken, dass aus lauter Angst vor dem Verlust der eigenen Konturen der Weltbezug der Kirche und deshalb das Wesen der Kirche als «Heilssakrament» der Welt verraten wird. Entsprechend erblicken die sogenannten «Konservativen» im Bischofsamt und Papsttum den Garanten der Einheit und des Friedens der Kirche, wobei Einheit sehr oft Einheitlichkeit meint und Friede die Totenstarre einer Friedhofsordnung, die bekanntlich auch keine Konflikte mehr kennt.

Anpassung der Kirche an die Welt Demgegenüber lautet die Diagnose der sogenannten «Progressiven», die gegenwärtige Kirchenkrise finde ihre Ursache gerade nicht in der Verweltlichung, vielmehr darin, dass die Kirche noch immer viel zu weltfremd sei. Dementsprechend wird zum energischen Wagnis von neuen Schritten der Kirche auf die Welt hin aufgerufen. Denn die Therapie der gegenwärtigen Kirchenkrise kann gemäss dieser Sicht allein in der noch entschlosseneren Öffnung der Kirche für die Welt liegen.

Die Wahrheit, die in dieser «progressiven» Position zweifellos enthalten ist, besteht im sensiblen Wissen der «Progressiven» darum, dass es wirkliche Nachfolge Jesu Christi heute wie zu jeder Zeit nicht geben kann ohne konkrete Einmischungen der Kirche in die Welt. Um die Ecke lauert freilich die grosse Versuchung, Ein-Mischung der Kirche in die Welt und Ver-Mischung von Kirche und Welt nicht mehr sauber voneinander unterscheiden zu können. Das typische Erkennungszeichen dieser Versuchung liegt dabei darin, auch und gerade das kirchliche Leben und das Amt den Spielregeln der weltlich-demokratischen Entscheidungsverfahren möglichst anzugleichen. Überhaupt droht dann die christliche Kirche zu einer blossen Anbiederungskirche zu werden, die auf so breiten Strassen fahren will, dass jeder Stein des Anstosses von vorneherein eliminiert wird.

«Ein dritter Weg zu glauben» Versucht man diesem Kirchenstreit zwischen den «Konservativen» und den «Progressiven» auf den Grund zu gehen, wird zunächst deutlich, dass in der gegenwärtigen Kirche die alternative Versuchung wieder grösser geworden ist, entweder die Identität der christlichen Kirche zu wahren, sie jedoch von der Welt abzusondern und für sie auf dem Weg des Sich-Abschliessens nach aussen und des Sich-Einschliessens in der eigenen Vergangenheit eine Sonderwelt zu errichten, oder den dialogischen Kontakt der Kirche mit der Welt zu pflegen, dafür aber die Kirche der Welt anzupassen und ihre Identität in bedrohlicher Weise preiszugeben.[29] Sodann wird einsehbar, dass beide Versuchungen eigentlich vor demselben Problem kapitulieren, weil sie sich nicht eingestehen, dass sowohl die Anpassung als auch die Absonderung, mit David Seeber gesprochen, auf einem «uneingestandenen Mangel an Glauben» beruhen.[30]
Von daher drängt sich die Frage auf, ob jenseits der Skylla der Etablierung eines kirchlichen Ghettos und der sektiererischen Selbstisolierung der Kirche wie jenseits der Charybdis des Glaubensverlustes und der kompromisslerischen Anpassung der christlichen Kirche an die Plausibilitäten der modernen Welt ein «dritter Weg zu glauben» möglich und notwendig wäre, wie ihn Alois Müller in seinem gleichnamigen Buch vorschlägt.[31] Demgemäss geht Müller mit den konservativen «Ghettochristen» einig in der Notwendigkeit der Bewahrung der christlichen Identität, er verweigert sich aber – eben im Namen dieser Glaubensidentität – der Selbstabschliessung von Glaube und Kirche.

Und mit den aufgeklärt-progressiven Katholiken postuliert er den offenen Dialog der Kirche mit der Welt, weigert sich aber, die christliche Identität überhaupt preiszugeben. Vielmehr gilt es für ihn, beides – Weltoffenheit und Glaubensidentität – miteinander zu verbinden und gleichermassen zum Tragen zu bringen.
Darin liegt im Kern «der dritte Weg zu glauben», den Müller als theologische Glaubenstherapie in der gegenwärtigen Kirchenkrise vorschlägt und den zu beherzigen ein dringendes Gebot der heutigen Kirchenstunde ist. Wie sehr sich dieser dritte Weg zu glauben geradezu aufdrängt, erschliesst sich dann, wenn man das Verhältnis von Kirche und Welt, das den entzündeten Nerv im gegenwärtigen Kirchenstreit bildet, im Kerngeheimnis des Christusglaubens verwurzelt, wie es das Konzil von Chalkedon als inkarnatorisches Grundprinzip artikuliert hat. Dieses Konzil sagt von Jesus Christus, er sei «vollkommen der Gottheit und vollkommen der Menschheit nach wahrer Gott und wahrer Mensch» und in ihm bestünden die zwei Naturen «unvermischt, unverwandelt, ungetrennt und ungesondert».[32] Will man diesem inkarnatorischen Grundprinzip treu bleiben und die indispensable Voraussetzung respektieren, dass die Kirche es elementar mit Gott zu tun hat, dann muss dieses Verhältnis zwischen der göttlichen und menschlichen Natur in Christus auch gültig und konsequenzenreich sein für das Verhältnis von Kirche und Welt, und dann muss auch dieses als «unvermischt und ungetrennt» wahr-genommen werden.[33]
Von daher wird vollends deutlich, dass sowohl die Konservativen als auch die Progressiven das inkarnatorische Geheimnis des christlichen Glaubens zu verraten drohen und deshalb darauf angewiesen sind, aufeinander zu hören und voneinander zu lernen. Während die Konservativen den Pol «unvermischt» derart verabsolutieren, dass sie Kirche und Welt trennen wollen und dabei blind werden für den Pol «ungetrennt», nehmen die Progressiven umgekehrt das «ungetrennt» so ernst, dass sie ein blindes Auge haben für das «unvermischt» und damit die Kirche einer gefährlichen Verbürgerlichung ausliefern. Gemäss der Grundüberzeugung des christlichen Glaubens dürfen aber Kirche und Welt weder voneinander getrennt noch miteinander vermischt werden. Sie müssen vielmehr – sakramental – miteinander vermittelt und zugleich voneinander unterschieden werden: «unvermischt und ungetrennt».
Eben diese Synthese ist dem Zweiten Vatikanischen Konzil gelungen,

als es mit der Anwendung des Sakramentsbegriffes auf die Kirche im Gegenzug zu allen heute wieder aktuell gewordenen dualistischen wie monistischen Verhältnisbestimmungen eine «neue, differenzierte, die Autonomie der Welt wie die Autonomie der Kirche wahrende Sicht der Einheit der beiden Bereiche» zur Geltung brachte.[34] Konkret impliziert diese Gratwanderung, um den treffenden Vergleich des Frankfurter Jesuitentheologen Medard Kehl aufzugreifen,[35] das eher «benediktinische Ideal», das sich an den biblischen Motiven von der Kirche als dem «Licht der Welt» und der «Stadt auf dem Berg» orientiert und damit den Kontrast der Kirche gegenüber der Welt betont, in einem gesunden Gleichgewicht zu halten mit dem eher «franziskanischen» beziehungsweise «jesuitischen» Ideal, das stärker auf die biblischen Bilder von der Kirche als «Salz der Erde» und als «Sauerteig» zurückgreift und damit den solidarischen Bezug der Kirche zur Welt akzentuiert. Auf jeden Fall hat sich die Kirche in der Optik des christlichen Glaubens in ihrem Verhältnis zur Welt immer zugleich als «Licht der Welt» und damit in deutlichem Kontrast zu ihr und als «Salz der Erde» und damit in einem fundamental solidarischen Bezug zu ihr zu erweisen und zu bewähren.

Therapie: «Der Glaube kommt vom Hören»

Mit diesen letzten Ausführungen dürfte der tiefste Kern und wundeste Punkt im gegenwärtigen Krieg der Kirchenbilder angesprochen sein, der den eigentlichen Infekt der heutigen Kirchenkrankheit ausmacht. Zugleich wurden aber auch bereits Wege der Therapie skizziert. Diese gingen von der Überzeugung aus, dass Wahrheit wie Einseitigkeiten auf beiden Seiten in diesem Streit zu finden sind. Dieses Ergebnis wird jeden enttäuschen müssen, der vom Theologen erwartet hat, dass er für die eine Seite voll und ganz Partei ergreift und die andere Seite verurteilt. Doch in einer Kirche wie der heutigen, die von tiefen Polarisierungen infiziert ist, kann diese einseitige Parteinahme nicht die Aufgabe des Theologen sein. Er hat vielmehr – stellvertretend – auch jenen Dienst zu leisten, der in einer gesunden Ökonomie der christlichen Kirche der authentische Auftrag des Bischofsamtes wäre. Wenn dieser Versöhnungsauftrag jedoch ausgerechnet von einem Bischof verweigert wird, hat diese schmerzlich unbesetzte Stelle der Theologe stellvertretend wahrzunehmen. Dies gilt zumal, da gerade eine polarisierte Kirche das Bischofsamt dringend nötig hätte und damit freilich auch einen Bischof, der seinem Namen alle Ehre antut: «Pontifex» und damit Brückenbauer zwischen den verschiedenen Positionen in der Kirche zu sein. Dessen elementarer Dienst besteht in der Verantwortung für die Einheit der Kirche, und zwar dadurch, dass er die verschiedenen Positionen in der heutigen Kirche an einen runden Glaubenstisch zu bringen vermag, damit beide Seiten erkennen können, dass sie möglicherweise Halbwahrheiten vertreten und im Sinne einer wechselseitigen Kurskorrektur dringend aufeinander angewiesen sind. Deshalb kann es für das Bischofsamt selbst keine ruinösere Entwicklung geben als die, dass jemand zum Bischof bestellt wird, der gar nicht in der Lage zu sein scheint, Brücken zu bauen, sondern sie vielmehr verweigert, weil er bereits längst Partei für die eine Position ergriffen hat, dann freilich selber Halbwahrheiten vertritt, auch und gerade dann, wenn er im Brustton der Überzeugung behauptet, die «Fülle der Wahrheit» zu besitzen.

In dieser prekären Situation, in der man das Fieber der gegenwärtigen Kirchengrippe diagnostizieren muss, hat der Theologe, dem das Bischofsamt am Herzen liegt (natürlich nicht für sich, sondern für die

Kirche!), in die sedisvakante Stelle zu treten und den abgebrochenen Dialog zwischen den verschiedenen Kirchenbildern ermöglichen zu helfen. In diesem Sinn soll abschliessend nach Wegen der Therapie der gegenwärtigen Kirchenkrise und damit zugleich nach Wegen zur Zukunftsfähigkeit der Kirche überhaupt gefragt werden. Dabei versteht es sich von selbst, dass es sich angesichts der äusserst komplexen Problematik nur um Marginalien handeln kann. Diese sollen alle unter dem Pauluswort stehen, dass der Glaube vom Hören kommt.

Aufeinander hören! Wenn der Glaube vom Hören kommt, dann ist das gegenwärtige Nicht-mehr-aufeinander-hören-Können bei den Repräsentanten der verschiedenen Kirchenbilder eine Frage des Glaubens beziehungsweise des Unglaubens. Deshalb muss alle Therapie eingeleitet werden damit, das Wagnis einzugehen, dass die verschiedenen Kirchenbilder miteinander ins Gespräch kommen und dass aus dem unheilvollen Streit ein belebender Dialog der Kirchenbilder entstehen kann, der diese auf ihre Zukunftsfähigkeit zu überprüfen hat. Ein solcher Dialog wird sich aber nur als möglich erweisen, wenn er in der Überzeugung geführt wird, dass es unter den endlichen Bedingungen, in denen wir Kirche leben, keine Häresie gibt, die nicht ein Körnlein Wahrheit enthält, genauso wie es keine Wahrheit gibt, die nicht von einem Stück Häresie infiziert ist. Dementsprechend gilt es, beim andern nicht nur die Häresie ausfindig zu machen, sondern auch – mit den Ohren des Glaubens – das Korn Wahrheit zu suchen, das sich oft genug als «blinder Fleck» in der eigenen Position herausstellt. Nur in dieser Haltung des gegenseitigen Aufeinanderhörens lässt sich denn auch eine gläubige Kultur der Konfliktbewältigung in der Kirche entwickeln und praktizieren.[36]

Auf das Konzil hören! Zweitens gilt es, gemeinsam auf die Stimme des Zweiten Vatikanischen Konzils zu hören, zumal auch in der Kirche Schweiz, und zwar wiederum auf beiden Seiten, noch ein grosser Nachholbedarf im Erlernen der Kirchen-Lektionen dieses Konzils besteht. Wie sehr dies der Fall ist, lässt sich bereits daran ablesen, dass es heute üblich geworden ist, Buchstabe und Geist des Konzils gegeneinander auszuspielen. Dieser Weg jedoch führt nicht in die Zukunft. Denn es hilft nicht weiter, den Geist des Konzils wie eine frei schwebende Hypostase zu beschwören, den konkreten Buchstaben aber nicht zu kennen. Es führt aber auch nicht aus der Sackgasse heraus, den Buchstaben des Konzils museal festzuschreiben und dabei den Geist des Konzils zu verraten. Vielmehr gehören Geist und Buchstabe des Konzils unlösbar zusammen.

Deshalb kann man ihm nur gerecht werden, wenn man den Glaubensmut aufbringt, das Konzil auch fortzuschreiben in unsere gegenwärtige Situation hinein. Konkret impliziert dieses Vorhaben, dass es ein Verrat am Konzil selbst ist, wenn man es nur in den eng gezogenen Grenzen der universalistischen Einheitsekklesiologie des Ersten Vatikanischen Konzils interpretiert. Zukunft hat das Konzil vielmehr nur, wenn auch und gerade jene verheissungsvollen Neuansätze, die das Konzil erst tastend versucht hat, ausgefaltet, weiterentwickelt und in konkrete Kirchenrealität übersetzt werden. Darin aber liegt die Hauptaufgabe der nachkonziliaren Theologie, zumal es eine übertriebene Erwartung darstellen würde, von einem Konzil eine theologisch in allem genügende Synthese von Spannungen und Konflikten zu erhoffen. Diese kann und muss erst die nachkonziliare Theologie leisten, selbstverständlich in Treue zum Konzil.

Auf den Nachhilfeunterricht des Heiligen Geistes hören! Das Konzil so zu sehen und zu interpretieren impliziert, auf den Heiligen Geist selbst zu hören. Im sensiblen Hören auf den Geist ist vor allem auch der Mut zur Frage eingeschlossen, was der Heilige Geist wohl in der gegenwärtig schwierigen Lage unserer Kirche sagen will. Diese Frage ist gewiss nicht leicht zu beantworten. Könnte es aber nicht sein, dass man darin auch seinen Nachhilfeunterricht im Erlernen der Kirchenlektionen des Konzils erblicken kann? Dieser Schluss drängt sich dann jedenfalls auf, sobald man die verworrene Lage der Gegenwart etwas zu durchschauen versucht. Dann entdeckt man das nur auf den ersten Blick paradoxe Phänomen, dass, je autoritärer Kirchenleitungen über Ortskirchen verfügen, desto entwickelter das authentische Kirchenbewusstsein eben dieser Ortskirchen wird, und zwar bei Bischöfen, Priestern und Laien. Noch selten jedenfalls war die Kirche Chur derart wach und um ihre Zukunft besorgt wie heute; und noch selten war die – ansonsten gewiss nicht sprichwörtliche – Solidarität der Seelsorger so gross wie in der heutigen Kirchenkrise. Darf man deshalb in dieser wirklich nicht auch (!) ein Werkzeug der göttlichen Vorsehung oder gar die geheime List des Heiligen Geistes erblicken, der auf diesem ungewöhnlichen Weg versucht, den prophetischen Grundideen des Zweiten Vatikanischen Konzils doch noch zum Durchbruch zu verhelfen: den Behinderungsanstrengungen der Hierarchie zum Trotz und auch im Kampf gegen die legasthenische Lernweise des Volkes Gottes? Könnte es deshalb wirklich nicht sein, dass die Schweizer Katholiken es einmal Bischof Haas verdanken werden, dass sie die Elementarlektion des Konzils – freilich unter Schmerzen – gelernt haben, dass sie alle Kirche sind?

Ein Glaubensserum gegen die drohende Kirchenresignation entwickeln! Von daher leuchtet eine vierte Therapie ein. Diese besteht im überfälligen Erlernen jener unbeirrbaren Christlichkeit und hartnäckig-gelassenen Kirchlichkeit, die der Innsbrucker Bischof Reinhold Stecher mit einem gelungenen Ausdruck die «Trotzdem-Liebe» zur katholischen Kirche genannt hat. Diese ist daran zu erkennen, dass sie sich niemals damit abfindet, was heute offensichtlich beide Positionen im Kirchenstreit am meisten miteinander verbindet, nämlich die gefährliche Tendenz, die katholische Kirche mit der Kirchenleitung oder einzelner ihrer Repräsentanten gleichzusetzen oder gar die Kirche mit dem Amt zu identifizieren. Denn macht es wirklich einen Unterschied aus, wenn die sogenannten «Konservativen» eine übertriebene Abhängigkeit vom kirchlichen Amt kultivieren oder wenn die sogenannten «Progressiven» eine analoge Amtszentrierung, freilich in Kritik und Protest, praktizieren? Beide im heutigen Kirchenstreit dominierenden Verhaltensweisen laufen, tiefer gesehen, letztlich auf dasselbe hinaus oder wohl besser zurück, nämlich hinter das Kirchenbild des Zweiten Vatikanischen Konzils. Demgegenüber weiss die «Trotzdem-Liebe» zur Kirche sehr genau zu unterscheiden zwischen der Kirche und der Kirchenleitung. Ja, sie weiss, dass die Kirche unendlich mehr ist als allein das Amt und dass es deshalb für den Glaubenden unmöglich ist, seinen – durchaus berechtigten – Ärger über einzelne Amtsträger in der Kirche auf die Kirche überhaupt auszuweiten.

Solche «Trotzdem-Liebe» zur Kirche erweist sich als das beste Glaubensserum gegen die drohende Kirchenresignation, die – nur schon dem Wortsinn nach – «Fahnenflucht» wäre.[37] Deshalb resigniert sie nicht, und zwar im gläubigen Bewusstsein, dass die Kirche nicht den Bischöfen, sondern allein Gott gehört, und dass alle in der Kirche sich in allererster Linie von Gott selbst berufen wissen dürfen zum Leben und Wirken in der Kirche und dass sie zwar den Bischöfen vieles nachsehen, jedoch eines kategorisch nicht gestatten dürfen, allein die Kirche zu sein oder einem die Freude an der Kirche nehmen zu lassen. In diesem Sinn könnte es auch und gerade der gegenwärtige Kirchenstreit an den Tag bringen, ob wir Katholiken es wirklich gelernt haben, nicht bloss Kirche mit beschränkter Haftung («KmbH»), sondern Kirche mit göttlicher Vollmacht und Würde zu sein. Könnte in der Tat nicht in dieser elementaren Kirchenlektion des Heiligen Geistes das Erfreulichste in der gegenwärtig gewiss unerfreulichen Landschaft der katholischen Kirche liegen?

Den gegenwärtigen Kirchennarzissmus überwinden! Damit dürfte auch der letzte und keineswegs unwichtigste Therapievorschlag einleuchten: Wir Katholiken kreisen heute allzu sehr um die Kirche. Wir investieren alle Energie im gegenwärtigen Kirchenstreit und finden kaum noch Zeit und Kraft, uns jenen Herausforderungen und Aufgaben zu stellen, die von der Welt her auf uns zukommen. Wir bieten fast alle «Feuerwehr» des Glaubens auf zum Löschen der gegenwärtigen «Kirchenbrände» und haben keine «Feuerwehr» mehr zur Verfügung dort, wo es in der Welt brennt. Wir kümmern uns so sehr um die Amtsstellen und um die postalischen Bedingungen des Glaubenspaketes, dass darob der schöne Inhalt des Glaubenspaketes in Vergessenheit zu geraten droht. Wäre es deshalb nicht an der Zeit, uns ernsthaft die Frage zu stellen, welches Bild wir heute der Welt präsentieren? Und wäre es nicht noch mehr an der Zeit, uns von der gegenwärtig geradezu kirchenneurotischen Fixierung auf die innerkirchlichen Krisen und Probleme, Konflikte und Streitereien, Strukturen und Spannungen zu lösen und endlich jene Aufgaben in Angriff zu nehmen, die wahrzunehmen die Kirche berufen und verpflichtet ist?
Eine solche heilsame Relativierung derjenigen Traktanden, die gegenwärtig das kirchliche Leben auf Trab halten, setzt aber unbedingt eine neue Zuwendung zum eigentlichen Geheimnis der Kirche voraus, was Leo Karrer mit Recht postuliert: «Es hat letztlich nur Sinn, von synodalen Formen der Mitverantwortung wie von neuen Schläuchen zu sprechen, wenn entscheidend nach der Güte des Weines gefragt wird.»[38]
Verlieren wir deshalb bei unseren gegenwärtigen Auseinandersetzungen um die kirchlichen Schläuche nicht den kostbaren Wein: den Spiritus Sanctus. Denn letztlich wird allein das gemeinsame und sensible

Hören auf den Geist Gottes in die Zukunft führen. Und von ihm darf man erhoffen, dass er nicht nur das Fieber, sondern auch und gerade die Infektionsherde der gegenwärtigen Kirchenkrankheit zu bekämpfen vermag. In dieser Hoffnung darf man schliesslich die Aussicht wagen, dass die gegenwärtigen innerkirchlichen Auseinandersetzungen auch – allerdings schmerzliche – «Geburtswehen» für eine zukünftige wie zukunftsfähige Kirche sein können – vorausgesetzt natürlich, dass die heutigen Krisen auch als Chancen für die Zukunft wahr-genommen werden.

Anmerkungen

[1] N. Lobkowicz, Was brachte uns das Konzil? (Würzburg-München 1986).

[2] K. Walf, Lakunen und Zweideutigkeiten in der Ekklesiologie des II. Vatikanischen Konzils, in: G. Alberigo, Y. Congar, H. J. Pottmeyer (Hrsg.), Kirche im Wandel (Düsseldorf 1982) 195–207.

[3] Vgl. zu dieser Hermeneutik des Konzils und der nachkonziliaren Kirche vor allem die beiden Sammelbände: H. J. Pottmeyer, G. Alberigo, P. Jossua (Hrsg.), Die Rezeption des Zweiten Vatikanischen Konzils (Düsseldorf 1986), und: G. Alberigo, Y. Congar, H. J. Pottmeyer (Hrsg.), Kirche im Wandel. Eine kritische Zwischenbilanz nach dem Zweiten Vatikanum (Düsseldorf 1982).

[4] Y. Congar, Der Laie. Entwurf einer Theologie des Laientums (Stuttgart 3 1964) 79.

[5] K. Lehmann, Wer ist Kirche? Plädoyer für ein erneuertes Laientum, in: F. Scholz und H. Dickel (Hrsg.), Vernünftiger Gottesdienst. Kirche nach der Barmer Theologischen Erklärung. FS für Hans-Gernot Jung (Göttingen 1990) 164–177, zit. 165.

[6] W. Kasper, Die Kirche als Sakrament der Einheit, in: Internationale katholische Zeitschrift 16 (1987) 2–8, zit. 7.

[7] A. Acerbi, Due ecclesiologie. Ecclesiologia giuridica ed ecclesiologia di communione nella «Lumen Gentium» (1975).

[8] W. Kasper, Zur Situation der katholischen Theologie in der Bundesrepublik Deutschland, in: F. Kardinal Wetter (Hrsg.), Kirche in Europa (Düsseldorf 1989) 65–75, zit. 66.

[9] Apostolicam Actuositatem, Nr. 2–3.

[10] Lumen Gentium, Nr. 32. Vgl. zum Ganzen: K. Koch, Kirche der Laien? Plädoyer für die göttliche Würde des Laien in der Kirche (Freiburg 1991.)

[11] AAS 38 (1946) 143–144. Deutsch in: A. F. Utz und J.-F. Groner (Hrsg.), Aufbau und Entfaltung des gesellschaftlichen Lebens. Soziale Summe Pius' XII. (Fribourg 1954) 4091 und 4106.

[12] P. M. Zulehner, Kirche ereignet sich in Gemeinden, in: W. Ludin, Th. Seiterich, P. M. Zulehner (Hrsg.), Wir Kirchenträumer. Basisgemeinden im deutschsprachigen Raum (Olten 1987) 10–19, zit. 13.

[13] Vgl. dazu: L. Karrer, Aufbruch der Christen. Das Ende der klerikalen Kirche (München 1989).

[14] A. Müller, Opposition in der Kirche. Jeder sein eigener Papst?, in: H. Halter (Hrsg.), Verunsicherungen (Zürich 1991).

[15] W. Kasper, Berufung und Sendung des Laien in Kirche und Welt. Geschichtliche und systematische Perspektiven, in: Stimmen der Zeit 112 (1987) 579–593, zit. 583.

[16] Lumen Gentium, Nr. 26.

[17] W. Kasper, Kirche als Communio. Überlegungen zur ekklesiologischen Leitidee des Zweiten Vatikanischen Konzils, in: F. Kardinal König (Hrsg.), Die bleibende Bedeutung des Zweiten Vatikanischen Konzils (Düsseldorf 1986) 62–84, zit. 77.

[18] Vgl. dazu: K. Koch, Kirche in der Spannung zwischen christlichem Glauben und politischer Verantwortung. Sonderdruck der Römisch-katholischen Landeskirche des Kantons Bern 1989.

[19] Lumen Gentium, Nr. 8.

[20] Vgl. dazu: W. Kasper, Zum Subsidiaritätsprinzip in der Kirche, in: Internationale katholische Zeitschrift 18 (1989) 155–162.

[21] Internationale Theologenkommission, Mysterium des Gottesvolkes (Einsiedeln 1987) 26.

[22] F. Kardinal König, Der Weg der Kirche. Ein Gespräch mit Gianni Licheri (Düsseldorf 1986) 119.

[23] J. Ratzinger, Der Katholizismus nach dem Konzil, in: Ders., Das neue Volk Gottes, Entwürfe der Ekklesiologie (Düsseldorf 1969) 302–321, zit. 317–318.

[24] W. Kasper, Das Verhältnis von Schrift und Tradition. Eine pneumatologische Perspektive, in: Theologische Quartalschrift 170 (1990) 161–190, zit. 179.

[25] Vgl. dazu: W. Gut, Politische Kultur in der Kirche (Fribourg 1990), bes. 41–55: Das Basler Bistumskonkordat. Grundlage und aktuelle Rechtsfragen.

[26] Schlussdokument der zweiten ausserordentlichen Synode am 9. Dezember 1985, II.A.3.

[27] W. Kasper, Die Kirche als universales Sakrament des Heils, in: E. Klinger, K. Wittstadt (Hrsg.), Glaube im Prozess – Christsein nach dem II. Vatikanum. FS für Karl Rahner (Freiburg i. Br. 1984), 221–239, zit. 232.

[28] R. Stecher, «Ein Ringen, unendlich facettenreich», in: Herder-Korrespondenz 12 (1990) 567–571.

[29] Vgl. dazu genauer: K. Koch, Christliche Identität im Widerstreit heutiger Theologie. Eine Rechenschaft (Ostfildern 1990).

[30] D. Seeber, Zurück an die Wurzeln, in: Herder-Korrespondenz 43 (1989) 1–5, zit. 4.

[31] A. Müller, Der dritte Weg zu glauben. Christsein zwischen Rückzug und Auszug (Mainz 1990).

[32] J. Neuner, H. Roos, Der Glaube der Kirche in den Urkunden der Lehrverkündigung (Regensburg 8 1971) Nr. 178.

[33] Vgl. K. Koch, Kirchliches Leben im Zeichen des Mysteriums Gottes, in: A. Schilson (Hrsg.), Gottes Weisheit im Mysterium. Vergessene Wege christlicher Spiritualität (Mainz 1989) 315–332.

[34] W. Kasper, Die Kirche als universales Sakrament des Heils, in: a. a. O. (Anm. 27) 236.

[35] M. Kehl, Eschatologie (Würzburg 1986) 192–193.

[36] Vgl. dazu: K. Koch, Wider den Traum von einer perfekten Kirche. Gläubige Kultur kirchlicher Konfliktbewältigung, in: Ders., Aufbruch statt Resignation. Stichworte zu einem engagierten Christentum (Zürich 1990) 269–274.

[37] W. Bühlmann, Wider die Resignation, in: Anzeiger für die katholische Geistlichkeit (November 1990) 424–427.

[38] L. Karrer, Aufbruch der Christen. Das Ende der klerikalen Kirche (München 1989) 148.

Weiterführende Literatur zum Thema Fundamentalismus und Opus Dei

Beinert, Wolfgang (Hrsg.): «Katholischer» Fundamentalismus. Häretische Gruppen in der Kirche? Regensburg 1991.

Birnstein, Uwe (Hrsg.): «Gottes einzige Antwort ...» Christliche Fundamentalisten im Vormarsch. Wuppertal 1990.

Colpe, Carsten/Papenthin, Heike (Hrsg.): Religiöser Fundamentalismus – unverzichtbare Glaubensbasis oder ideologischer Strukturfehler? Berlin 1989.

Hertel, Peter: «Ich verspreche euch den Himmel.» Geistlicher Anspruch, gesellschaftliche Ziele und kirchliche Bedeutung des Opus Dei. 4. überarbeitete und erweiterte Neuauflage, Düsseldorf 1991.

Huth, Werner: Glaube, Ideologie und Wahn. Das Ich zwischen Realität und Illusion. München 1987.

Kepel, Gilles: Die Rache Gottes. Radikale Moslems, Christen und Juden auf dem Vormarsch, München/Zürich 1991.

Kochanek, Hermann (Hrsg.): Die verdrängte Freiheit. Fundamentalismus in den Kirchen. Freiburg i. Br. 1991.

Meyer, Thomas: Fundamentalismus. Aufstand gegen die Moderne. Reinbek 1989.

Meyer, Thomas (Hrsg.): Fundamentalismus in der modernen Welt. Die Internationale der Unvernunft. Frankfurt a. M. 1989.

Niewiadomski, Józef (Hrsg.): Eindeutige Antworten? Fundamentalistische Versuchung in Religion und Gesellschaft. Thaur (A) 1988.

Odermatt, Martin: Der Fundamentalismus. Ein Gott – eine Wahrheit – eine Moral? Psychologische Reflexionen. Zürich 1991.

Pfürtner, Stephan H.: Fundamentalismus. Die Flucht ins Radikale. Freiburg i. Br. 1991.

Steigleder, Klaus: Das Opus Dei. Eine Innenansicht. 4., überarbeitete Auflage, Zürich 1991.

Walsh, Michael: Die geheime Welt des Opus Dei. Macht und Einfluss einer Organisation im Schatten der Kirche. München 1992 (engl. Original 1989).

Zu den Autoren

Peter Hertel, geb. 1937, Studium der Philosophie und katholischen Theologie. Er arbeitet als Redakteur beim Norddeutschen Rundfunk Hannover. Autor des Standardwerkes zum Opus Dei: «‹Ich verspreche euch den Himmel.› Geistlicher Anspruch, gesellschaftliche Ziele und kirchliche Bedeutung» (Düsseldorf 1990 f.).

Kurt Koch, geb. 1950, ist Professor für Dogmatik und Liturgiewissenschaft an der Theologischen Fakultät Luzern und Professor für ökumenische Theologie am Katechetischen Institut.

Matthias Mettner, geb. 1957, Studium der Theologie, Politischen Wissenschaft, Soziologie und Ökonomie. Seit 1986 als Mitglied der Leitung der Paulus-Akademie Zürich für den Programmbereich Theologie verantwortlich.

Anton Rotzetter, geb. 1939, Studium der Theologie; Kapuziner. Dozent für allgemeine christliche und franziskanische Spiritualität.

Peter Schellenbaum, geb. 1939, Dr. theol., heute Psychotherapeut mit eigener Praxis in Zürich. Dozent und Lehranalytiker am C. G.-Jung-Institut in Küsnacht.

Alois Schuler, geb. 1957, Studium der Theologie; zwei Jahre Pastoralassistent. Journalistische Tätigkeit; seit 1990 Fachredaktor Religion beim Schweizer Radio DRS 2.

Sturmius-M. Wittschier, geb. 1945, Dr. theol., Privatdozent für katholische Dogmatik. Dipl. analyt. Psychologe. Tätigkeit als Kursleiter von Psychodrama und Bibliodrama.